Mord på japansk:
De værste seriemordere

Af Yonatan Friis

Indholdsfortegnelse

Forord

Baseret på befolkningsstørrelsen har Japan en af verdens laveste mordrater. I Danmark bliver der for hver 100.000 indbygger begået cirka 1 drab årligt, men i Japan er dette tal tre gange lavere. Det er altså ikke for ingenting, at Japan er kendt for at være et fredeligt land med begrænset kriminalitet. Men nu og da bliver nationen imidlertid rystet af voldsomme forbrydelser, der fører til både utryghed og debat.

Børn, der slår ihjel, massakrer på åben gade og bestialske drab af modbydelig karakter er blot eksempler på sager, der i efterkrigstiden har sendt chokbølger gennem det japanske samfund. Men intet skaber vel mere utryghed end seriemordere, der generelt set ikke værdsætter andres liv, så hvem som helst kan ende med at blive et offer for denne type forbrydere indtil den dag, de bliver anholdt og sendt bag tremmer.

Denne bog beskæftiger sig med nogle af Japans værste seriemordere i nyere tid fordelt over 15 sager. En seriemorder skal i denne sammenhæng forstås som en person, der over en længere periode har taget livet af mindst tre mennesker, og derfor er massakrer og lignende massemord begået inden for meget kort tid blevet udelukket. Der optræder desuden kun sager, som har ført til domsafsigelser, så der altså ikke er tvivl om skyldsspørgsmålet, mens det officielle antal ofre derimod kan være misvisende. Sagerne er om ikke andet blevet udvalgt baseret på antallet af bekræftede ofre og vil blive præsenteret kronologisk ud fra det årstal, de havde deres begyndelse.

Informationerne stammer primært fra de oplysninger, som er blevet udgivet af det japanske politi i forbindelse med efterforskningerne, samt de oplysninger, som er blevet fremlagt under retssager, hvor det primært er vidneudsagn, der har gjort det muligt at beskrive forbrydelserne og derigennem afdække omstændighederne bag dem. Da personlige beretninger er subjektive skal man dog huske på, at de nødvendigvis ikke er sandfærdige.

For at kunne give en så detaljeret beskrivelse af sagerne som muligt er der ydermere gjort brug af informationer og interviews, som er blevet indhentet og foretaget af henholdsvis japanske medier, forfattere og journalister. Der vil ligeledes blive inddraget nogle af de kulturelle, psykologiske og sociale aspekter, som kan være med til at forklare motiverne og samtidig belyse, hvordan det gennem tiden har været muligt for seriemordere at husere i Japan. Vær opmærksom på, at nogle sager er beskrevet i detaljer, som kan virke ubehagelige for nogen.

Selvom de fleste af ofrenes identiteter på et tidspunkt har været offentliggjort, så er enkelte siden blevet anonymiseret. I denne bog vil ofrene derfor blive omtalt med brug af deres fornavne alene, medmindre de er beslægtede med drabsdømte eller offentligt kendte personer. Alle andre involverede parter er derimod blevet givet pseudonymer. Eftersom der i alle sager er blevet afsagt dom, så er de dømte personers fulde navne derimod blevet offentliggjort, og der vil derfor blive gjort brug af disse.

-Yonatan Friis

1965

Samfundets fjende nummer 1

Sokichi Furuya var i forvejen en berygtet vaneforbryder, som havde tilbragt størstedelen af sit voksenliv bag tremmer, før hans kriminelle karriere kulminerede, da han blev en af de mest effektive seriemordere i Japan i nyere tid. I slutningen af 1965 indledte han nemlig et tyvetogt, som udviklede sig til en 44 dage lang drabsbølge, hvor otte mænd blev slået ihjel under hjemmerøverier i de vestlige egne af landet.

Sokichi Furuya kom til verden den 16. februar 1914 på øen Tsushima i det sydlige Japan, hvor han blev født ind i en velstillet familie. Dog blev han allerede som 4-årig sendt ud i en turbulent tilværelse, da hans mor døde af sygdom, hvorefter hans far besluttede sig at forlade sine fem små børn, så han kunne opstarte forretning i Korea, der på dette tidspunkt var underlagt japansk styre.

Sokichi og hans søskende blev derfor sat i pleje hos deres onkel og tante, som imidlertid ikke havde overskud til at tage sig af den store børneflok, hvilket resulterede i manglende opdragelse, der blandt andet havde den konsekvens, at Sokichi fra en tidlig alder begyndte at udvise åbenlyse tegn på rebelsk adfærd, eftersom han blev trodsig over for voksne og aggressiv over for andre børn.

Som 10-årig var Sokichi blevet et decideret problembarn, som det var umuligt for hans onkel og tante at kontrollere, og af den grund blev det besluttet at sende drengen til Korea, så han kunne bo hos sin far, som havde giftet sig på ny. Men Sokichi fandt sig aldrig til rette i sit nye hjem, ligesom han heller ikke kunne enes med sin stedmor. Så som 12-årig rejste han tilbage til Tsushima, hvor han denne gang blev overdraget til sine bedsteforældre, før hans far med tiden vendte hjem fra Korea, hvorpå Sokichi igen flyttede ind hos ham – men kun indtil han var gammel nok til at flytte hjemmefra.

Gennem sin kaotiske opvækst havde Sokichi nemlig vænnet sig til følelsen af at være rodløs og uelsket. Så da han som 15-årig bestod sin grunduddannelse, besluttede han sig for at lægge Tsushima bag sig, idet han forlod øen, så han i stedet kunne bosætte sig hos sin tante i Hiroshima, hvor det var hans plan at starte på en frisk.

Men heller ikke hér kunne Sokichi finde sit ståsted i livet, hvilket endte med, at han valgte at bryde med sin familie for at leve en selvstændig tilværelse som vagabond. Og så varede det ellers ikke længe, før den unge mand røg ud i den kriminelle løbebane, der kom til at forme hele hans fremtid.

Herefter blev Sokichi Furuya nemlig en vaskeægte vaneforbryder, som nåede at modtage otte fængselsdomme, der tilsammen sendte ham 30 år bag tremmer, før han ville ende med at blive en af Japans mest berygtede seriemordere, efter han ellers havde tilbragt mere end halvdelen af sin levetid i fængslet. Og den første dom modtog han allerede i 1930, hvor han som 16-årig netop havde passeret den kriminelle lavalder, da han blev anholdt og sigtet for tyveri.

Sokichi lærte imidlertid ikke sin lektie. For efter at have afsonet sin straf fortsatte han med at ernære sig ved at begå tyverier og indbrud, ligesom han stod bag andre kriminelle aktiviteter såsom økonomisk svindel, hvilket førte til nye anholdelser i både 1933, 1935, 1937 og 1941, hvor Sokichi gang på gang blev sendt direkte tilbage i fængslet, kort tid efter at han ellers var blevet løsladt. Han tilbragte sågar anden verdenskrig i en fængselscelle, før han efter krigens afslutning igen blev anholdt og idømt tre års fængsel i 1947.

På dette tidspunkt var han altså blevet et velkendt ansigt i retssystemet, fordi han havde holdt sig til småforbrydelser, der indtil da havde resulteret i milde fængselsdomme. Men i 1951 var Sokichi Furuya dog indblandet i en ny type kriminalitet, da han sammen med en medskyldig deltog i drabene på to mænd, hvilket skete på Japans sydligste hovedø, Kyushu, hvor Sokichi havde slået sig ned og derfor også begik de fleste af sine forbrydelser.

Som 37-årig havde Sokichi siddet i fængslet seks gange, da han allierede sig med den 19-årige Noboru Sakamoto, med hvem han begyndte at begå røverier og indbrud sammen med. Men da de den 23. maj 1951 brød ind i et hus i byen Fukuoka, viste det sig, at beboeren – en 40-årig mand – var hjemme. Og da han dermed blev et vidne til deres forbrydelse, valgte Sokichi og Noboru i fællesskab at dræbe manden ved at kvæle ham, før de stak af fra stedet med intet andet end hans tegnebog.

De to mænd fortsatte deres tyvetogt, og allerede et par uger senere stod de bag endnu et rovmord, da de den 3. juni brød ind i et hus i byen Yahata, hvor de denne gang overfaldt og kvalte en 70-årig mand, som tilfældigvis vendte hjem, imens Sokichi og Noboru var i færd med at gennemrode hans ejendele. Udbyttet var dog sparsomt, så efterfølgende besluttede de sig for at afbryde samarbejdet og gå hver til sit, alt imens de to drab blev efterforsket af politiet, som ud fra fingeraftryk kunne konkludere, at man i begge sager havde at gøre med de samme gerningspersoner.

Jagten på mistænkte gik derfor ind. Og desværre for Noboru var han den første, som politiet fandt frem til, idet han den 27. juli blev anholdt og sigtet for de to drab, hvorimod Sokichi i denne omgang undslap lovens arm ved at tage flugten til Japans største hovedø, Honshu, hvor han i de kommende måneder holdt lav profil, alt imens den nu 20-årige Noboru blev stillet til ansvar for de forbrydelser, han ellers ikke havde begået alene.

Selvom Noboru insisterede på, at han var blevet hvervet af Sokichi Furuya og blot havde fungeret som hans assistent, så blev den unge mand nemlig udpeget som den hovedskyldige, udelukkende fordi det kun var ham, som var blevet pågrebet. Dette betød også, at retssagen imod ham begyndte, inden Sokichi overhovedet var blevet anholdt og afhørt, fordi man i denne periode var mere optaget af at få kriminelle dømt frem for at opklare forbrydelser, hvilket havde den konsekvens, at disse ikke altid blev efterforsket i dybden. At Sokichi Furuyas fingeraftryk rent faktisk var blevet fundet på gerningsstederne var således en sekundær faktor, som man helt undlod at forholde sig til, så længe man bare kunne bevise, at Noboru Sakamoto ligeledes kunne knyttes til de to drab.

Af samme grund blev Noboru som den eneste idømt dødsstraf for de to rovmord, blot fordi han var den første, som politiet fik fingrene i, mens Sokichi Furuya slap med en mildere dom, eftersom anholdelsen af ham først fandt sted, efter at Noboru Sakamoto var blevet henrettet – hvilket allerede skete i 1953. Og indtil da havde Sokichi simpelthen befundet sig i politiets varetægt, idet han i slutningen af 1951 blev arresteret på Honshu, hvor han havde forsøgt at afpresse en tilfældig familie ved at lægge trusselsbreve i deres postkasse.

På dette tidspunkt benyttede Sokichi Furuya sig af aliasset Masao Shimizu, så til at begynde med var der ingen, som vidste, at han var efterlyst i en drabssag. Da hans fingeraftryk blev slået op i politiets registre, blev hans sande identitet dog afsløret, men det var altså først i 1953, det gik op for politiet, at man stod med en indsat, som var eftersøgt i en anden del af landet, fordi det i denne tid var en langvarig og omfattende proces at dele informationer på tværs af politikredse – en viden, som Sokichi senere valgte at benytte sig af, da han 12 år senere indledte den drabsbølge, der ville gøre ham til en af de værste seriemordere i Japan i nyere tid.

Tiden indtil da tilbragte Sokichi i fængslet, idet han modtog en dom på 10 års fængsel for medvirken til drab, eftersom Noboru Sakamoto både var blevet dømt og henrettet, så skyldsspørgsmålet dermed var blevet afgjort. Så til trods for at Sokichi ganske vist havde været med til at tage livet af de to mænd i Fukuoka og Yahata, så er de altså ikke inkluderet i den officielle liste over hans ofre – heller ikke selvom at Sokichi senere valgte at stå frem og kritisere det japanske politi ved at afsløre, at han så sandelig havde hvervet Noboru Sakamoto som sin assistent, hvorved han samtidig påtog sig det fulde ansvar for de to drab, som den unge mand ellers var blevet henrettet for at have begået.

Denne påstand er aldrig blevet anerkendt af de japanske myndigheder, fordi det er et velkendt faktum, at man i det første årti efter anden verdenskrig havde travlt med at bekæmpe kriminalitet ved i mange tilfælde at udpege gerningspersoner blandt mulige mistænkte, så der derfor skete et utal af justitsmord, indtil man med tiden indså behovet for en reformation af retssystemet. Dette er også forklaringen på, at Noboru Sakamotos henrettelse fandt sted, allerede halvandet år efter han havde modtaget sin dødsdom, hvilket er en producere, som siden er blevet afskaffet, netop fordi man har erkendt, hvor vigtigt det er at sikre sig, at folk ikke bliver uskyldigt dømt eller sågar henrettet for forbrydelser, de ikke har begået.

Efter at have afsonet sin ottende fængselsdom blev Sokichi Furuya igen løsladt i 1964, hvor han tilsyneladende agtede at få styr på sit liv, idet han som 50-årig tilmeldte sig et rehabiliteringsforløb og derigennem blev ansat som anlægsarbejder i Kumamoto. Men Sokichi kunne alligevel ikke holde sig på dydens sti, for i maj 1965 flygtede han nemlig fra byen efter at have lånt et stort kontantbeløb fra sin chef og kollega, hvorefter han endte tilbage i tilværelsen som omstrejfende kriminel.

Den 19. august stod Sokichi Furuya nemlig bag et hjemmerøveri i Fukuoka, hvor han slap afsted med mere end en halv million yen, hvorpå han rejste hjem til Tsushima for at bilde sin familie ind, at han var blevet rig og dermed havde fået succes i livet, inden han tog videre på en sightseeingtur rundt i landet, så pengene allerede slap op i løbet af efteråret. Og herfra blev Sokichi en sand samfundsplage, da han drevet af grådighed påbegyndte en flere måneder lang serie af indbrud i private hjem i forskellige egne af Japan, hvor han sørgede for at bevæge sig på tværs af politikredse, fordi han nu var blevet klar over, at kommunikationen mellem disse var yderst langsommelig.

Dette gjorde det således muligt for ham at begå det ene indbrud efter det andet, uden at der blev knyttet forbindelse mellem disse, så politiet heller ikke kom på sporet af ham, før han med tiden tog skridtet videre til at begå hjemmerøverier, hvor han var villig til at tage livet af folk, hvis det viste sig, at de befandt sig hjemme på gerningstidspunktet.

Af den grund udså Sokichi sig enlige mænd som ofre, fordi han vidste, at der nemt kunne gå lang tid, før deres død ville blive opdaget. Og når dette endelig skete, havde han som regel nået at begå endnu en forbrydelse i en helt anden by, så politiet altså hverken kunne regne ud, hvor han befandt sig, eller forudse, hvor han ville slå til næste gang.

Den første, der blev et offer for Sokichi Furuya, efter at han havde påbegyndt sit indbrudsmaraton, var en 58-årig mand ved navn Isezo, som boede alene i en skovhytte nær Kobe, da han den 30. oktober 1965 fik uventet besøg af Sokichi, som kom forbi, fordi han havde brug for et sted at sove. Men da Isezo nægtede ham adgang til sit hjem, valgte Sokichi i stedet at invadere dette og kvæle manden, før han berøvede ham både penge og tøj. Og netop fordi at Isezo boede for sig selv, så gik hans død og dermed også forbrydelsen ubemærket hen, indtil et af Sokichis andre drab ville lede politiet frem til hans første offer.

Forinden nåede han dog at begå sit andet drab, da han den 3. november ankom til Otsu, hvor han denne gang tog livet af den 59-årige Mayoshi ved også at kvæle ham til døde i hans hjem. Hans lig blev fundet seks dage senere, men på dette tidspunkt var Sokichi over alle bjerge, idet han rejste den lange vej tilbage til Fukuoka på Kyushu, hvor han den 17. november brød ind i et hus tilhørende en 39-årig mand, som blev stukket ned og bundet fast, så Sokichi i ro og fred kunne gennemrode hans hjem for værdier.

Dog endte Sokichi med at gå tomhændet derfra, idet han måtte flygte ud gennem et vindue, da han pludselig blev afbrudt af to mænd, som kom forbi for at besøge offeret, der trods sine kvæstelser slap med livet i behold. Men dette var desværre ikke tilfældet fem dage senere, da Sokichi den 22. november udså sig et hus i landsbyen Shingu, hvor han brød ind og i denne omgang knivdræbte en 54-årig mand ved navn Zenta.

Sokichi var på dette tidspunkt iklædt det tøj, som han havde stjålet fra Isezo, hvilket han valgte at smide for i stedet at iføre sig bukser, trøje, undertrøje og strømper fra Zentas kommode. Og eftersom Zenta var det eneste af Sokichis ofre, som var gift, blev hans død allerede opdaget samme aften, hvor hans kone vendte hjem med parrets børn. Hun kunne tilmed udpege det fremmede sæt tøj, som politiet derfor valgte at bringe med som bevismateriale. Og da man i bukserne fandt noget så belejligt som navnet på disses ejer, skyndte man sig at opsøge vedkommende, hvorved det viste sig, at man stod med endnu et offer, idet bukserne jo tilhørte Isezo, som havde ligget død i en hel måned, da politiet den 29. november dukkede op på hans adresse for at afhøre ham.

Det var næppe et tilfælde, at Isezos bukser var havnet hjemme hos Zenta, og at begge mænd var blevet slået ihjel. De måtte uden tvivl være blevet ofre for den samme gerningsmand, og eftersom der var over 500 kilometer, som adskilte de to drabssager, så gik Sokichis taktik i vasken, eftersom politiet nu var blevet klar over, at der var en omrejsende rovmorder løs i landet.

For første gang i Japans historie blev der derfor etableret et tværregionalt samarbejde mellem politikredse under efterforskningen af drabssager, så man hurtigst muligt kunne få pågrebet den skyldige. Men før dette skete, nåede Sokichi Furuya dog at tage livet af yderligere fem mænd, efter at han var vendt tilbage til Honshu.

Den 3. december begik Sokichi endda to drab på samme dag, da han strejfede omkring i Kyoto, hvor han først brød ind hos den 60-årige Seiji og herefter den 67-årige Heizaburo, som boede 800 meter fra hinanden. Begge mænd blev kvalt ihjel, og da deres lig blev fundet ugen efter, knyttede man hurtigt forbrydelserne til de andre uopklarede sager, fordi ofrene også denne gang var enlige mænd, som var oppe i alderen, ligesom Sokichi havde for vane at dække de døde kroppe til med en futon. Af den grund blev drabet på Mayoshi også inkluderede i efterforskningen, eftersom identiske rovmord trods alt ikke var hverdagskost i Japan.

Det gik hermed op for politiet, at man efter alt at dømme havde at gøre med en seriemorder, som trods forskellige drabsmetoder anvendte den samme tilgang, og eftersøgningen af den ukendte gerningsmand blev derfor intensiveret. Men fordi Sokichi rejste fra by til by for at begå sine forbrydelser, så var det ikke til at vide, hvor man skulle være på vagt. Og af den grund lykkedes det for den 51-årige rovmorder at slå til igen, da han allerede den 5. december begik sit sjette drab.

På denne dag brød Sokichi nemlig ind i et hus i byen Takatsuki, hvor han kvalte en 53-årig mand ved navn Shoji. Og herefter begav han sig så videre til Nishinomiya, hvor han den 12. december afsluttede sin 44 dage lange drabsbølge ved igen at tage livet af to personer på samme dag – denne gang den 69-årige Zentaro og 51-årige Kataro, som boede sammen, da Sokichi invaderede deres hjem og dræbte begge mænd ved at tæske dem til døde med en hammer.

Selvom Sokichi havde sørget for at begå sine forbrydelser i forskellige byer, så havde han alligevel holdt sig i Kansai-regionen det meste af tiden, idet han hér havde begået syv af sine otte drab. Og derfor var det også hér, politiets eftersøgning var centreret, hvilket faktisk gav gevinst, samme aften som Sokichi begik sine to sidste drab, eftersom et par patruljerende betjente tilfældigvis kom forbi gerningsstedet i Nishinomiya, hvor Sokichi var til stede med de to lig.

Sokichi Furuya blev derfor anholdt på stedet og bragt med til afhøring på stationen, hvor han med tiden tilstod at have stået bag de i alt otte drab, som var blevet begået i seks forskellige byer – også det hidtil opdagede drab på Shoji, som altså først blev føjet til listen over ofre efter Sokichis tilståelse. Men det forholdt sig sådan, at politiet allerede havde identificeret Sokichi som gerningsmanden, idet han havde efterladt sig fingeraftryk, der var blevet matchet med hans, efter at det overlevende vidne fra Fukuoka havde givet politiet en detaljeret beskrivelse af sin overfaldsmand, hvis udseende mindede utroligt meget om den lokale vaneforbryder Sokichi Furuya.

Så selvom han altså huserede i andre egne af landet, så lykkedes det alligevel for politiet at knytte de mange forbrydelser til Sokichi, som derfor ikke kunne gøre andet end at tilstå disse, da han under de flere hundrede timer lange afhøringer blev præsenteret for beviserne imod ham. Dog mistænkte man ham også for at have stået bag drabene på to 46-årige mænd, hvoraf det ene af disse blev begået i Kyoto i november 1951, hvor Sokichi var på flugt fra politiet og ganske vist opholdt sig i Kansai-regionen, da han måneden efter blev anholdt for afpresning.

Denne sag var på nippet til at blive forældet, da Sokichi utroligt nok besluttede sig for at erkende, at han var gerningsmanden, så antallet af ofre dermed kom op på ni. Men kort tid efter trak han imidlertid tilståelsen tilbage, og uden denne kunne man ikke nå at retsforfølge ham i sagen, som derfor nåede at blive forældet.

Eftersom Sokichi trods alt tilstod, at han stod bag drabet, er det således også politiets opfattelse, at han så sandelig var den skyldige. Og det samme mener man er tilfældet i den anden sag, hvor en mand blev slået ihjel under et hjemmerøveri i Yonago i Tottori-præfekturet, umiddelbart efter Sokichis løsladelse i 1964. Men fordi Sokichi nægtede alle anklager, ligesom der ikke var håndgribelige beviser, som kunne blive brugt imod ham, blev han hverken sigtet eller retsforfulgt i denne sag, som fortsat er uopklaret den dag i dag.

Det var da heller ikke, fordi politiet manglede sigtelser imod Sokichi, som trods alt havde taget livet af otte mennesker, hvilket var et af de højeste antal drabsofre, man hidtil havde stået med i efterkrigstidens Japan. Så selvom han godt nok nægtede sig skyldig i alle anklager, så var det næppe nogen overraskelse, at Sokichi Furuya i 1971 blev dømt til døden – en dom, som blev stadfæstet, da hans mulighed for at appellere blev afvist i 1975 og 1978.

Til trods for at han "kun" blev dømt for at have taget livet af otte personer, som derfor udgør listen over hans officielle ofre, så er det dog sandsynligt, at Sokichi Furuya i virkeligheden stod bag mindst 12 menneskers død, idet politiet jo mistænkte ham for at have været indblandet i to andre drabssager, hvoraf Sokichi sågar tilstod, at han var gerningsmanden i den ene af disse. Og som tidligere nævnt valgte Sokichi også at erkende, at det var ham, som var ansvarlig for de to rovmord, som Noboru Sakamoto ellers var blevet henrettet for at have begået i 1951.

Det japanske retssystem var siden blevet reformeret for at sikre sigtede og dømtes rettigheder, hvilket Sokichi samtidig kunne nyde godt af. For i modsætning til Noboru fik han mulighed for at leve flere år på dødsgangen, så han endte med at blive den hidtil ældste japaner til at blive henrettet, da han den 31. maj 1985 blev hængt i en alder af 71 år, hvoraf 50 af disse var blevet tilbragt bag tremmer.

Det bør desuden påpeges, at efternavnet Furuya også kan læses som Furutani på japansk, og derfor optræder der en del forvirring om, hvilken udtaleform, der er den rigtige, idet begge optræder i japanske artikler. I dette kapitel er der dog gjort brug af Furuya, fordi der i visse kilder findes en alternativ skrivemåde med brug af andre tegn, der kun kan læses som Furuya og ikke Furutani.

Nedenstående illustration viser afstanden mellem de seks byer, hvor Sokichi Furuya begik sine otte drab, samt antallet af dage, der gik imellem disse.

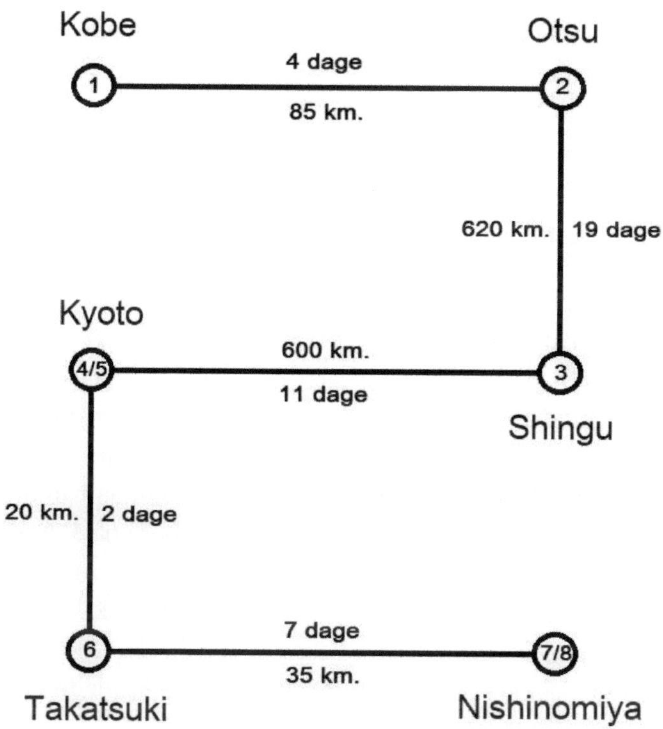

Da Sokichi Furuya modtog sin dødsdom, blev hans forbrydelse kaldt den hidtil værste i japansk kriminalhistorie, hvilket altid kan diskuteres, eftersom man i Japan tidligere havde set drabssager af yderst bestialsk karakter. Der er dog ingen tvivl om, at Sokichi så sandelig var en af Japans hidtil værste forbrydere baseret på omfanget af hans kriminelle aktiviteter. Men til trods for at han officielt tog livet af otte mænd, så var dette ikke nok til at gøre ham til den værste seriemorder i efterkrigstidens Japan, idet Genzo Kurita stod bag lige så mange drab i perioden fra 1948 til 1952.

Genzo Kurita begik sine første drab som 21-årig, hvor han slog to af sine veninder ihjel, hvilket blev begyndelsen på hans karriere som seriemorder, da han herefter tog flugten fra sin hjemby og begyndte at hærge landet ved at begå tyverier og indbrud. Og det var i den forbindelse, han krævede sit tredje offer, da han den 8. august 1951 brød ind i et hus, hvor en kvinde var alene hjemme med sit lille spædbarn. Da kvinden fik øje på Genzo og gav sig til at skrige efter hjælp, valgte han nemlig at gøre hende tavs ved at kvæle hende. Og før han stak af fra huset, foretog han desuden en fuldbyrdet voldtægt af kvindens lig, imens hendes sovende barn blev skånet.

Men det var ikke, fordi Genzu Kurita havde noget problem med at slå børn ihjel. For et par måneder senere – den 11. oktober – fordoblede han sit antal af drabsofre, da han stod bag sin absolut mest kendte forbrydelse. Kort efter midnat gik han nemlig rundt i en lille landsby i søgningen efter et hus, hvor han kunne begå indbrud, da han mødte en lille familie bestående af en kvinde og hendes tre børn på 3, 6 og 11 år. De fire var på vej hjem fra stationen, og eftersom det var mørkt, tilbød Genzo at følges med dem på den øde strækning, der gik langs en stejl klippeskrænt. Og det var hér, han valgte at slå til, da han uden videre greb fat om kvinden og gav sig til at forgribe sig på hende foran hendes forskræmte børn, som alle begyndte at skrige og græde.

Postyret blev for meget for Genzo, som valgte at gå til angreb på børnene, før han én efter én kastede dem ud over den stejle skrænt, så han på den måde kunne voldtage deres mor i fred. Og da dette var gjort, blev hun først kvalt, hvorefter hendes lig ligeledes blev kastet ud over skråningen, hvor de to yngste børn i forvejen lå døde, hvorimod kvindens 11-årige datter formåede at overleve. Og hendes beretning skulle ende med at gøre Genzo Kurita til en af de mest forhadte forbrydere i Japan.

Og dette var endda, før man overhovedet havde kendskab til, at der var tale om en seriemorder, som ovenikøbet ikke var færdig med at husere i landet. Året efter begik Genzo nemlig endnu et dobbeltdrab, da han den 13. januar 1952 slog en ældre kvinde og hendes niece ihjel under et hjemmerøveri. Også denne gang udførte han også en nekrofil handling, idet han voldtog den yngste kvindes lig, men han efterlod samtidig sine fingeraftryk i huset, hvilket blev det spor, som blev brugt til at fælde ham, da han blev pågrebet blot tre dage senere.

Under afhøringerne valgte Genzo Kurita at tilstå sine tidligere drab. Og sådan gik det op for politiet, at man altså havde at gøre med en seriemorder – endda en kynisk en af slagsen, som blandt andet havde stået bag det brutale drab på en forsvarsløse kvinde og hendes to små børn, ligesom Genzo havde krænket to af sine ofre efter deres død ved at forgribe sig på deres lig. Det var derfor ikke for ingenting, at han fik ry for at være en af Japans værste forbrydere og tilmed blev benyttet som et eksempel på, hvorfor det var nødvendigt at bevare dødsstraffen i Japan, da denne kom til debat i 1956.

Tre år senere blev Genzo Kurita da også henrettet i en alder af 32 år. For som den første japaner i efterkrigstiden modtog han nemlig to dødsdomme, da listen over drabssigtelser blev delt op i to separate retssager. Men til trods for at han ellers tilstod at have stået bag otte drab, så blev Genzo dog kun retsforfulgt og kendt skyldig i syv af sagerne. Så baseret på antallet af bekræftede ofre var Sokichi Furuya så sandelig den værste seriemorder af de to, ligesom det da også er en udbredt overbevisning, at han skam havde mere end otte liv på samvittigheden.

I efterkrigstiden oplevede Japan imidlertid også andre hårde forbrydelser såsom massakrer, og et af landets værste massemord fandt sted den 28. januar 1948, hvor 12 mennesker mistede livet under et alternativt bankrøveri i Tokyo. Omkring lukketid ankom en mand nemlig til banken, hvor han under påskud af at være en epidemiolog delte piller ud til de i alt 16 tilstedeværende med beskeden om, at der var tale om medicin, som de omgående skulle indtage, fordi der var udbrudt dysenteri i området.

Folk gjorde, som de fik besked på, fordi de var overbeviste om, at man havde at gøre med en pålidelig autoritet. Men efter at have slugt pillerne faldt de alle om i smerter og mistede bevidstheden, da de i virkeligheden havde indtaget cyanid, hvilket altså endte med at koste 12 mennesker livet, så det værste bankrøveri i Japans historie således var en realitet, da den mystiske mand efterfølgende stjal 160.000 yen.

Samme gerningsmand havde muligvis forsøgt sig med to lignende røverier i Tokyo, og i en af de pågældende banker havde han efterladt et visitkort, som endte med at lede politiet på sporet af dettes ejer. Han havde imidlertid et alibi og var heller ikke identisk med den person, som havde udleveret visitkortet, så antallet af mistænkte blev i stedet udvidet til at inkludere alle dem, som på et eller andet tidspunkt havde modtaget et af de pågældende visitkort.

I sidste ende førte dette til anholdelsen af den 56-årige maler Sadamichi Hirasawa, der ligeledes blev udpeget som gerningsmanden af to overlevende vidner. Men herudover var der dog ingen beviser, der kunne knytte ham til selve bankrøveriet, og alligevel blev Sadamichi dømt til døden, fordi han under afhøringerne hos politiet tilstod, at han var den skyldige. I retten trak han dog tilståelsen tilbage, da han forklarede, at denne var blevet tvunget ud af ham, hvilket det japanske politi netop havde for vane at gøre i årene efter anden verdenskrig, hvor man ofte måtte benytte sig af tilståelser og vidneudsagn i kriminalsager, hvis der var mangel på håndgribelige beviser.

I løbet af 1980'erne blev flere japanske dødsfanger benådet, da man anerkendte, at de var blevet uskyldigt dømt i sager, hvor en tilståelse var blevet tvunget ud af dem – vel at mærke i samme periode som Sadamichi Hirasawa var blevet dømt til døden. Og om han også blev udsat for justitsmord er vidt debatteret. For selvom han godt nok var blevet dømt for at være en af Japans værste massemordere, så endte han med at leve resten af sit liv på dødsgangen, idet hans henrettelse blev udskudt og derfor aldrig nåede at finde sted, før han døde af naturlige årsager i 1987, hvor han i en alder af 95 år havde opnået status som den ældste dødsfange i Japan.

Dette er den officielle liste over Sokichi Furuyas bekræftede ofre:

Navn	Alder	By	Død
Isezo	58 år	Kobe	30. oktober 1965
Mayoshi	59 år	Otsu	3. november 1965
Zenta	54 år	Shingu	22. november 1965
Seiji	60 år	Kyoto	3. december 1965
Heizaburo	67 år	Kyoto	3. december 1965
Shoji	53 år	Takatsuki	5. december 1965
Zentaro	69 år	Nishinomiya	12. december 1965
Kataro	51 år	Nishinomiya	12. december 1965

1968

Den skydegale teenager

Norio Nagayama var 19 år gammel, da han i 1968 indledte et månedlangt drabstogt, hvor han endte med at tage livet af fire mænd. Men selvom han dermed var en seriemorder, så var han grundet sin unge alder umyndig ifølge japansk lovgivning, hvilket gav ham visse privilegier, som man var nødt til at forholde sig til i det efterfølgende retsopgør, som derfor varede i over et årti, før Norio Nagayama omsider modtog sin endelige dom. Og tiden i fængslet brugte han blandt andet på at skrive litterære værker, hvilket gjorde ham til en prisbelønnet forfatter.

Norio Nagayama kom til verden den 27. juni 1949 nær byen Abashiri på den nordligste af Japans hovedøer, Hokkaido. Hér blev han født ind i en stor familie, hvor han var det andet yngste barn i en søskendeflok på 8 bestående af 4 drenge og 4 piger. Ligesom så mange af efterkrigstidens børn havde Norio dog en kummerlig opvækst, idet myndighedernes primære fokus lå på at få genopbygget samfundet efter krigens ødelæggelser, således at borgernes ve og vel kom i anden række.

Dette betød slet og ret, at mange japanske børn voksede op i fattigdom. Og et stort antal munde at mætte gjorde det kun sværere for familien Nagayama at klare sig til dagen og vejen – mest af alt fordi at Norios far havde deltaget i krigen og bevidnet dens rædsler, hvilket havde traumatiseret ham i en sådan grad, at han endte med at forlade sin familie for i stedet at leve en tilværelse som alkoholiker og ludoman. Af den grund var det Norios mor, der som eneforsørger måtte arbejde og tjene til føden. Men også hun oplevede psykiske problemer, hvilket førte til, at hun i 1953 måtte indlægges på en psykiatrisk anstalt, så den store børneflok blev overladt til sig selv.

Der var imidlertid så stor aldersforskel på børnene, at Norios to ældste søskende allerede var blevet voksne, og derfor var det hans storesøster, som tog sig af børnepasningen og dermed også opdragelsen, indtil deres mor blev udskrevet efter et halvt års indlæggelse. Men i forbindelse med denne havde hun dog mistet sit arbejde, og da hun således stod uden indkomst, så hun sig nødsaget til at flytte hjem til sine forældre i Aomori-præfekturet på Japans største hovedø, Honshu.

Dette var en lang rejse, som foregik med både tog og færge. Og da kvinden ikke havde råd til at købe billetter til alle sine børn, blev hun desværre nødt til at efterlade de fire ældste på Hokkaido, hvor de herfra måtte klare sig selv, mens Norio og tre af hans søskende blev bragt med hjem til deres bedsteforældre.

Men tilværelsen blev ikke ligefrem lettere for den lille familie, der stadig var mærket af fattigdom, så børnene blandt andet måtte gå og rode i skrald, når sulten skulle stilles. I skolen havde Norio også svært ved at få venner, fordi han blev mobbet grundet sin dialekt. Og derhjemme blev han udsat for vold, idet han blev tæsket af både sin mor og storebror, så han fra barnsben dannede sig et negativt syn på andre mennesker og dermed også samfundet.

I 2. klasse begyndte Norio at udvise sin utilfredshed med livet ved at stikke af hjemmefra. Men han havde ingen steder at løbe hen og vendte derfor altid tilbage til den familie, han ikke kunne fordrage at være en del af. Imens han gik i 5. klasse, valgte hans storesøster dog at flytte fra Hokkaido og hjem til sine bedsteforældre, hvor det herfra blev hende, der påtog sig ansvaret for Norio, indtil han pludselig begyndte at blive aggressiv og voldelig over for hende og hendes datter, hvilket fik hans hidtil omsorgsfulde storesøster til at lægge afstand til ham.

Det var, som om tragedierne stod i kø for at ramme familien Nagayama. Og da Norio startede i 7. klasse, indtræf endnu en, da børnene fik at vide, at deres alkoholiserede far var død. Året efter blev deres mor så ramt af et slagtilfælde, så hun igen måtte indlægges, og det var også i denne periode, at Norio faldt i forkert selskab i hans bestræbelse efter at få venner. Han blev nemlig en del af en lokal drengebande, der havde for vane at fordrive tiden ved at bryde loven – eksempelvis ved at udøve hærværk og begå tyverier.

Norio pjækkede også fra skolen, hvor han generelt ikke brød sig om at komme. Og da hans kriminelle aktiviteter blev opdaget, valgte hans mor i februar 1965 at smide sin 15-årige søn ud hjemmefra, kun en måned før han ellers skulle have afsluttet 9. klasse. Måneden efter flyttede han hjem til sin storebror, som havde bosat sig i Tokyo, hvor han blev ansat hos en grønthandler i Shibuya-distriktet. Og hér blev Norio Nagayama tilfældigvis vidne til en skelsættende begivenhed, da han blev konfronteret med en alternativ version af sit fremtidige jeg.

Den 29. juli 1965 dræbte den 18-årige Misao Katagiri en politimand i byen Zama uden for Tokyo, hvorefter han stjal vedkommendes tjenestepistol og flygtede til hovedstaden. Hér invaderede han en våbenbutik i Shibuya-distriktet, hvor han tog personalet til fange under en dramatisk gidselsituation, som Norio Nagayama overværede sammen med hundredvis af andre nysgerrige borgere, som forsamlede sig ude foran våbenbutikken. Flere af disse blev endda såret af skud, da Misao Katagiri på et tidspunkt åbnede ild mod folkemængden, før han sent på aftenen blev pågrebet og anholdt af politiet for rullende kameraer.

Norio var forundret over, hvad han havde oplevet. Men på dette tidspunkt kunne han ikke engang selv vide, at han tre år senere ville komme i besiddelse af et skydevåben, med hvilket han ville stå bag en endnu mere spektakulær forbrydelse. På dette tidspunkt havde han nemlig fået styr på tilværelsen efter at have fået fast arbejde. Men desværre dukkede fortidens spøgelser op og spolerede hans fremtid, da Norios chef fik kendskab til hans kriminelle baggrund.

Norio blev efterfølgende fyret fra grønthandleren i Shibuya. Og da hans bror i samme ombæring valgte at smide ham ud, stod den 16-årige dreng i en håbløs situation, hvilket fik ham til at søge lykken uden for Japan, da han tog til Yokohama, hvor han fik sneget sig ombord på et dansk fragtskib med kurs mod Hong Kong. Desværre for Norio blev han dog opdaget, efter skibet havde forladt Japan, så ved ankomsten til Hong Kong blev teenageren straks overdraget til myndighederne og deporteret tilbage til Japan.

I det næste års tid klarede Norio Nagayama sig med midlertidige deltidsstillinger, ligesom han genoptog den kriminelle løbebane, da han i forsøget på at overleve begyndte at begå både tyverier og indbrud. Og da han i september 1966 blev taget i at stjæle fra en amerikansk flådebase, resulterede dette i, at den nu 17-årige dreng blev idømt et halvt år langt ophold på en reformskole.

Efter sin løsladelse valgte Norio Nagayama at blive til noget ved at tage en ungdomsuddannelse, da han i april 1967 søgte ind på et gymnasium i Tokyo. Han droppede dog ud, da sommerferien sluttede i august, og herefter vendte han tilbage til at besidde diverse småjobs, mens han sågar prøvede på at søge ind i hæren. Men grundet hans nu plettede straffeattest, blev hans ansøgning afvist.

Norio havde kort sagt svært ved at stable en stabil tilværelse på benene og på den måde finde en mening med livet. I begyndelsen af 1968 forsøgte han derfor igen at forlade Japan, da han sneg sig ombord på et fransk fragtskib i Kobe. Men denne gang blev han opdaget, før skibet lagde fra havn, og han blev derfor nødt til at forblive i Japan, hvor han dog ikke følte, at han havde mulighed for at blive lykkelig.

I desperation søgte Norio igen ind på gymnasiet for blot at droppe ud igen, før han rejste hjem til sin mor, der dog ikke ville have søn boende hos sig. Hun betalte ham derfor for at vende tilbage til Tokyo, hvor han fik lov til at flytte tilbage til sin storebror, efter han igen havde fundet sig et arbejde.

Da Norio i efteråret 1968 mistede sin stilling og dermed ikke kunne betale husleje, blev han dog endnu engang sat på gaden, hvor han herfra måtte leve som hjemløs. Og uden hverken penge eller tag over hovedet faldt den nu 19-årige mand i et mentalt hul, hvor han ikke længere kunne se et eneste lyspunkt i tilværelsen. Alt håb var slukket i ham, så han helt opgav troen på sig selv, og hans had til samfundet havde samtidig vokset sig større, eftersom han ikke havde haft helt med at finde sin plads i det.

Den 8. oktober 1968 blev omdrejningspunktet, der kom til at ændre Norio Nagayamas liv for altid, da han om aftenen brød ind på endnu en amerikansk flådebase – denne gang i byen Yokosuka, hvor det lykkedes ham at stjæle en foldekniv, et kamera, to lommetørklæder, amerikansk valuta samt en 22 kaliber revolver inklusiv en pakke indeholdende 50 patroner.

Genstandene stammede fra et privat hjem og tilhørte en kvinde, som var gift med en udstationeret søofficer fra USA. Og mens Norio havde tænkt sig at sælge kameraet videre, så valgte han af en eller anden grund at beholde både kniven, revolveren og ammunitionen, som han derfor gemte bag en bygning nær Sakuragicho station, da han den næste morgen ankom til Yokohama med tog.

Dagen efter, den 10. oktober, vendte Norio så tilbage til Sakuragicho station for at hente våbnene, hvorefter han begav sig hen til en nærliggende biograf for at lade revolveren på et toilet. Denne blev herefter anbragt i lommen på hans trøje, før han tog videre til Tokyo, hvor han resten af dagen gik rundt med et ladt skydevåben i offentligheden, hvor han passerede forbi hundredvis af mennesker, som ikke kunne vide, at de havde befundet sig i nærkontakt med en fremtidig seriemorder.

Revolveren blev nemlig allerede taget i brug senere på aftenen, hvor Norio lagde sig til at sove på en bænk nær Tokyo Tower. Han vågnede dog op kort efter midnat, fordi han frøs, og da han i nattens mørke fik øje på det prestigiøse Tokyo Prince Hotel i nærheden, besluttede han sig for at gå hen til hotellet for at se, om det var muligt for ham at finde et varmt sted at sove.

Omkring klokken 1 blev Norio Nagayama imidlertid opdaget af en af hotellets vagter – den 27-årige Masanori, som var i gang med at inspicere de udendørs områder, da han hér fik øje på den hjemløse teenager. Og da Masanori i den forbindelse tog fat i Norio i forsøget på at eskortere ham væk, slog det fuldkommen klik for den unge mand, idet han omgående rev sig løs og trak revolveren frem, hvorpå han rettede denne mod Masanori, som end ikke nåede at forholde sig til situationen, før Norio trykkede på aftrækkeren og affyrede to skud mod manden.

Masanori blev ramt i ansigtet og i halsen. Og mens han faldt såret til jorden, skyndte Norio sig at stikke af fra stedet, hvor der ikke var et eneste vidne til stede. Men lyden af skud kunne trods alt høres på Tokyo Prince Hotel, hvis personale skyndte sig at slå alarm, straks som den blødende nattevagt blev fundet uden for hotellet. Dog stod hans liv ikke til at redde, idet Masanori omkom af sine kvæstelser efter ankomsten til hospitalet, så Norio Nagayama dermed var endt med at blive morder. Og så var dette endda kun begyndelsen på teenagerens hærgen, eftersom han med brug af revolveren ville kræve yderligere tre menneskeliv på mindre end en måned.

Netop fordi at drabet på Masanori var så spontant, så kunne politiet nemlig ikke afdække motivet, og således kunne man heller ikke udpege nogen mistænkte. Om ikke andet kunne man i det mindste konkludere, at Masanori var blevet skudt med en 22 kaliber patron, som var identisk med dem, der var blevet stjålet fra en amerikansk flådebase få dage forinden. Så nu vidste politiet i det mindste, at våbnet og dermed også gerningsmanden befandt sig i Tokyo.

Men Norio havde skam regnet ud, at politiet ville igangsætte jagten på ham i hovedstaden. Så denne valgte han at flygte fra, da han natten til den 13. oktober steg på et tog og rejste den 470 kilometer lange tur til Kyoto. Og med sig bragte han både revolveren og foldekniven, selvom han ellers udså sig den historiske by, fordi han havde tænkt sig at tage på sightseeing.

Den første dag i Kyoto blev derfor brugt på at tage rundt og besøge nogle af byens mange seværdigheder, før Norio efter mørkets frembrud ankom til Maruyama Park, hvor han besluttede sig for at overnatte ved Yasaka-helligdommen, eftersom han ikke havde råd til at leje et hotelværelse. Men da teenageren omkring klokken 1.30 trådte ind på grunden, fandt endnu et skæbnesvangert møde sted, idet han også hér blev antastet af en nattevagt, som gik rundt og patruljerede.

Der var denne gang tale om den 69-årige Tomejiro, som henvendte sig til Norio og bad ham om at forlade stedet. Men den unge mand valgte straks at modsætte sig ved at trække sin foldekniv, med hvilken han truede den ældre herre, som dog ikke lod sig skræmme. Og da Tomejiro tilmed fortalte, at han agtede at tilkalde politiet, fik dette Norio til at se rødt, idet han kastede kniven fra sig, hvorpå han i stedet hev revolveren frem.

Hermed gik det op for Tomejiro, at han så sandelig havde noget at frygte. Men før han overhovedet kunne nå at erkende, at hans liv var i fare, så endte han med at miste det, da Norio trykkede på aftrækkeren og affyrede hele fire skud, som alle ramte nattevagten i hovedet. Og da han derefter faldt om, skyndte Norio sig at tage benene på nakken. Men han nåede kun lige at sætte fod i Maruyama Park, hvor han måtte skjule sig i et buskads, idet han pludselig fik øje på to politimænd, som kom løbende i retning mod Yasaka-helligdommen.

De to betjente havde tilfældigvis befundet sig i nærheden, da de hørte lyden af skud. Og ved ankomsten til gerningsstedet var de faktisk kun få meter fra at pågribe Norio Nagayama, idet den ene af dem bemærkede, at nogen gemte sig i buskene. Imens han standsede op og beordrede vedkommende til at komme frem, inspicerede den anden politimand Yasaka-helligdommens grund, hvor han til sin store skræk fik øje på den skuddræbte Tomejiro. Men da han i den forbindelse valgte at alarmere sin kollega, var begge betjente for en stund lamslået af forargelse. Og det var i dét øjeblik, Norio så sit snit til at stikke af, idet det lykkedes ham at forsvinde i mørket – lige for næsen af ordensmagten.

Norio ilede hen til Kyoto station, hvor han steg på et nattog med retning mod Tokyo, hvorfra han ellers var flygtet natten forinden. Og på den måde endte han altså tilbage i hovedstaden, alt imens man under obduktionen af Tomejiro kunne konstatere, at han var blevet skudt med selv samme type af patroner, som var blevet benyttet under drabet på en anden nattevagt i en helt anden del af landet.

Der var derfor oplagt, at der var tale om det samme våben og sandsynligvis også den samme gerningsmand. Men med mere end 700 kilometer, som adskilte de to drab, var det umuligt for politiet at vide, hvor de skulle centrere deres eftersøgning. Af den grund blev der etableret et tværregionalt samarbejde mellem politikredse, så man hurtigst muligt kunne få opsporet den skydegale teenager, som desværre nåede at slå til igen – og så endda i en helt tredje by, som lå over 1.000 kilometer fra det seneste gerningssted.

Efter at have tilbragt et par dage i Tokyo valgte Norio Nagayama nemlig at opsøge sin storebror for at tilstå de to drab, han havde begået med få dages mellemrum. Men det var egentlig ikke, fordi han følte behov for at lette sin samvittighed. Tværtimod havde han brug for penge, så han kunne rejse til Hokkaido, idet han havde indset, at han enten skulle leve resten af sit liv på flugt eller bag tremmer. Begge scenarier var uudholdelige for den unge mand, som derfor fortalte sin bror, at han havde besluttet sig for at begå selvmord, hvilket han havde tænkt sig at gøre i barndomsbyen Abashiri.

Broren forsøgte forgæves at overtale Norio til at melde sig selv, før han til sidst indvilligede i at give ham 8.000 yen, som skulle dække rejseomkostningerne til Abashiri. Han var derfor overbevist om, at han havde set sin 19-årige lillebror for sidste gang, da Norio tog afsked med ham og satte kursen mod Hokkaido, hvor han ankom med færgen den 21. oktober. Og med sig havde han både revolver og ammunition, eftersom han havde intentioner om at skyde sig selv.

Fra havnebyen Hakodate begav Norio sig videre til Sapporo med tog. Men hér gik det pludselig op for ham, at han var blevet hjulpet i døden af sin egen bror, og at der slet ikke var nogen, som ville savne ham, når han var borte, fordi ikke engang hans familie elskede ham. Og med erkendelsen af dette mistede Norio Nagayama fuldkommen respekten for livet – både sit eget og andres, idet han stadig ikke kunne se nogen grund til at leve. Men netop derfor kunne han heller ikke forstå, hvorfor andre skulle have lov til det.

Norio opgav således sine selvmordstanker og brugte resten af sine penge på at more sig i Sapporo. Så da han vendte tilbage til Hakodate om aftenen den 26. oktober, gik det op for ham, at han var strandet på Hokkaido, idet han ikke havde råd til en færgebillet. Af den grund besluttede han sig for at komme i besiddelse af kontanter på alternativ vis, da han efter en spontan tankevending valgte at begå sit første planlagte drab i form af et rovmord.

Norio fik øje på en taxa foran stationen i Hakodate og udså sig dennes chauffør som sit offer, da han satte sig ind på bagsædet og bad om at blive kørt ud af byen, hvor han i al ubemærkethed kunne dræbe og berøve chaufføren – den 31-årige Tetsuhiko, som desværre aldrig nåede at møde det barn, som han og hans kone ventede, idet han ikke kunne vide, at hans kunde var en eftersøgt dobbeltmorder, der inden længe ville opnå status som seriemorder ved at frarøve ham livet.

Omkring klokken 23 blev Tetsuhiko nemlig bedt om at standse taxaen i udkanten af byen Nanae, hvor det var bælgravende mørkt, da han kørte ind til siden og oplyste den pris, som Norio skulle betale. Men i stedet for sin tegnebog hev teenageren sin revolver frem og affyrede to skud i mandens baghoved, hvoraf det ene af disse penetrerede sig gennem hans kranium og satte sig fast i kabinen.

Norio stjal herefter de 7.000 yen, som Tetsuhiko havde tjent på sin vagt, samt 200 yen fra hans pung, før han efterlod liget i bilen for da at begive sig tilbage til Hakodate til fods. Og da drabet blev opdaget den næste morgen, havde han allerede taget flugten fra Hokkaido, idet han befandt sig ombord på en færge mod Honshu.

Der endte imidlertid med at gå mere end en uge, før politiet indså, at man havde at gøre med et skuddrab, eftersom den slags var ekstremt sjældne i Japan – særligt på Hokkaido, hvor retsmedicineren aldrig før havde obduceret et skudoffer. I begyndelsen troede han derfor, at Tetsuhiko var blevet tæsket til døde, selvom han ellers fandt frem til den ene patron i det splintrede kranium. Men fordi at denne var blevet komprimeret og lignede et stykke uidentificerbart metal, var der ingen, som kunne regne ud, hvor dette stammede fra, før den anden patron med tiden blev fundet i taxaen.

Da det hermed gik op for politiet på Hokkaido, at man stod med et skuddrab, blev politikredsene i Tokyo og Kyoto informeret om dette, så det kunne blive undersøgt, om der tilfældigvis var tale om den samme gerningsmand, som i forvejen havde slået til to andre steder i landet. Men faktisk havde han på dette tidspunkt været på spil i fire separate byer. For imens efterforskningen af det tredje drab havde stået på, havde Norio Nagayama allerede krævet sit fjerde offer.

Efter at have forladt Hokkaido ankom Norio til Yokohama, hvor han besluttede sig for at indstille sin drabsbølge ved at begrave revolveren og patronerne. Herefter lykkedes det ham at blive ansat i et af byens pakhuse, så han for en stund tjente sine egne penge på hæderlig vis, inden frygten for at blive anholdt fik ham til at forlade Yokohama efter kun en uge. I stedet søgte Norio til storbyen Nagoya i håbet om, at han kunne skjule sig hér. Men forinden havde han dog gravet revolveren frem, som han endnu engang valgte at bringe med sig, hvorved der på forhånd var lagt op til en ny tragedie.

Natten til den 5. november var Norio nemlig på vej mod havneområdet i Nagoya, hvor han havde tænkt sig at søge arbejde, da han klokken 1.20 prajede en taxa på gaden, selvom han ellers var i pengenød. Men det var netop derfor, han i nattens mørke satte sig ind i taxaen med den 22-årige Masaaki bag rattet. For den unge mand havde simpelthen i sinde at gentage sit seneste drab, idet han efter kun 5 minutters kørsel bad chaufføren om at køre ind til siden i et øde område, hvor Masaaki umiddelbart efter at have standset bilen blev dræbt af fire skud i baghovedet.

I denne omgang slap Norio afsted med mere end 7.000 yen, da han tømte kassebeholdningen og efterlod liget i taxaen, hvor det blev fundet tidligt om morgenen. Og straks som politiet kunne konkludere, at man havde at gøre med et skuddrab, blev der straks foretaget analyser af patronerne, så man dermed fik bekræftet, at disse var identiske med dem fra de endnu uopklarede drabssager i Tokyo og Kyoto. Senere blev sagen fra Hokkaido ligeledes inkluderet i efterforskningen, så man altså stod med fire drab, som var blevet begået på under en måned, hvor gerningsmanden havde tilbagelagt en samlet distance på omkring 3.000 kilometer.

Det tværregionale samarbejde mellem de japanske politikredse blev udvidet, så en national menneskejagt gik ind på den skyldige. Men der havde ikke været nogen vidner til forbrydelserne, så ingen vidste, hvordan vedkommende så ud. Grundet hans rejsemønster og drabstidspunkterne antog politiet dog, at man havde at gøre med en arbejdsløs og muligvis også en hjemløs – altså en vagabond.

Af den grund blev landets overnatningssteder gennemsøgt i

søgningen efter borgere uden fast adresse. Og da man sådan set bare skulle være enten arbejdsløs eller hjemløs for at komme i politiets søgelys, registrerede man på landsplan intet mindre end 80.000 mulige mistænkte. Og iblandt dem var faktisk Norio Nagayama. Men uden beviser kunne politiet ikke foretage en anholdelse af hverken ham eller nogen andre.

De fire skuddrab forblev derfor uopklarede resten af året og videre ind i 1969, hvor Norio igen havde valgt at begrave revolveren i Yokohama, idet han var vendt tilbage til Tokyo for at arbejde. Han kunne således være sluppet afsted med sine forbrydelser, men i sidste ende kunne han ikke holde sig på dydens sti, for i slutningen af marts tog han nemlig toget til Yokohama for at grave skydevåbnet frem, mens han ugen fik taget det i brug igen, da han natten til den 7. april brød ind på en handelsskole i Shibuya-distriktet.

I sin søgning efter værdier fik Norio aktiveret skolens tyverialarm, hvorpå han blev overrasket af en mandlig nattevagt, som han valgte at skyde to gange, inden han tog flugten til den nærliggende Meiji-helligdom i Yoyogi Park. Men til trods for at der var gået flere måneder, siden han havde begået de fire drab, så var politiet fortsat i højeste alarmberedskab. Så selvom det ellers var midt om natten, blev hundredvis af betjente omgående sendt afsted til området, straks som meldingen om skud blev indberettet af den sårede nattevagt.

Omkring klokken 5.30 blev den 19-årige Norio Nagayama fundet af en betjent i Yoyogi Park. Og da han under en kropsvisitation fandt frem til pistolen i den unge mands lomme, blev han straks anholdt og sigtet for at have stået bag skyderiet på handelsskolen. Men under afhøringerne blev listen over sigtelser imidlertid udvidet, idet Norio samme dag tilstod, at det var ham, som havde begået de fire skuddrab året forinden, og således gik det op for politiet, at det omsider var lykkedes at få pågrebet den eftersøgte seriemorder, som altså viste sig at være en teenager.

En analyse af revolveren kunne da også påvise, at det var denne, som var blevet benyttet under de hidtil uopklarede skuddrab i efteråret 1968. Så med en tilståelse og håndgribelige beviser imod ham tydede det på, at Norio kunne forvente at blive idømt dødsstraf, hvilket er den hårdeste dom i Japan, som derfor kun kan gives til personer over 18 år. Men det forholdt sig sådan, at Norio faktisk var umyndig, idet han var under 20 år, og derfor blev hans alder samtidig en formildende omstændighed, som man i retten var nødt til at forholde sig til, selvom han ellers havde begået fire drab, hvoraf to af disse var planlagte.

Retssagen mod Norio Nagayama blev en noget langstrakt affære, som kom til at vare i ti år med i alt 66 høringer. Undervejs valgte Norio nemlig at tilstå et røveriforsøg, som han krævede at blive sigtet for, før han ville udtale sig, mens der opstod konspirationsteorier om, at politiet allerede havde identificeret ham ud fra fingeraftryk fundet på foldekniven i Kyoto, men at man lod ham begå flere drab, fordi det var i myndighedernes interesse at sænke den japanske myndighedsalder til 18 år, af hvilken grund man ville have denne til debat.

Ydermere blev den første psykologiske evaluering af Norio Nagayama afvist, før en anden kunne konkludere, at han led af posttraumatisk stressforstyrrelse (PTSD) som følge af sin turbulente og kummerlige opvækst, hvilket blev endnu en formildende omstændighed. Og så skiftede Norio desuden sin forsvarsadvokat ud op til flere gange, hvilket han var i sin fulde ret til, mens andre valgte at sige op, fordi han var usamarbejdsdygtig. Dette havde den konsekvens, at retssagen imod ham gentagende gange måtte starte forfra, hvilket samtidig betød, at dommeren tre gange blev skiftet ud, så det dermed var den fjerde dommer i rækken, som langt om længe kunne afsige dom i 1979, hvor Norio Nagayama blev idømt dødsstraf.

Norio led således et nederlag. Men det var alligevel en gevinst for ham, at han måtte vente et helt årti på at modtage sin dom. Imens retssagen havde stået på, var der nemlig opstået et øget fokus på brugen af dødsstraf i Japan, hvilket man blandt andet kunne se på antallet af årlige dødsdomme, som i denne periode begyndte at falde – simpelthen fordi man blev mere påpasselig med at dømme folk til døden.

Denne tendens førte derfor til, at Norios dødsdom blev yderst kontroversiel, fordi han havde været umyndig på gerningstidspunktet. Og dette var selvom, at den 18-årige Misao Katagiri ellers også havde modtaget en dødsdom efter at have slået en politibetjent ihjel i 1965. Han var endda allerede blevet henrettet som 25-årig i 1972, hvilket i sig selv afspejlede den forandring, som siden havde fundet sted i det japanske retssystem.

Norio Nagayamas dødsdom udløste så meget debat, at man sågar tøvede med at henrette dødsfanger i de efterfølgende år, hvilket blandt andet kan ses i tabellen på næste side, fordi der ikke var blevet opsat nogen etiske retningslinjer for, hvornår dødsstraffen burde tages i brug. Af samme grund opstod der et dyk i det årlige antal dødsdomme efter 1981. For dette år blev der nemlig afsagt dom i Norios appelsag, hvor hans dødsdom blev omstødt og ændret til en livstidsdom – primært grundet hans unge alder på gerningstidspunktet, hvorved antallet af ofre blev en sekundær faktor.

Da anklagemyndigheden denne gang ankede dommen, blev denne ligeledes omstødt i 1983, så retssagen mod Norio Nagayama altså havde altså resulteret i to forskellige domme, som begge var endt med at blive omstødt. Og sagen blev hermed et glimrende eksempel på, at det tydeligvis var op til den enkelte dommer at vurdere, hvornår folk skulle dømmes til døden. Dette fik umiddelbart efter de japanske domstole til at erkende behovet for udarbejdelsen af en række vejledende kriterier, så dommerne fremover havde disse at forholde sig til i sager, hvor anklagemyndigheden søgte dødsstraf. På den måde kunne man være sikker på, at der var blevet gjort de nødvendige overvejelser ud fra fastlagte principper. Og eftersom det var retssagen mod Norio Nagayama, der havde ført til implementeringen af de i alt ni kriterier, blev de også kaldt for Nagayama-kriterierne.

Nedenstående tabel viser antallet af dødsdomme og henrettelser i Japan fra 1969, hvor Norio Nagayama blev anholdt, til 1990, hvor hans dødsdom blev stadfæstet. Som det ses, blev der ikke givet nogle dødsdomme i 1986, fordi man i denne tid var ved at udarbejde Nagayama-kriterierne, hvilket førte til en flaskehalseffekt i retssystemet, så man i de kommende to år oplevede en markant stigning i antallet af dødsdomme.

Årstal	Antal dødsdomme	Antal henrettelser
1969	10	18
1970	14	26
1971	7	17
1972	7	7
1973	5	3
1974	2	4
1975	3	17
1976	1	12
1977	3	4
1978	4	3
1979	4	1
1980	7	1
1981	3	1
1982	1	1
1983	1	1
1984	3	1
1985	2	3
1986	0	2
1987	8	2
1988	11	2
1989	5	1
1990	6	0

Nedenfor ses de ni Nagayama-kriterier, som blev udarbejdet, efter at Norios livstidsdom blev omstødt i 1983. Siden da har japanske dommere kunnet forholde sig til disse og dermed vurdere, om en person bør dømmes til døden, hvilket i Japan kun er muligt i drabssager. Man behøver nødvendigvis ikke at inddrage dem alle, hvis det ikke er relevant, idet kriterierne blot er vejledende og altså ikke officielle.

- Antallet af ofre
- Drabsmetoden
- Graden af brutalitet
- Motivet
- Samfundskonsekvenser
- Gerningsmandens alder
- Gerningsmandens straffehistorik
- Gerningsmandens grad af anger

Da Norio Nagayama igen stod over for en dommer i 1987, blev der altså taget udgangspunkt i disse kriterier, hvilket førte til en historisk domsafsigelse, idet Norio igen blev idømt dødsstraf – en dom som endte med at stå ved magt i 1990, hvor hans sidste mulighed for at appellere blev afvist. For første gang i efterkrigstidens Japan var en dødsdom således blevet omstødt til en livstidsdom for efterfølgende at blive omstødt til en dødsdom på ny, hvilket overordnet set symboliserede, hvordan retssagen mod Norio Nagayama generelt blev et vendepunkt i japansk retshistorie.

Der var samtidig tale om et retsopgør, som varede i over 20 år, før Norio blev sendt på dødsgangen. Og tiden i fængslet brugte han blandt andet på at skrive litterære værker, hvilket gjorde ham til en anerkendt forfatter – både i Japan såvel som uden for landets grænser, hvor de fleste kun kendte Norio Nagayama gennem hans bøger og ikke hans forbrydelser. Af samme grund var der mange, som udviste ham støtte og demonstrerede mod dødsstraffen, mens retssagen imod ham stod på.

I 1980 blev Norio sågar gift med en japansk/filippinsk kvinde fra USA, så hun på den måde kunne besøge ham i fængslet, efter at de to havde lært hinanden at kende gennem brevudvekslinger. De blev dog senere skilt, men det var ikke desto mindre denne kvinde, som efter Norios død sørgede for at sprede hans aske ud over Det Okhotske Hav nord for Hokkaido – og nær hans hjemby, Abashiri.

Norio Nagayama blev henrettet som 48-årig den 1. august 1997, hvilket tilfældigvis skete, en måned efter at en 14-årig dreng var blevet anholdt efter at have slået to børn ihjel i Kobe. Der opstod derfor teorier om, at Norio skulle fungere som et skræmmeeksempel for unge mennesker, eftersom han jo havde været umyndig, dengang han begik sine forbrydelser.

Sagen fra Kobe var medvirkende til, at den kriminelle lavalder i Japan blev sænket fra 16 til 14 år. Og i 2018 blev det desuden besluttet, at den japanske myndighedsalder skulle sænkes fra 20 til 18 år fra 2022, så det herfra ikke længere er muligt at dømme umyndige personer til døden, idet man fortsat skal være fyldt 18 år for at modtage en dødsdom i Japan.

Som forfatter er Norio Nagayama mest kendt for romanen Kibashi (Træbroen), for hvilken han modtog en litteraturpris i 1983. Grundet hans status som seriemorder kunne han dog ikke blive medlem af det japanske forfatterselskab, hvilket fik andre japanske forfattere til at melde sig ud af dette i protest. Året før sin død, i 1996, blev Norio derimod æret ved at blive optaget i den tyske forfatterforening Deutscher Schriftstellerverband.

Norios første værk var imidlertid en erindringsbog med titlen Muchi no Namida (Uvidenhedens tårer), som blev udgivet i 1971. I denne foretager han en analyse af sit liv og når frem til den konklusion, at kapitalisme skaber sociale klasser, hvor der i de nedre lag fremavles individer, som vokser op med et negativt syn på samfundet og dets borgere. Dette har den konsekvens, at de bliver samfundsfjendske og lader deres frustrationer gå ud over andre mennesker. Norio var selverklæret kommunist og var stærkt inspireret af marxismen, så hans overordnede budskab var derfor også, at hvis alle folk blev stillet og behandlet lige, så ville der ikke opstå kriminelle afvigere, som påførte fællesskabet skade.

Dette var netop Norios forsvar i retten. For selvom han ganske vist erklærede sig selv for skyldig, så tillagde han samfundet skylden for sine handlinger, som han ikke ligefrem angrede. Tværtimod var han glad for at have begået sine forbrydelser, fordi han mente, at han som person var med til at bekræfte sin pointe i, at et ulige samfund fremavler kriminelle. Dog gik det også op for ham, at han havde gjort noget galt, da han blev præsenteret for de sørgende efterladte, og det var da også dem, som modtog overskuddet fra hans bogsalg, mens der efter Norios død blev oprettet en privat fond, som havde til formål at hjælpe fattige børn i Japan og resten af verden.

Enten havde Norio Nagayama ret i sine overbevisninger, eller også var han ikke alene med disse. I 1960'erne og 1970'erne var Japan nemlig præget af rebelske individer og organisationer, som havde tendens til at udvise deres utilfredshed med samfundet – enten via protester eller dødelige angreb rette mod dette. Samtidig med at Norio bedrev sine forbrydelser, foregik der eksempelvis et dramatisk studenteroprør på Tokyo Universitet, mens der uden for Tokyo var årelange optøjer under opførelsen af Narita Lufthavn.

I samme periode blev Japan med jævne mellemrum ramt af bombeangreb rettet mod myndighederne såvel som civile og virksomheder, mens der opstod den ene modstandsbevægelse efter den anden. Og så var Misao Katagiri og Norio Nagayama skam heller ikke de eneste unge mænd, som gik amok med skydevåben. Den 12. maj 1970 stod den 20-årige Nobushisa Kawafuji nemlig bag Japans første færgekapring, da han steg ombord på en færge i Hiroshima, hvor han med flere medbragte rifler tog 44 personer som gidsler.

Nobushisa var grundet et biltyveri på flugt fra politiet, som hurtigt fik opsporet den unge mand, hvilket førte til skududvesklinger, hvor i alt tre betjente blev såret i løbet af den et døgn lange gidselsituation, som delvist udspillede sig på det japanske indlandshav, før det hele endte med, at den 20-årige mand blev skudt af en snigskytte, hvilket sågar blev fanget på kamera og vist på direkte TV.

Nobushisa var blevet ramt i brystet, så hans liv stod ikke til at redde, og han blev således den første gidseltager, som var blev dræbt af det japanske politi i efterkrigstiden, hvilket igangsatte en heftig debat om politiets brug af skydevåben – noget som det japanske politi selv den dag i dag er påpasselige med at trække og tage i brug, netop fordi det før i tiden har ført til kritik. Af samme grund er det yderst sjældent, at japanske betjente skyder og dræber kriminelle, hvilket altså kun er sket ganske få gange siden anden verdenskrig.

Dette er den officielle liste over Norio Nagayamas bekræftede ofre:

Navn	Alder	By	Dræbt
Masanori	27 år	Tokyo	11. oktober 1968
Tomejiro	69 år	Kyoto	14. oktober 1968
Tetsuhiko	31 år	Nanae	26. oktober 1968
Masaaki	22 år	Nagoya	5. november 1968

1971

Kvindemordene i Gunma

Kiyoshi Okubo havde en kriminel fortid med flere voldtægter bag sig, inden han i 1971 tog skridtet videre, da han herfra begyndte at slå sine ofre ihjel. På lidt over en måned nåede Kiyoshi Okubo at tage livet af otte unge kvinder i forskellige egne af Gunma-præfekturet, før han blev pågrebet, hvorved han blev en af de værste lokale seriemordere i Japan i nyere tid.

Kiyoshi Okubo blev født den 17. januar 1935 i landsbyen Yawata i Gunma-præfekturet nord for Tokyo, hvor han var den næstyngste i søskendeflok på syv bestående af to drenge og fem piger. Hans far var japaner, mens hans mor var halv russer, hvilket desværre kom til at præge Kiyoshis opvækst, da anden verdenskrig brød ud. I denne periode var der nemlig et udbredt had til Sovjetunionen i Japan, hvilket blandt andet førte til hadforbrydelser rettet mod russere på japansk grund, mens japanere med russiske gener blev udsat for social udstødelse.

Dette betød slet og ret, at Kiyoshi Okubo blev et offer for mobning i skolen, fordi han altså var kvart russer, hvilket havde en negativ effekt på hans tilgang til andre mennesker. Derfor endte Kiyoshi med at falde i den kriminelle løbebane, da han som voksen udviklede en egoistisk personlighed. Men allerede som 11-årig udviste han dog en noget bekymrende adfærd, da han i 6. klasse forulempede en pige ved at lokke hende ud på en mark, hvor han proppede sten op i hendes underliv.

Eftersom Kiyoshi var under den kriminelle lavalder, fik denne hændelse ingen konsekvenser, da den tværtimod blev betegnet som et eksempel på en doktor-leg, som var gået for vidt. Men sandheden var, at Kiyoshi i en tidlig alder var blevet præsenteret for den seksuelle akt, idet hans far besad en stærk seksualdrift, så han derfor ikke var bleg for at dyrke sex foran sine børn – også med andre end deres mor, da Kiyoshi blandt andet var vidne til et samleje mellem faderen og hans svigerinde (altså hans brors kone).

Om det var dette, der var medvirkende til, at Kiyoshi allerede fra barnsben begyndte at forgribe sig på det modsatte køn, er ikke til at sige. Men efter at være blevet kønsmoden blev han ligesom sin far en viril ung mand, som havde svært ved at kontrollere sine seksuelle lyster, som han tværtimod lod sig styre af, da han først indledte en karriere som voldtægtsforbryder for senere at blive en af Japans værste seriemordere.

Kiyoshi startede på gymnasiet i 1952, men droppede meget hurtigt ud, hvorved han afbrød sit uddannelsesforløb for i stedet at ende ud på arbejdsmarkedet, da han besluttede sig for at flytte til Yokohama, hvor han blev ansat i en elektronikbutik. Dog blev han fyret grundet usædelig opførsel, idet han blev afsløret i at kigge ind til damernes omklædningsrum i en offentlig badeanstalt.

Selvom han endnu ikke var myndig, begyndte Kiyoshi samtidig at besøge bordeller i Yokohama, så han på den måde fik plejet sine seksuelle lyster. Men han fik dermed også opfattelsen af, at kvinder ikke var andet end objekter, som kunne stille sig selv til rådighed for hans begær, hvilket desværre kom til at forme hans tilgang til sex, der således endte med at blive et alternativ til onani, idet han udnyttede kvinder udelukkende for selv at opnå tilfredsstillelse.

For at få en stabil tilværelse stablet på benene flyttede Kiyoshi tilbage til sit barndomshjem i Gunma-præfekturet, hvor hans forældre hjalp ham med at åbne en lille elektronikvirksomhed med speciale i reparation af defekte radioer. Men Kiyoshi var ikke uddannet tekniker, så han havde derfor heller ikke den nødvendige viden inden for området, hvilket betød, at han i mange tilfælde ikke kunne reparere de radioer, han fik indleveret, fordi han simpelthen ikke kunne finde ud af, hvad der var galt med dem.

Af den grund mistede han kunder og dermed også indtægt, så han ikke længere kunne købe reservedele. Men dette problem valgte Kiyoshi at løse ved simpelthen at stjæle komponenter fra sine konkurrenter, hvilket han flere gange blev anholdt for. Men gang på gang valgte hans far at komme ham til undsætning ved at betale erstatning i alle sagerne, så der dermed aldrig blev rejst sigtelser i disse.

Til gengæld blev Kiyoshi bedt om at lukke sit firma, da hans far ikke længere gad at yde ham støtte. Så herfra endte han ud i en tilværelse som hjemmeboende og arbejdsløs, hvilket den unge mand havde svært ved at affinde sig med, idet han følte, at hans drømme og ønsker om at blive til noget nu var blevet spoleret.

I en alder af kun 20 år havde Kiyoshi oplevet det ene nederlag efter det andet, hvilket fyldte ham med frustrationer, som desværre kom til at gå ud over andre, da han den 12. juli 1955 begik sin første voldtægt nær byen Maebashi, hvor hans offer var en 17-årig pige, hvis tillid han tilegnede sig ved at udgive sig for at være en universitetsstuderende, før han besluttede for at forgribe sig på hende.

Pigen anmeldte overgrebet og kunne samtidig identificere Kiyoshi, som derfor blev anholdt, hvorefter han modtog sin første fængselsdom. Dog blev denne gjort betinget, hvilket vil sige, at han altså fik lov til at gå fri på den betingelse, at han undlod at bryde loven, før dommen var afsonet. Men der nåede kun at gå et halvt år, før Kiyoshi igen stod over for en dommer, da han den 26. december valgte at forgribe sig på endnu en kvinde. Hun formåede imidlertid at undslippe, så der altså kun var tale om et voldtægtsforsøg, men fordi at denne forbrydelse for blevet begået, imens Kiyoshi afsonede en betinget dom, blev denne ikke kun gjort ubetinget – straffen for voldtægtsforsøget blev også skærpet, så Kiyoshi Okubo derfor modtog en dom på 3½ års fængsel, som denne gang skulle afsones bag tremmer.

I 1959 blev den nu 24-årige Kiyoshi Okubo så prøveløsladt. Og han kunne hurtigt være blevet sendt direkte tilbage i fængslet, da han fire måneder senere forsøgte at voldtage endnu en kvinde, som han denne gang havde formået at lokke med hjem til sit eget hus. Men Kiyoshi boede stadig hjemme hos sine forældre, som valgte at gribe ind, da de hørte skrig fra hans værelse, og således blev voldtægten af kvinden ikke kun forhindret – Kiyoshis forældre sørgede ligeledes for, at hændelsen ikke blev anmeldt, da de betalte "kompensation" til offerets forældre.

I 1961 mødte Kiyoshi så en kvinde, med hvem han påbegyndte et forhold, selvom han på dette tidspunkt løj om både sit navn og beskæftigelse. Det var først året efter, han valgte at afsløre sin sande identitet, da han besluttede sig for at fri til kvinden, som han senere blev gift med, mens han endnu holdt sin kriminelle fortid hemmelig for sin kone, som altså var lykkeligt uvidende om, at hun var indgået i ægteskab med en dømt voldtægtsforbryder.

I 1963 blev Kiyoshi far før første gang, da han fik en lille søn. Og dette var også året, hvor han valgte at realisere en af sine passioner, da han udgav en digtsamling under aliasset Ivan Tanigawa. Kiyoshi var nemlig betaget af poesi og skrev derfor også sine egne digte. Men det var ikke noget, han kunne leve af, så året efter forsøgte han sig igen som selvstændig, da han og hans kone åbnede en mejeributik.

Dog krakelerede familieidyllen i 1965, hvor Kiyoshi blev anholdt for at have afpresset en mand. Og selvom han godt nok slap afsted med en betinget dom, så blev hans tidligere fængselsdom taget op under retssagen, hvorved hans kone fik kendskab til sin mands fortid som sexforbryder. Men hun var samtidig gravid og fødte senere på året en datter. Så med to små børn at tage sig af valgte hun at blive hos sin mand af ren og skær nød, indtil Kiyoshi selv sørgede for at ødelægge ægteskabet, da han igen blev anholdt – denne gang for at have begået ikke bare én men to voldtægter.

Imens han var gift, besøgte Kiyoshi prostituerede for at få sine seksuelle lyster stillet, hvilket han hidtil også havde haft mulighed for derhjemme. Men hans kone ville ikke længere sove sammen med ham, så da behovet for sex blev for meget for ham, kunne Kiyoshi ikke afholde sig fra at begå endnu et seksuelt overgreb, da han den 23. december 1966 lokkede en 16-årig pige ind i sin bil, hvor han voldtog hende, mens den holdt parkeret på en parkeringsplads i Takasaki.

Kiyoshi blev hverken identificeret eller pågrebet i dette tilfælde, men den 24. februar 1967 voldtog han så en 20-årig kvinde i sin bil på selv samme parkeringsplads, hvilket han denne gang blev anholdt for, hvorved man samtidig kunne regne ud, at han også havde stået bag den noget nær identiske voldtægt to måneder forinden. Af den grund blev Kiyoshi Okubo igen idømt 3½ års ubetinget fængsel, men fordi at han endnu ikke havde afsonet den betingede dom, han havde modtaget i 1965, blev denne lagt oveni, så han sammenlagt skulle 4½ år i fængsel.

Kiyoshis kone søgte omgående om skilsmisse, da hendes mand blev sendt bag tremmer. Men Kiyoshi nægtede at underskrive papirerne, og han var således stadig gift, da han den 2. marts 1971 blev prøveløsladt. Dog havde han allerede set sin familie for sidste gang, idet hans kone var flyttet tilbage til sine forældre sammen med parrets to børn, mens huset var blevet solgt, og mejeributikken lukket.

Kiyoshi valgte derfor at tage hjem til sine egne forældre, hvor han flyttede ind i en alder af 36 år. Men selvom han ellers var en fri mand, så var hele hans tilværelse ramlet sammen, hvilket han kun kunne takke sig selv for. Og så varede det ikke længe, før han blev overvældet af håbløshed, idet Kiyoshi Okubo besluttede sig for at blæse på alt og alle, så han i stedet kunne leve livet, hvilket for hans vedkommende indebar, at han agtede at udleve sin umættelige sextrang.

Efter sin løsladelse i marts 1971 overtalte Kiyoshi derfor sin far til at købe en bil til ham, da han fortalte, at han nu havde tænkt sig at blive omrejsende sælger. I virkeligheden benyttede han sig dog af bilen til at tage ud på daglige køreture i Gunma-præfekturet med det formål at finde kvinder, som han kunne dyrke sex med – også imod deres vilje, hvis det blev nødvendigt. Men i de fleste tilfælde lykkedes det faktisk for Kiyoshi at forføre tilfældige kvinder, som frivilligt valgte at stige ind i hans bil, hvorefter de kørte til et øde område eller et motel for at hygge sig.

I Japan er det en datingmetode kendt som *nanpa*, når mænd henvender sig til kvinder i offentligheden i forsøget på at score dem med brug af deres charme, udseende eller velstand, hvorved dette altså var og fortsat er socialt acceptabelt. Men ligesom dengang han mødte sin kone, valgte Kiyoshi dog at lyve om både navn, alder og beskæftigelse, så han på den måde tilegnede sig kvindernes interesse ved at udgive sig for at være en anden person (typisk en maler eller en skolelærer). I nogle tilfælde gav han også gaver og penge for sex, så han dermed fik faste bekendtskaber, som var villige til at mødes med ham flere gange. Og dette var blandt andet tilfældet den 31. marts, hvor han kørte til Takasaki for at mødes med den 17-årige Miyako for anden gang.

Men desværre ville Kiyoshi også blive den sidste person, hun fik at se i live. For efter at være steget ind i hans bil fik Miyako mistanke om, at manden benyttede sig af en falsk identitet, idet hun pludselig bad om at se hans kørekort. Og da det med synet af dette gik op for pigen, at hun så sandelig var blevet ført bag lyset, truede hun med at anmelde Kiyoshi, hvilket hun desværre aldrig skulle have gjort. For Kiyoshi var stadig kun prøveløsladt, så af frygt for at ryge tilbage i fængslet besluttede han sig for at tage drastiske metoder i brug for at forhindre dette, da han simpelthen valgte at køre ind til siden, hvor han uden tøven gav sig til at kvæle Miyako, som dermed fik frarøvet livet, selvom hun ellers undskyldte og lovede, at hun nok skulle lade være med at anmelde ham.

Efterfølgende skaffede Kiyoshi liget af vejen ved at efterlade det nær Haruna-søen, før han vendte tilbage til sine forældres hus, uden at han var synderligt påvirket af at have taget livet af et andet menneske for allerførste gang. Tværtimod kan man sige, at han havde fået blod på tanden. For der nåede kun at gå en uge, før Kiyoshi Okubo begik sit andet drab, da han den 6. april vendte tilbage til Takasaki for at mødes med en anden 17-årige pige, som han ligeledes kendte i forvejen.

Der var denne gang tale om en pige ved navn Mieko, som Kiyoshi samlede op i sin bil foran Kita-Takasaki station, hvorefter de to tog videre til et motel for at dyrke sex. Men hér blev også hun mistænksom, idet hun truede med at gå til politiet og anmelde Kiyoshi, som straks reagerede ved at tage livet af Mieko, da han først kvalte hende og derefter begravede hendes lig i nærheden.

Præcis som Kiyoshi havde håbet, så undgik han at blive pågrebet af politiet, fordi han havde sørget for at skjule sine forbrydelser ved at skille sig af med vidnerne i skikkelse af ofrene selv. Af den grund kunne han fortsætte med at begå drab resten af måneden, hvor han nåede at slå yderligere tre teenagepiger ihjel. Og den første af disse var den 19-årige Chieko fra Maebashi, som Kiyoshi i forvejen havde mødtes med fem gange tidligere, før hun den 17. april satte sig ind i hans bil for sidste gang, da hun hér valgte at afsløre, at hun havde foretaget et baggrundstjek af manden og dermed fundet ud af, hvem han i virkeligheden var.

Og dette endte desværre med at koste Chieko livet, idet Kiyoshi besluttede sig for at svare igen ved at kvæle hende, mens også hendes lig blev begravet. Men allerede dagen efter måtte skovlen tages i brug igen under Kiyoshis andet møde med den 17-årige Seiko fra Isesaki, da han fandt ud af, at hun var datter af en politimand. Af frygt for at pigen ville sladre om ham til sin far, valgte Kiyoshi nemlig også at dræbe hende, hvilket ligeledes var grundet til, at han den 27. april tog livet af den 16-årige Akemi fra Maebashi, som han havde mødt to gange tidligere, da også hun påstod at have en far, som var ansat hos politiet.

Hvad Kiyoshi ikke kunne vide var dog, at begge piger havde løjet om deres fædres beskæftigelse for at skræmme ham, og at der derfor ikke var tale om andet end tomme trusler. Men alligevel tog han altså ingen chancer, hvilket han heller ikke valgte at gøre fremadrettet, hvis der var den mindste risiko for, at han kunne blive anmeldt for et seksuelt overgreb, selvom han ellers sørgede for at holde sig i skindet.

Med fem drab på under en måned var Kiyoshi allerede blevet en af Japans mest effektive seriemordere i nyere tid. Men det stoppede ikke hér. For i de kommende to uger ville tre andre kvinder blive dræbt, så antallet af ofre dermed nåede op på otte, før Kiyoshi Okubo omsider blev anholdt, hvilket udelukkende skyldtes et rent lykketræf.

I 1971 var det ikke unormalt, at japanere forsvandt, så folk blev som regel kun efterlyst, uden at politiet foretog grundige eftersøgninger. Og netop fordi at Kiyoshis ofre var teenagepiger, så gik man ud fra, at de sikkert bare var løbet hjemmefra, eftersom der ikke var noget, som tydede på, at de var blevet udsat for en forbrydelse. Selvom pigerne blev meldt savnet, valgte politiet altså ikke at kæde deres forsvindinger sammen og således mistænke en eventuel seriemorder, som folk derfor heller ikke blev advaret mod.

Dette gjorde det muligt for Kiyoshi at begå endnu et drab den 3. maj, hvor han for anden gang mødtes med den 18-årige Kazuyo fra Isesaki. Under deres første møde havde han udgivet sig for at være en lærer fra en lokal skole, men efterfølgende havde Kazuyo valgt at kontakte den pågældende skole, så hun dermed indså, at Kiyoshi havde løjet om sin identitet. Og da hun samtidig havde formået at finde ud af, hvem manden i virkeligheden var, måtte hun betale med sit liv efter at have konfronteret Kiyoshi med sandheden.

Seks dage senere – den 9. maj – gik turen så til Fujioka, hvor Kiyoshi havde aftalt at mødes med den 21-årige Reiko, som cyklede hjemmefra klokken 18 med beskeden om, at hun skulle være model for en maler, som gerne ville portrættere hende. Men dette var desværre seriemorderen Kiyoshi Okubo, som altså havde henvendt sig til Reiko og bildt hende ind, at han var en kunstner. Og på den måde fik han også lokket hende med i sin bil, hvorefter han bragte hende med til et motel frem for det atelier, han ellers havde talt om.

Da det hermed gik op for Reiko, at Kiyoshi i virkeligheden havde i sinde at dyrke sex med hende, nægtede hun at stige ud fra bilen, idet hun forlangte at blive kørt hjem. Men Kiyoshi kørte i stedet videre til en øde landevej, hvor han først voldtog Reiko, før han besluttede sig for at skjule sin forbrydelse ved at dræbte hende. Herefter blev liget efterladt i et nærliggende skovområde, og den næste morgen vendte Kiyoshi tilbage til Fujioka for at fjerne mulige fingeraftryk fra Reikos cykel, hvilket tilfældigvis blev observeret af ingen ringere end Reikos storebror.

Reiko boede stadig hjemme hos sine forældre og havde altså fortalt, at hun ville tage ud for at mødes med en portrætmaler. Men da hun ikke vendte hjem, blev hendes storebror urolig, så allerede dagen efter besluttede han sig for at gå til politiet for at efterlyse sin lillesøster. Samtidig iværksatte han en privat eftersøgning, og det var i den forbindelse, han selv fandt frem til Reikos cykel om morgenen den 10. maj, hvor han samtidig blev vidne til, at en mand trådte ud fra en bil udelukkende for at pudse cyklen, hvorpå han igen forlod stedet.

Dette var en yderst besynderlig adfærd, som fik Reikos bror til at frygte det værste, og derfor sørgede han for at notere bilens mærke og registreringsnummer, før han vendte tilbage til politistationen for at indberette den mystiske hændelse. Og da politiet hermed havde en grund til at tro, at der var tale om en forbrydelse, blev intet mindre end 70 patruljevogne sendt på gaderne i søgningen efter den pågældende bil, som det omsider lykkedes at finde frem til den 13. maj, hvor den 36-årige Kiyoshi Okubo blev bragt til standsning, kort efter at han havde samlet endnu en teenagepige op i sin bil.

Men desværre havde han også nået at begå sit ottende drab, før han blev pågrebet, da han den 10. maj tog livet af den 21-årige Naoko fra Maebashi, som han havde fået etableret et tæt forhold til, idet de to havde mødtes seks gange tidligere, ligesom Kiyoshi sågar havde valgt at præsentere sig selv med sit rigtige navn. Men således kunne Naoko også undersøge Kiyoshis baggrund, og da hun på den måde fandt ud af, at han havde siddet inde for voldtægt, valgte hun at gøre ham bekendt med sin viden, hvilket samtidig kom til at koste hende livet.

Men Naoko blev dermed også Kiyoshis sidste offer, eftersom han tre dage senere blev pågrebet i forbindelse med en anden kvindes forsvinding. Og det var altså denne, som politiet var overbeviste om, at de skulle have opklaret, indtil liget af Kiyoshis første offer, Miyako, blev fundet ved Haruna-søen den 21. maj.

På dette tidspunkt var Kiyoshi Okubo stadig i politiets varetægt, hvor han erkendte, at han havde mødt Reiko, den dag hun forsvandt, mens han derimod afviste at have gjort hende fortræd. Men med fundet af Miyakos lig blev politiet ikke kun overbeviste om, at Kiyoshi var indblandet i hendes død – de begyndte også at lege med tanken om, at de muligvis kunne have fået fat i en seriemorder.

For at få bekræftet deres mistanke valgte politiet derfor at vise billeder af forsvundne kvinder til Kiyoshi, der ihærdigt blev ved med at nægte at have slået nogen ihjel, før han pludselig kom med en række betingelser, som han ønskede at få opfyldt, før han ville tale. Og dette tolkede politiet som et bevis på, at manden så sandelig havde noget at skjule, hvilket kun fik dem til at presse på, indtil Kiyoshi til sidst valgte at tilstå drabet på Reiko den 26. maj.

Dagen efter blev kvindens nedgravede lig fundet. Men dette viste sig kun at være toppen af isbjerget, idet Kiyoshi i de kommende to måneder tilstod det ene drab efter det andet, så selv efterforskerne blev chokerede over at finde ud af, at man stod med intet mindre end otte ofre, som var blevet slået ihjel over en periode på 40 dage. I løbet af denne tid menes det, at op mod 150 kvinder kan være blevet antastet af Kiyoshi, og at omkring et dusin af disse endte med at etablere et forhold til ham, hvilket rettere sagt vil sige, at alle Kiyoshis ofre fulgte med ham frivilligt.

Datingmetoden *nanpa* var nemlig udbredt i Japan på dette tidspunkt, hvor kvinder samtidig blev mere frigjorte, så de derfor også turde udfordre kønsrollerne ved at udnytte og trodse mænd. Det var derfor ikke noget tilfælde, at Kiyoshis ofre var yngre kvinder, idet *nanpa* nærmest kan betegnes som et eksempel på nutidens form for sugardating. Og for at kvinderne kunne føle, at de havde fat i den lange ende, var det ikke ualmindeligt, at man truede med politiet eller foretog baggrundstjek af mænd for på den måde at få en klemme på dem.

Men dermed blev Kiyoshi også trængt op i en krog. For det karakteristiske ved drabene var netop, at de var blevet udført i desperation, eftersom Kiyoshi var bange for at blive sendt tilbage i fængslet. Han frygtede ganske enkelt, at kvinderne ville anmelde ham for overgreb, efter de hver især gennemskuede ham eller blot nævnte politiet. Men overlagt drab er nu engang den værste forbrydelse af dem alle, så efter at den ene tilståelse efter den anden var blevet rystet ud af ham, vidste Kiyoshi, at han måtte tilbringe resten af sit liv bag tremmer, hvilket han endda var beredt på, idet han valgte at erklære sig for skyldig i alle anklager, da retssagen mod han begyndte i efteråret 1971.

Imens høringerne stod på, ansøgte Kiyoshis kone om skilsmisse, som nåede at gå igennem, før han i 1973 modtog sin længe ventede dom i form af dødsstraf, hvilket Kiyoshi skam også havde forventet, eftersom alt andet ville være uhørt, idet han trods alt var en af Japans værste seriemordere. Af samme grund så han ingen grund til at anke dommen, som derfor blev stadfæstet, så Kiyoshi Okubo allerede kunne henrettes tre år senere den 22. januar 1976 – fem dage efter hans 41-års fødselsdag.

Mindre end et år efter, at en seriemorder var blevet pågrebet, lagde

Gunma-præfekturet desuden grund til endnu en opsigtsvækkende sag, idet tre af præfekturets bjerge fungerede som træningslejre for den nyetablerede militante bevægelse Rengo Sekigun (Den Forenede Røde Hær) bestående af unge mennesker, der havde til hensigt at udføre en revolution med angreb rettet mod politiet. I 1971 invaderede gruppen derfor en våbenbutik, hvor de stjal skydevåben, som skulle benyttes til at begå et væbnet oprør, og da de i den forbindelse blev efterlyst, valgte de at flygte til bjergene i Gunma-præfekturet, hvor de anlagde base.

Gruppen bestod på dette tidspunkt af 31 personer, men to af disse blev skudt i august 1971, da de forsøgte at stikke af fra basen, så herefter var der kun 29 medlemmer tilbage (19 mænd og 10 kvinder). Men politiet fandt inden længe ud af, at Rengo Sekigun skjulte sig i bjergene i Gunma-præfekturet, og derfor begyndte gruppen at forberede sig på en blodig konflikt, hvilket betød, at medlemmerne måtte forberedes på dette ved at gennemgå intens militærtræning, som fandt sted i vinteren 1971/72.

Denne træning var imidlertid så brutal og mindede mest af alt om kollektiv afstraffelse, så 12 personer endte med at miste livet i løbet af halvanden måned, hvor de over flere dage blev tæsket, sultet og bundet fast til træer i minusgrader, så gruppen dermed blev reduceret til 17 medlemmer. Da politiet indtog bjergene i februar 1972, var det derfor håbløst at gøre modstand. Så mens de fleste blev pågrebet og anholdt, var der derimod fem unge mænd i alderen 16-25 år, som formåede at flygte, og disse ville ende med at stå bag en af de mest opsigtsvækkende gidselsituationer i Japan nogensinde.

De fem mænd krydsede grænsen til Nagano-præfekturet, hvor de den 19. februar ankom til vandrehjemmet Asama Sanso, hvis gæster tilfældigvis var taget ud for at skøjte i selskab med ejeren. Hans 31-årige kone var derfor den eneste, som var til stede, da bygningen uden varsel blev invaderet af de bevæbnede mænd, som besluttede sig for at tage kvinden som gidsel under et drama, som kom til at udspille sig over ni dage, hvor medierne mødte talstærkt op foran vandrehjemmet for blandt andet at foretage Japans første maraton-livedækning.

Vandrehjemmet var en sand fæstning, som det var nærmest umuligt at infiltrere, så politiet kunne kun opholde sig ude foran bygningen, hvor de imidlertid også var et nemt mål for de fem mænd, som både skød mod folk og bombarderede dem med hjemmelavede bomber. I alt to politimænd og en enkelt civil nåede at omkomme, før det om aftenen den 28. februar blev besluttet at storme bygningen, hvilket blev vist på direkte TV med et rekordhøjt seertal.

Aktionen var en succes, idet gidslet blev befriet, mens de fem mænd blev anholdt, så samtlige 17 tilbageværende medlemmer fra Rengo Sekigun dermed var blevet pågrebet, hvorved bevægelsen samtidig gik til grunde. Blandt de anholdte var der en enkelt, som blev frikendt, en anden begik selvmord, mens en tredje blev løsladt, da terrorbevægelsen Nihon Sekigun (Japans Røde Hær) senere krævede ham udleveret som et af deres krav under en gidselsituation på den amerikanske og svenske ambassade i Kuala Lumpur i 1975. De 14 andre medlemmer modtog hver en fængselsdom, hvoraf to af de mest fremtrædende personligheder blev dømt til døden.

1970'erne var i høj grad præget af radikale bevægelser i Japan, så de japanske myndigheder havde generelt travlt med at holde orden i samfundet i denne periode. Årtiet var blandt andet startet med, at forfatteren Yukio Mishima i 1970 forsøgte at begå et statskup, hvilket resulterede i, at han endte med at begå rituelt selvmord ved at sprætte maven op, da det gik op for ham, at han ikke kunne tilegne sig militærets opbakning.

1972 blev desuden året, hvor Nihon Sekigun udførte deres første store terrorangreb, da 26 mennesker mistede livet under massakren i Lod Lufthavn i Israel. Og netop Nihon Sekigun blev en af de mest berygtede terrororganisationer i 1970'erne, fordi de flere gange foretog angreb uden for Japans grænser.

Dette er den officielle liste over Kiyoshi Okubos bekræftede ofre:

Navn	Alder	By	Dræbt
Miyako	17 år	Takasaki	31. marts 1971
Mieko	17 år	Takasaki	6. april 1971
Chieko	19 år	Maebashi	17. april 1971
Seiko	17 år	Isesaki	18. april 1971
Akemi	16 år	Maebashi	27. april 1971
Kazuyo	18 år	Isesaki	3. maj 1971
Reiko	21 år	Fujioka	9. maj 1971
Naoko	21 år	Maebashi	10. maj 1971

1972 - 1982

Brandmanden fra helvedet

Kiyotaka Katsuta var et levende paradoks. Til hverdag arbejdede han nemlig med at redde liv i sin stilling som brandmand, mens han i sin fritid brød loven ved at begå et utal af røverier, hvor han med jævne mellemrum slog helt tilfældige mennesker ihjel. Først alt for sent blev Kiyotakas forbrydelser bragt til en ende, så han i løbet af en periode på 10 år nåede at stå bag mindst otte drab, som man slet ikke mistænkte for at være blevet begået af den samme gerningsmand.

Kiyotaka Katsuta blev født den 29. august 1948 som den ældste søn af en velhavende landmand fra Kyoto. I løbet af sin barndom var han derfor godt stillet i forhold til mange andre børn, hvis familier havde mistet alt under anden verdenskrig. Men selvom Kiyotaka ellers voksede op i velstillede kår, hvor alle hans behov blev dækket, så udviklede han en noget rebelsk adfærd, da han som teenager begyndte at bryde loven ved blandt andet at udføre hærværk og begå røverier – typisk i form af tasketyverier på åben gade.

Kiyotaka var altså noget af en rod, og hans gentagende lovovertrædelser førte til, at han som 17-årig blev pågrebet og derefter anbragt på en ungdomsinstitution for kriminelle unge, hvilket samtidig resulterede i, at han droppede ud fra gymnasiet, hvor han dog heller ikke ligefrem var kendt for at engagere sig i sine studier. Da han blev løsladt og dermed vendte tilbage til samfundet, blev Kiyotaka imidlertid ansat på et værksted i Osaka, hvorved han fik styr på sin tilværelse, ligesom han ovenikøbet mødte en et år yngre pige, som han endte med at forelske sig i.

Kiyotaka valgte at erklære sin kærlighed ved at fri til pigen, men fordi de begge var under 20 og dermed umyndige ifølge japansk lovgivning, så havde de brug for deres forældres tilladelse, før de kunne gifte sig. Og denne kunne de desværre ikke tilegne sig. Mens Kiyotakas forældre generelt var imod, at deres søn giftede sig i en så tidlig alder, så mente pigens forældre derimod, at Kiyotaka ikke var en værdig ægtemand til deres datter. Så de unge mennesker besluttede sig simpelthen for at stikke af fra deres familier, så de kunne leve sammen som et par, indtil de var gamle nok til at gifte sig uden deres forældres samtykke.

I sidste ende valgte begge forældrepar dog at tillade ægteskabet, så Kiyotaka og hans kæreste derfor fik lov at gifte sig i 1970, hvorefter de slog sig ned i Nara syd for Kyoto, hvor Kiyotaka var blevet ansat som leverandør. Allerede året efter fik det unge ægtepar så deres første søn. Men selvom de udadtil lod til at være en helt almindelig kernefamilie, så var dette ikke andet end en facade, som Kiyotaka sørgede for at opretholde, alt imens han levede et dobbeltliv, hvor han i al hemmelighed dyrkede sin sande lidenskab i skikkelse af sig selv og sit eget begær.

Til trods for at han både havde kone og barn, så valgte Kiyotaka Katsuta at knytte forhold til flere kvinder uden for ægteskabet. Og selvom disse kvinder sådan set bare var hans elskerinder, så forkælede han dem også med dyre gaver, hvilket bevirkede, at han med tiden endte ud i gæld. Som leverandør fik Kiyotaka nemlig kun en beskeden gennemsnitsløn, der gjorde det muligt for ham at leve en almindelig middelklassetilværelse. Så at han samtidig havde en ekstraudgift i form af sine affærer betød i bund og grund, at han brugte langt flere penge, end han tjente.

Og dette var ikke ligefrem noget, Kiyotaka kunne affinde sig med, idet han var en livsnyder, som var vant til at få sine behov dækket. Så hvis han ikke kunne tjene nok penge til at leve for, måtte han jo anskaffe dem på alternativ vis – altså ved at stjæle dem fra andre. Af den grund begyndte Kiyotaka at udføre tyvetogter i aftentimerne efter at have fået fri fra arbejde, hvor han kørte rundt i sin bil og brød ind i private hjem for at stjæle kontanter eller værdigenstande, som han kunne sælge videre.

Som leverandør kørte Kiyotaka nemlig frem og tilbage mellem Nara og storbyen Nagoya (en distance på mere end 100 kilometer), så han altså kom vidt omkring, ligesom han kunne kigge ind i folks boliger og bedømme, om de var velhavende eller ej, når han kom forbi og afleverede varer i private hjem. Ofrene for Kiyotakas indbrud var derfor enten hans kunder eller folk, der boede langs de ruter, han til daglig kørte. Men på sin vej hjem tog han også på barer og beværtninger, hvor han sågar gjorde det til en vane at stjæle tegnebøger fra dametasker.

De mange hundredetusind yen, han endte med at stjæle, brugte han ikke kun på sine elskerinder, idet Kiyotaka også sørgede for at forsøde sin egen tilværelse ved blandt andet at købe luksusbiler og dyr alkohol, ligesom han tegnede et medlemskab i en eksklusiv golfklub. Hans livsstil stemte således ikke overens med hans indkomst, men fordi Kiyotaka stammede fra en velstillet familie, så var der ingen, der fandt hans overforbrug mistænkeligt. Og det skulle inden længe vise sig, at Kiyotakas kærlighed til penge var stærkere end hans respekt for mennesker, da det var i forbindelse med hans jævnlige tyvetogter, han endte med at tage skridtet til at blive en af de værste seriemordere i Japan i nyere tid.

I 1972 blev Soraku Chubu brandstation etableret i byen Kizugawa øst for Osaka, og takket være sin fars anbefaling lykkedes det for den 23-årige Kiyotaka Katsuta at blive ansat som brandmand, efter at han havde bestået indsatsuddannelsen. Men dette karriereskifte var imidlertid også begyndelsen på den serie af rovmord, som Kiyotaka i det kommende årti ville komme til at stå bag. For senere på året ville han begå det, der officielt er hans første drab, da han natten til den 13. september tog en tur til Kyoto med det formål at begå indbrud.

Stillingen som brandmand var nemlig heller ikke nok til, at Kiyotaka kunne opretholde den ekstravagante tilværelse, han havde fundet sig til rette i. Så selvom han til daglig var med til at hjælpe folk og i visse tilfælde redde liv, så brugte han stadig aftentimerne på i al hemmelighed at bryde loven ved at køre rundt og stjæle penge fra uskyldige mennesker. Og under sin natlige udflugt til Kyoto blev Kiyotaka Katsuta for første gang opdaget i dette, da han valgte at bryde ind i en lejlighed, hvor den 24-årige Hiroko lå og sov, imens hendes mand var på nattevagt.

Kiyotaka var tilfældigvis kommet forbi lejligheden i Kyoto, da han fik øje på et åbent vindue, hvorfra han kunne se en dametaske ligge på et bord i stuen. Han brød derfor vinduet op og begav sig ind i lejligheden med det formål at stjæle tasken, men lyden fik imidlertid vækket Hiroko, som sandsynligvis troede, at det var hendes mand, der var kommet hjem, idet hun forlod soveværelset og gik ind i stuen, hvor hun til sin store skræk fik øje på en indbrudstyv i sit hjem.

Da Kiyotaka blev overrasket af Hiroko, skyndte han sig at gribe fat i hende med beskeden om, at han kun var ude efter penge. Men da den forskræmte kvinde forklarede, at der ikke var nogen kontanter i hjemmet, nøjedes han med at stjæle hendes tegnebog fra tasken, før han gjorde klar til at stikke af fra lejligheden.

Dog gik det i samme ombæring op for Kiyotaka, at Hiroko jo var blevet et øjenvidne. Og eftersom han ikke var iført nogen maske, kunne hun derfor give politiet et signalement af ham eller i værste fald identificere ham, hvilket han for alt i verden ville forhindre. Af den grund besluttede Kiyotaka sig for at indstille sin flugt fra lejligheden, idet han i stedet begav sig tilbage til Hiroko, som han uden videre valgte at overfalde og kvæle til døde med brug af hendes strømpebukser.

Kiyotaka havde hermed krævet dét, der muligvis var hans første dødsoffer. Men han var ikke just påvirket af at have slået et andet menneske ihjel, da han efterfølgende forlod hjemmet med sit udbytte bestående af Hirokos pung, der viste sig at indeholde en beskeden sum på 1.000 yen. Han var mest af alt irriteret over, at han ikke havde fået mere ud af sine anstrengelser, men han kunne i det mindste berolige sig med, at han havde fået skilt et øjenvidne af vejen, hvilket derfor endte med at blive den taktik, som Kiyotaka Katsuta herfra valgte at benytte sig af, hver gang hans forbrydelser blev opdaget. Og dette var den grundlæggende forklaring på, at disse ikke blev opklaret, hvorved det blev muligt for en seriemorder at husere i Japan i et helt årti.

Hirokos lig blev først fundet den næste morgen, da hendes mand vendte hjem fra arbejde, og på dette tidspunkt var Kiyotaka for længst taget tilbage til Nara, så det dermed var umuligt at knytte ham til forbrydelsen. Selvom han godt nok havde efterladt flere spor i lejligheden i Kyoto, så var den retsmedicinske efterforskning nemlig på et ungt stadie i 1970'erne, så man ofte havde brug for en mistænkt, før man kunne knytte vedkommende til eventuelle fysiske beviser. Og Kiyotaka Katsuta var så snedig at begå sine forbrydelser langt væk fra sin hjemby, hvorved han undlod at komme i politiets søgelys, ligesom han i sin stilling som brandmand kunne bilde sin kone ind, at hans natlige eskapader i virkeligheden var aftenvagter, så hun heller ikke fattede mistanke til, hvad hendes mand gik og foretog sig, når mørket var faldet på.

Det forholdt sig sådan, at Kiyotaka faktisk var en professionelt anlagt brandmand. Så efter at have modtaget flere hædersbeviser blev han allerede i 1974 udnævnt til vicebrandchef, hvorefter han blandt andet var med til at føre sin brandstation til sejr to år i træk under det nationale beredskabsstævne. Hans engagement førte til, at han i oktober 1976 blev forfremmet til brandchef i en alder af kun 28 år, men inden da nåede Kiyotaka Katsuta at opnå status som seriemorder, idet han fortsatte med at bedrive sine kriminelle aktiviteter, sideløbende med at han ellers var en højt respekteret brandmand.

Tre år efter at have begået sit første drab i Kyoto slog Kiyotaka endnu en kvinde ihjel under et tyvetogt i byen Suita nord for Osaka. Der var denne gang tale om den 35-årige Reiko, som blev udpeget som offer af Kiyotaka, der egentlig kun havde tænkt sig at berøve hende, da hun natten til den 6. juli 1975 vendte hjem til sit hus, som tilfældigvis lå på den gade, hvor brandmanden gik rundt i sin søgning efter en ejendom, han kunne bryde ind i.

Da Kiyotaka så Reiko ankomme i en dyr sportsvogn, antog han, at hun måtte være i besiddelse af mange penge. Så da kvinden forlod bilen og begav sig mod sin hoveddør, skyndte han sig at overfuse hende med det formål at stjæle hendes taske. Men Reiko strittede dog imod, hvilket desværre endte med at koste hende livet. For ved at holde fast i sin taske nåede hun nemlig at få sat øjnene på Kiyotakas ansigt, hvorved han i stedet besluttede sig for at slå hende ihjel, da han kvalte hende på åben gade.

Det var stadig mørkt, så der var ingen vidner til stede, da Kiyotaka herefter lagde liget ind i Reikos bil for da at køre denne ud fra byen, så han kunne skille sig af med den døde krop ved at efterlade denne på en mark. Bilen blev efterfølgende sat i brand for at fjerne alle spor, og det skulle senere vise sig, at der var en god grund til, at Reiko havde nægtet at slippe taget i sin taske, eftersom der i denne lå omkring 100.000 yen, som Kiyotaka altså kunne stikke i lommerne efter at have taget livet af endnu et menneske.

Året efter begik Kiyotaka Katsuta sit tredje drab, da han natten til den 5. marts 1976 kørte rundt i Nagoya, hvor han udså sig den 32-årige Teruko, imens han målrettet spejdede efter kvinder, som kørte rundt i dyre udenlandske biler. Så da han fik øje på Teruko, der sad bag rattet i en bil af mærket Chevrolet, besluttede han sig for at følge efter kvinden, som var på vej hjem fra byen efter at have tilbragt aftenen i selskab med en mandlig bekendt.

Teruko ankom til sit hjem i Nagoya omkring klokken 2. Og da hun hér steg ud fra sin bil, var fremgangsmåden stort set den samme, som da Reiko blev slået ihjel, idet Kiyotaka valgte at snige sig ind på Teruko, så han kunne stjæle hendes taske, mens hun intetanende var på vej mod sin hoveddør. Dog blev kvinden så forskrækket, da Kiyotaka uden videre sprang frem fra mørket og greb fat i hendes taske, at hun instinktivt begyndte at skrige efter hjælp, hvilket var grunden til, at Kiyotaka så sig nødsaget til at gøre hende tavs ved at kvæle hende i indkørslen.

Efterfølgende blev liget så anbragt i Terukos bil, hvorpå hendes døde krop blev efterladt på en rismark, hvor Kiyotaka ydermere tog tøjet af kvinden og stak planter op i hendes underliv for at få hendes død til at ligne en sexforbrydelse. Til sidst blev bilen så stukket i brand cirka 15 kilometer derfra, og i denne omgang slap Kiyotaka afsted med 120.000 yen fra Terukos taske.

Drabene på Reiko og Teruko blev begået inden for et år og var stort set identiske. Men fordi der var mere end 150 kilometer, som adskilte de to sager, så blev de efterforsket af to forskellige politikredse, som ikke kunne vide, at de stod med to separate forbrydelser, der i virkeligheden var blevet begået af den samme gerningsmand. Kiyotaka havde nemlig været så udspekuleret at lede politiet på vildspor i sagen fra Nagoya, hvor Terukos død blev behandlet som en sexforbrydelse, selvom der ikke var tale om andet end et rovmord.

Af den grund søgte politiet efter mistænkte blandt Terukos mandlige bekendtskaber, hvor man faktisk udpegede en hovedmistænkt i skikkelse af den 43-årige mand, hun sidst havde været sammen med. Der var naturligvis ingen spor, der kunne knytte ham til forbrydelsen, men politiet var ikke desto mindre overbeviste om, at de havde fat i den rigtige, hvilket med tiden førte til rygtespredning i lokalmiljøet, så manden blev nødt til at lukke sit advokatkontor, fordi han simpelthen blev betragtet for at være en morder, mens den virkelige gerningsmand levede en bekymringsløs tilværelse som familiefar og hårdtarbejdende brandmand.

1977 blev året, hvor Kiyotaka Katsutas forbrydelser eskalerede, idet han fordoblede sit antal af drabsofre i løbet af et halvt år. Og dette blev desuden året, hvor en endnu ukendt seriemorder optrådte på de japanske TV-skærme, da Kiyotaka og hans kone medvirkede i et quiz-program kendt som *Fuufu de Donpisha*, der blev indspillet den 6. juli og sendt på regionalt TV den 20. august.

Kiyotaka og hans kone endte med at vinde 80.000 yen samt et gavekort med en værdi på 100.000 yen. Og ingen kunne vide, at denne tilsyneladende helt almindelige mand i virkeligheden var en koldblodig morder, der havde stået bag op til flere uopklarede drabssager, hvoraf den ene af disse tilmed blev begået, ugen før indspilningerne til quiz-programmet begyndte.

Natten til den 30. juli 1977 kørte Kiyotaka nemlig rundt i Nagoya, hvor han tilfældigvis kom forbi et hus, mens den 28-årige Akiko var ved at forlade dette for at lufte sin hund. Og da han fra sin bil bemærkede, at kvinden undlod at låse sin hoveddør, skyndte Kiyotaka sig at holde ind til siden, så han kunne begå det, der skulle have været et hurtigt og enkelt indbrud. Dog blev han overrasket af Akiko, som desværre vendte tilbage fra sin gåtur, bedst som Kiyotaka var i gang med at gennemrode hendes hjem for værdigenstande. Og da kvinden trådte ind gennem hoveddøren og fik øje på en fremmed mand i sit hjem, begyndte hun straks at skrige, hvilket fik Kiyotaka til at overfalde hende, hvorpå han kvalte hende ihjel for øjnene af hendes hund, som han derimod lod være i fred, eftersom den jo ikke kunne fungere som øjenvidne.

Kiyotaka slap afsted med en konvolut indeholdende 40.000 yen, og i denne sag blev en uskyldig mand ligeledes mistænkt for drab, da politiet kunne bevise, at Akiko havde haft et seksuelt forhold til en 35-

årig mand, som i al hemmelighed havde svindlet sig til store pengebeløb gennem det firma, han var ansat hos. For dette blev han idømt to års fængsel, men fordi det var Akikos død, der havde ført politiet på sporet af ham, forblev manden mistænkt for drabet, selvom det altså ikke kunne bevises, at han var involveret i dette, så han derfor oplevede social udstødelse efter at være blevet løsladt, fordi hans omgangskreds var af den overbevisning, at han muligvis kunne være en morder, eftersom den rigtige ikke var blevet fundet.

Allerede den 12. august var Kiyotaka Katsuta så på spil igen, da han sent om aftenen tog på endnu et tyvetogt til Nagoya, hvor han denne gang udså sig et lejlighedskompleks, som han besluttede sig for at inspicere. Men imens han gik rundt på svalegangen på anden sal for at tjekke efter ulåste døre, var der pludselig en af disse, som gik op, da den 33-årige Yoshiko forlod sin lejlighed for at tage en tur i byen. Og straks som Kiyotaka fik øje på hende, blev hun samtidig udpeget som hans femte dødsoffer, idet han skyndte sig at overfalde kvinden, som end ikke nåede at stritte imod, før hun blev slæbt tilbage i entréen, hvor hun i løbet af ingen tid mistede livet, da hun hér blev kvalt ihjel, så Kiyotaka i ro og mag kunne gennemsøge hendes hjem for værdier.

I denne omgang slap Kiyotaka dog ikke afsted med kontanter men derimod en diamantring med en værdi på næsten en halv million yen, hvilket var hans hidtil dyrebareste udbytte i den endeløse serie af indbrud og hjemmerøverier, han efterhånden havde stået bag. Men senere på året valgte han imidlertid at tage skridtet videre, da den nu 29-årige brandmand begik sit første væbnede røveri – og så endda imens hans kone var højgravid.

Den 13. december 1977 blev et vendepunkt for seriemorderen Kiyotaka Katsuta, der indtil videre havde taget livet af tilfældige og forsvarsløse kvinder ved at kvæle dem, hvor han herfra gik over til at dræbe mænd med brug af skydevåben. Den 20. november havde Kiyotaka nemlig stjålet et haglgevær fra en bil i Nara, hvilket han altså valgte at benytte sig af til at begå et bankrøveri, så han nemt og hurtigt kunne komme i besiddelse af et enormt kontantbeløb.

Den 9. december stjal han så en bil i Nagoya, som han gjorde brug af, da han fire dage kørte til Kobe, hvor han parkerede ude foran en bank omkring lukketid. For Kiyotaka havde ikke tænkt sig at begå et traditionelt bankrøveri – i stedet gav han sig til at vente på den pengetransport, der på daglig basis fragtede kontanter til og fra filialen, hvilket en 25-årig mand ved navn Hiromasa havde ansvaret for på lige netop denne dag, hvor en bevæbnet mand afventede hans ankomst.

Og Kiyotaka tøvede ikke det mindste, da han forlod sin bil med geværet, i samme øjeblik som han så pengetransporten parkere ved bankens bagindgang. Men hér nøjedes han dog ikke kun med at true Hiromasa til at udlevere pengene, idet Kiyotaka simpelthen valgte at skyde ham i brystet, hvorpå han efterlod den hårdt sårede mand for da at begive sig tilbage til sin bil og flygte fra stedet med en pengesæk indeholdende mere end 4 millioner yen.

Hiromasa var stadig i live, da han kort tid efter blev fundet af bankens personale, som sørgede for at tilkalde en ambulance, så han kunne blive bragt på hospitalet, hvor han måtte igennem en omfattende operation, så man kunne fjerne de 30 hagl, der havde boret sig fast i hans krop. Men disse havde desværre forvoldt så store skader, at Hiromasa omkom af komplikationer to dage senere, hvorved han samtidig blev det sjette offer for en af Japans værste seriemordere i nyere tid, hvis eksistens ingen endnu havde kendskab til.

Tre uger efter bankrøveriet i Kobe blev Kiyotaka Katsuta far til endnu en søn, der kom til verden den 30. december 1977. Men familieforøgelsen fik ham dog ikke til at indstille sin kriminelle karriere, idet han tværtimod havde fået blod på tanden efter sit millionudbytte tidligere på måneden, hvilket trods alt gjorde det muligt for ham at leve livet, så han samtidig kunne lægge forbrydelserne på hylden for en stund.

I 1980 var pengene imidlertid sluppet up, da Kiyotaka vendte tilbage til at begå væbnede røverier med brug af jagtvåben, han som oftest stjal i forbindelse med sine mange indbrud i private hjem. Og et af disse våben var endnu et haglgevær, han valgte at stjæle under et indbrud i Nagoya den 29. december 1979. Dette blev blandt andet benyttet under et røveri mod endnu en pengetransport den 15. februar året efter, hvor Kiyotaka denne gang lod chaufføren leve, så politiet for første gang kom i besiddelse af hans signalement, hvilket endda viste sig at være temmelig nøjagtigt.

Dog foregik røveriet af pengetransporten i Nagoya, hvor Kiyotaka foretrak at begå sine forbrydelser, fordi der var tale om en storby med en i forvejen høj kriminalitetsrate, samtidig med at byen lå tilpas langt fra Nara, så efterlysningen af ham aldrig nåede frem til denne politikreds. Ydermere sørgede Kiyotaka for at benytte sig af stjålne biler under sine tyvetogter, så han ikke kunne efterlyses ud fra disse, ligesom han anvendte handsker og dermed undlod at efterlade fingeraftryk, hvilket dengang var en af de eneste former for spor, man kunne gøre brug af som bevismateriale. Så af den grund kunne Kiyotaka altså fortsætte med at udføre indbrud og begå røverier resten af året, indtil han omsider blev afsløret i sine kriminelle aktiviteter og sendt bag tremmer. Men forinden nåede han at stå bag dét, der officielt er hans syvende drab.

Søndag den 30. juli 1980 bragte Kiyotaka nemlig haglgeværet med sig, da han vendte tilbage til Nagoya, hvor han denne gang valgte at røve et supermarked, som den 35-årige Ichiro havde ansvaret for at lukke, da klokken blev 23. Og dette observerede Kiyotaka fra sin bil, der holdt parkeret uden for butikken, hvor han også besluttede sig for at slå til, da han så Ichiro forlade denne.

Kiyotaka havde valgt at røve et supermarked efter lukketid på en søndag, fordi han vidste, at weekendens omsætning ville ligge opbevaret i et pengeskab, eftersom pengene først kunne blive sat i banken den næste morgen. Så da Ichiro satte sig ind i sin bil for at begive sig hjem efter sin lange aftenvagt, nåede han ikke engang at sætte nøglen i tændingen, før han blev overrasket af den bevæbnede Kiyotaka, der omgående beordrede manden tilbage til butikken, hvor han blev truet til at åbne pengeskabet, hvori der lå intet mindre end 5,7 millioner yen – hans absolut største udbytte nogensinde.

Men denne gang var det ikke kun pengene, som Kiyotaka bragte med sig, idet han ligeledes tvang Ichiro med sig ud til sin stjålne bil og bad ham sætte sig bag rattet, mens Kiyotaka selv tog plads på passagersædet med haglgeværet rettet mod den skrækslagne mand, der så sig nødsaget til at adlyde, da han herefter blev beordret til at køre mod vest.

Det vides dog ikke, hvad Kiyotaka egentlig havde tænkt sig at gøre med Ichiro. For da de to midt om natten ankom til Nagoya centrum, blev Ichiro bedt om at standse bilen, hvorefter han tilsyneladende så sit snit til at få vristet geværet fri fra Kiyotakas greb. Men desværre endte det med, at våbnet gik af, imens det pegede imod Ichiro, der således blev ramt i brystet og efterfølgende forblødte til døde, da Kiyotaka besluttede sig for at efterlade den sårede mand i bilen for da at stjæle en ny, så han dermed kunne vende hjem til sin familie i Nara som mangemillionær.

Selvom han ikke ligefrem manglede penge, så fortsatte Kiyotaka Katsuta med at stjæle fra andre mennesker. Og den 8. november 1980 gik det så endelig galt for den 32-årige brandmand, da han blev afsløret midt i et biltyveri i Osaka, hvor han blev anholdt af politiet, som desværre ikke kunne vide, at de i virkeligheden havde fået fat i en seriemorder, som indtil videre havde stået bag hele syv uopklarede drab. Af den grund blev Kiyotaka kun sigtet for den forbrydelse, han var blevet taget i, hvilket betød, at han modtog en beskeden dom på 1 års betinget fængsel, så han dermed kunne gå fri på den betingelse, at han i det kommende år undlod at bryde loven.

Ydermere blev hans gode omdømme og sociale status spoleret, idet hans identitet som brandchef blev bragt i medierne, da disse begyndte at dække hændelsen som en skandalesag. Men Kiyotaka blev selvfølgelig også afskediget fra sin stilling, så han efter at have modtaget sin dom valgte at flytte med sin kone og to børn til Kyoto, hvor det igen lykkedes ham at blive ansat som leverandør. Og så varede det ellers ikke længe, før Kiyotaka Katsuta faldt tilbage i sit gamle spor som vaneforbryder. For ved at skåne ham fra fængslet havde man samtidig ladet en seriemorder forblive løs i samfundet.

For Kiyotaka kunne naturligvis ikke afholde sig fra at bryde loven, hvilket fik ham til at udføre dét, der endte med at blive hans mest famøse forbrydelse, da han i efteråret 1982 planlagde at begå endnu et væbnet røveri. Men han var blevet træt af de upraktiske jagtvåben, så Kiyotaka ville gerne anskaffe sig en pistol, da en sådan var nemmere at håndtere. Problemet var bare, at den slags var svære at opstøve i Japan, så i ren og skær desperation kastede han blikket mod politiet, eftersom betjente jo bærer rundt på håndvåben.

Den 25. oktober 1982 tog Kiyotaka igen en tur til Nagoya, hvor han denne gang stjal en bil, som han anvendte til at lægge en fælde for politiet, idet han to dage senere parkerede denne i et øde område af byen, før han fra en telefonboks ringede til det nærmeste politikontor og udgav sig for at være en bekymret borger, da han anmeldte dét, han kaldte for "en mistænkelig bil, der ser ud til at være stjålet".

Opkaldet indløb klokken 21.25, og umiddelbart efter valgte en mandlig betjent at kigge nærmere på sagen ved at begive sig hen til det pågældende sted til fods. Og da han nåede frem, viste det sig, at der ganske vist holdt en bil parkeret i det dårligt oplyste område, hvor der imidlertid ikke var en eneste person at få øje på. Men politimanden var skam ikke alene i mørket, for lige i nærheden holdt en anden bil, hvori Kiyotaka Katsuta befandt sig bag rattet. Og da han uden videre valgte at træde på speederen, nåede betjenten ikke at opfatte noget, før han blev påkørt bagfra, hvorefter Kiyotaka steg ud fra bilen for at gennemtæve den forsvarsløse mand med en jernstang, så han på den måde kunne frarøve ham hans tjenestepistol.

Betjenten blev utroligt nok kun lettere kvæstet under angrebet og kunne således selv slå alarm efter at have genvundet bevidstheden, til trods for at han oplevede midlertidig blindhed og derfor måtte have hjælp af en forbipasserende til at finde tilbage til politikontoret. Og straks som det gik op for ham, at han ikke kun var blevet udsat for et overfald, men at han ligeledes havde mistet sit skydevåben, gik man i højeste alarmberedskab, eftersom dette kunne blive anvendt i forbrydelser, som i værste fald kunne koste menneskeliv – hvilket desværre endte med at blive tilfældet i denne sag, idet Kiyotaka Katsuta kun få dage senere ville kræve sit ottende dødsoffer med brug af sin nyerhvervede pistol.

I 1965 stod den kun 18-årige Misao Katagiri bag en af de mest opsigtsvækkende forbrydelser i Japan i nyere tid, da den våbenglade teenager skød og dræbte en betjent med en jagtriffel med det formål at stjæle hans tjenestepistol. Med denne skød og sårede han først en anden betjent, før han kaprede fire forskellige biler og således endte i Tokyo, hvor han invaderede en våbenbutik, hvis personale han tog som gidsler i et flere timer langt drama.

Da politiet omringede våbenbutikken, gjorde pressen og nysgerrige borgere det samme, hvilket endte med, at flere personer blev såret, da Misao på et tidspunkt åbnede ild mod folkemængden. I sidste ende blev han dog pågrebet, hvorved det sensationelle optrin blev bragt til en ende. Og selvom han kun havde taget livet af én person og sågar var under den japanske myndighedsalder, der på dette tidspunkt var 20 år, så blev Misao Katagiri alligevel dømt til døden, mens han allerede blev henrettet i 1972 i en alder af 25 år.

Og det var denne sag, som fortsat spøgte i Japan, da pistolrøveriet fandt sted i Nagoya, hvilket var grunden til, at dette fik stor omtale i medierne, ligesom der blev indgået et samarbejde på tværs af politikredse, så man hurtigst muligt kunne få opsporet den stjålne tjenestepistol, før den blev taget i brug af en mulig galning. Men det lykkedes desværre ikke, for natten til den 31. oktober forsøgte Kiyotaka Katsuta at begå et væbnet røveri mod en butik i Hamamatsu, hvilket imidlertid mislykkedes, så han for en gangs skyld måtte tage tomhændet hjem.

Men dette fik ham dog ikke til at miste modet, for allerede næste aften havde han planer om at udføre et nyt røveri, idet han kørte fra Kyoto til nabobyen Otsu, hvor han egentlig havde tænkt sig at stjæle en bil, da han i stedet øjnede muligheden for at få sin egen personlige chauffør. Imens han gik rundt på en parkeringsplads i søgningen efter et køretøj, han kunne stjæle, fik Kiyotaka nemlig øje på den 27-årige Mitsuharu, der holdt parkeret i sin bil. Og denne valgte Kiyotaka simpelthen at kapre, da han uden videre åbnede bildøren og satte sig ind på passagersædet, hvor han fremviste sin pistol og forlangte at blive kørt til Nagoya.

Mitsuharu turde ikke gøre andet end at adlyde, så han satte straks kursen mod Nagoya: en tur på over 100 kilometer, hvor han måtte affinde sig med den konstante frygt for, at han kunne miste livet når som helst. Og denne kendsgerning blev åbenbart for uudholdelig for manden. For da bilen ankom til byen Kusatsu omkring klokken 21.30, slog han pludselig bremserne i, hvorpå han forsøgte at tage pistolen fra Kiyotaka, der i første omgang strittede imod, før han til sidst valgte at rette våbnet mod Mitsuharu for da at trykke på aftrækkeren.

Manden blev ramt i brystet og faldt livløs sammen bag rattet. Og efter at have anbragt liget på bagsædet måtte Kiyotaka selv stå for kørslen, mens han tømte Mitsuharus pung for dens indhold bestående af 40.000 yen. Dog skulle det senere vise sig, at Mitsuharu slet ikke var død. For på turen mod Nagoya blev Kiyotaka pludselig overrasket af en hviskende stemme fra bagsædet, der tryglede om at få noget vand.

Trods sit enorme blodtab klamrede Mitsuharu sig fortsat til livet. Men han var meget svag og kunne ikke engang røre på sig, så Kiyotaka fortsatte kørslen, indtil der med tiden blev fuldkommen stille, idet manden i sidste ende mistede livet ved at forbløde til døde. Og hermed havde Kiyotaka Katsuta altså taget livet af endnu et menneske – og så endda med en tjenestepistol, så politiets frygt var endt med at blive en realitet.

Mitsuharus død var også en uforudset hændelse, der fik Kiyotaka til at droppe sin lange tur til Nagoya. Men det var ikke ensbetydende med, at han dermed opgav sine planer om at begå et røveri. Da Kiyotaka klokken 2 om natten kørte ind på en tankstation i byen Yoro for at skille sig af med sine blodige handsker ved at smide disse i en udendørs skraldespand, blev dette nemlig overværet af en 43-årig ansat, som Kiyotaka omgående valgte at konfrontere ved at hive sin pistol frem, mens manden blev beordret til at udlevere tankstationens kassebeholdning.

Da den forskræmte mand forsøgte at stikke af, blev han dog skudt af Kiyotaka, som besluttede sig for at efterlade bilen med Mitsuharus lig, da han derefter flygtede fra stedet til fods. Senere formåede han at anskaffe sig et lift til Otsu, hvor hans egen bil holdt parkeret, så han i denne kunne vende hjem til Kyoto i troen på, at han på denne aften havde slået to personer ihjel. Men selvom den ansatte på tankstationen ganske vist blev ramt i brystet, så blev kuglen på mirakuløs vis afbødet af en lighter, som lå i hans brystlomme. Og han var derfor et kronvidne, der kunne give en beskrivelse af den efterlyste mand, som rendte rundt med et af politiets skydevåben, hvilket nu var blevet taget i brug, hvorved jagten på ham blev intensiveret.

Der skulle dog ende med at gå tre måneder, før Kiyotaka Katsutas hærgen omsider blev bragt til en ende. Og så var det endda ikke politiet, der kunne tage æren for dette. Den 31. januar 1983 valgte den nu 34-årige seriemorder nemlig at begå endnu et væbnet røveri, da han midt på dagen – klokken 13.30 – udså sig en bank i Nagoya, hvor han havde i sinde at berøve en af de mange virksomhedsejere, som kom for at hæve penge, der skulle udbetales som lønninger til deres medarbejdere på denne sidste dag i måneden.

Og det var i den forbindelse, Kiyotaka udså sig den 31-årige Noriharu Tsukamoto, der var direktør i et lille flyttefirma med 9 ansatte. Men dette skulle han aldrig have gjort. For da Noriharu forlod banken med 1 million yen i sin taske, blev han pludselig overfuset af Kiyotaka, straks som han satte sig ud i sin bil, hvor han med pistolen blev truet til at udlevere pengene, samtidig med at blev beordret til at køre bort med den bevæbnede mand ved sin side.

Men bilen nåede aldrig at forlade parkeringspladsen. For den unge direktør gik simpelthen til modstand og endte således i håndgemæng med Kiyotaka, der blev slæbt ud fra bilen af Noriharu, mens han forsøgte at vriste pistolen fri ved at sætte sig oven på manden. På et tidspunkt blev der sågar affyret flere skud, da Kiyotaka i desperation trykkede på aftrækkeren, men ingen blev dog ramt, og i sidste ende fik han frarøvet sit våben, idet hele optrinnet blev overværet af et vidne, som sørgede for at tilkalde assistance fra banken, hvorfra fem ansatte kom Noriharu til undsætning, så Kiyotaka Katsuta dermed blev overmandet og lagt i et jerngreb mod asfalten, indtil politiet mødte op og foretog en anholdelse af manden klokken 13.50.

Noriharu Tsukamoto modtog senere en medalje for sin bedrift. Men på dette tidspunkt var der ingen, som kunne vide, at man rent faktisk havde fået fingrene i en seriemorder, før Kiyotaka blev bragt med til afhøring på stationen, hvor man kunne konstatere, at den pistol, han havde benyttet under sit mislykkede røveriforsøg, var identisk med den stjålne tjenestepistol, som var blevet anvendt til at tage livet af Mitsuharu året forinden.

Så hermed kunne det altså bevises, at Kiyotaka var en morder på flugt. Og efter at være blevet konfronteret med politiets beviser imod ham, varede det ikke længe, før han valgte at tilstå den stribe af hidtil uopklarede drab, han forinden havde stået bag, da han erkendte, at han siden 1972 have slået fem kvinder og to andre mænd ihjel, så antallet af ofre nåede op på otte.

Det var aldeles uhørt, at en seriemorder skulle have været aktiv i Japan over en så lang periode. Så politiet betvivlede i første omgang Kiyotakas påstande, indtil man begyndte at undersøge sagerne nærmere og dermed kunne konkludere, at man så sandelig havde fået fat i en seriemorder, og at de mange drabssager, som ellers var blevet efterforsket separat, i virkeligheden var blevet begået af den samme gerningsmand.

Og ikke nok med det, så mente man, at Kiyotaka Katsuta havde stået bag omkring 400 andre lovovertrædelser i form af indbrud og røverier, hvorved det må siges, at han var noget af en vaneforbryder og en decideret samfundsplage, som det nu langt om længe var lykkedes at få standset. Men det var ikke desto mindre de otte drabssager, der vakte mest opsigt, eftersom dette antal gjorde Kiyotaka til en af de mest effektive seriemordere i Japan i nyere tid.

Dog blev disse sager delt op i to sigtelser, eftersom drabet på Mitsuharu i 1982 var blevet begået med en af politiets tjenestepistoler, således at denne sag fik særstatus og derfor blev behandlet separat i modsætning til de syv forrige drab, der var blevet begået i perioden fra 1972 til 1980. Disse blev derimod samlet under én sigtelse, og som den anden japaner i efterkrigstiden modtog Kiyotaka Katsuta to dødsdomme, da han i 1986 blev kendt skyldig i begge retssager, som var blevet ført imod ham.

Et højt antal ofre vil i de fleste tilfælde resultere i en dødsdom i Japan, hvilket derfor er den straf, som en seriemorder typisk kan forvente at modtage. Ydermere blev der med tjenestepistolen godt nok kun begået et enkelt drab, men hele denne sag inkluderede også overfaldet på betjenten i Nagoya samt de røveriforsøg og drabsforsøget, som blev foretaget med brug af pistolen.

Da det kom frem, at Kiyotaka Katsuta havde været anholdt og sågar modtaget en dom i løbet af sin tid som aktiv seriemorder, førte dette til kritik af politiet, der jo heller ikke havde haft den fjerneste anelse om, at hele otte drab var blevet begået af den samme gerningsmand. Men dette skyldtes altså, at Kiyotaka var en udspekuleret forbryder, der ikke havde noget problem med at rejse over lange afstande og på tværs af politikredse for at bedrive sine kriminelle aktiviteter. Og eftersom majoriteten af drabene fandt sted i den kriminalitetshærgede storby Nagoya, så var det også noget nær umuligt for politiet at udpege de forbrydelser, som kunne have noget tilfælles. Særligt fordi man i visse sager mistænkte uskyldige personer, så politiets søgelys ikke blev rettet længere end til ofrenes omgangskreds.

Oven i det var Kiyotaka Katsuta en noget atypisk seriemorder, idet han ikke slog ihjel for nydelsens skyld men derimod af nød, eftersom han udelukkende begik rovmord, hvor det som regel var en spontan handling, når han med store mellemrum valgte at tage livet af fuldkommen tilfældige mennesker, hvilket i begyndelsen var kvinder og siden mænd, som desuden blev slået ihjel i vidt forskellige situationer.

Selv drabsmetoderne adskilte sig fra hinanden, så det eneste, som udadtil bandt de otte ofre sammen, var det økonomiske motiv. Men selvom han altså ikke slog ihjel for sjov, så havde Kiyotaka heller intet problem med at begå drab uden at angre dette, hvilket sådan set gjorde ham til en afstumpet psykopat – også fordi han jo havde levet et dobbeltliv, i og med at han sideløbende med sine forbrydelser havde formået at opretholde en tilværelse som familiefar, mens han tidligere havde været en højtrespekteret brandmand med flere udmærkelser bag sig. Og således fik Kiyotaka Katsuta i den grad nedbrudt japanernes gængse forestilling af seriemordere, eftersom han om nogen var et bevis på, at hvem som helst kan vise sig at være en hensynsløs drabsmand.

Men grundet hans mange affærer var Kiyotakas ægteskab i forvejen ved at gå i opløsning. Så da han i 1983 blev anholdt, havde han samtidig set sin familie for sidste gang, idet hans kone søgte om skilsmisse, straks som hun fandt ud af, at hun havde været gift med en seriemorder. Hun flyttede efterfølgende fra Kyoto med sine to sønner, så de i stedet kunne slå sig ned i en anden by, hvor de fremover levede i anonymitet, uden at deres relation til Kiyotaka Katsuta nogensinde blev afsløret.

Til trods for at han "kun" blev dømt for at have stået bag otte drab, så påstod Kiyotaka dog, at hans liste over ofre i virkeligheden bestod af intet mindre end 22 personer, og at han allerede begik sit første drab som teenager, hvor han tog livet af en kvinde i sin hjemby. Men fordi denne tilståelse først blev givet i retten, ligesom der heller ikke var nogen beviser, der kunne knytte Kiyotaka til andre sager, så blev han altså aldrig tiltalt for andet end de otte drab, han oprindeligt tilstod at have begået. Og det er derfor en gåde, om de 22 ofre blot var en løgn, eller om Kiyotaka rent faktisk havde flere liv på samvittigheden.

Imens han sad på dødsgangen, udgav Kiyotaka sin selvbiografi, ligesom han valgte at blive katolik efter at have etableret kontakt med en katolsk kvinde, med hvem han udvekslede breve, indtil kvinden fik overtalt sin mor til at adoptere Kiyotaka, der således skiftede efternavn til Fujiwara. Hermed blev det muligt for kvinden at besøge Kiyotaka i fængslet, eftersom de to var kommet i familie, og hun stod også bag langvarige protester samt underskriftindsamlinger i forsøget på at få dødsstraffen afskaffet i Japan.

Men dette lykkedes dog ikke, og efter to fejlslagne appelsager stod Kiyotakas dødsdom ved magt. Så den 30. november 2000 blev han henrettet i en alder af 52 år – samme dag som Masaru Ishikuni, der i 1983 slog et ægtepar og deres søn ihjel i byen Mizuyamachi. Kiyotakas lig blev efterfølgende udleveret til hans adoptivsøster, som sørgede for at han blev kremeret under en kristen ceremoni, hvorpå hans aske blev anbragt i hendes familiegravsted.

Dette er den officielle liste over Kiyotaka Katsutas bekræftede ofre:

Navn	Alder	By	Død
Hiroko	24 år	Kyoto	13. september 1972
Reiko	35 år	Osaka	6. juli 1975
Teruko	32 år	Nagoya	5. marts 1976
Akiko	28 år	Nagoya	30. juni 1977
Yoshiko	33 år	Nagoya	12. august 1977
Hiromasa	25 år	Kobe	15. december 1977
Ichiro	35 år	Nagoya	31. juli 1978
Mitsuharu	27 år	Kusatsu	31. oktober 1982

1974 - 1991

Værtshusejernes skræk

Masakatsu Nishikawa havde allerede modtaget en dom for drab, før han i 1991 fik status som seriemorder. Han var nemlig kun 18 år gammel, da han i 1974 tog livet af en kvinde i sin hjemby, hvilket dengang førte til en fængselsstraf. Men efter endt afsoning skulle det meget hurtigt vise sig, at Masakatsu Nishikawa på ingen måde havde lært sin lektie, idet han på kun 16 dage føjede yderligere fire kvinder til sin liste over ofre.

Masakatsu Nishikawa blev født den 14. januar 1956 i byen Tottori, hvor han var den yngste i en søskendeflok på fem bestående af ham selv og fire ældre søstre. I de første årtier efter anden verdenskrig var det ikke unormalt, at japanske børn voksede op i fattigdom, hvilket også gjaldt Masakatsu, hvis hjem desuden var præget af vold, idet hans far havde for vane at tæske hans mor, som til gengæld slog sine børn.

Det var nemlig hende, som stod for deres opdragelse, eftersom Masakatsus far sjældent var hjemme, fordi han havde travlt med at arbejde og tjene penge, så han kunne forsørge sin familie. Men Masakatsus mor var syg med diabetes, og hun var derfor ofte indlagt til behandling på hospitalet, før sygdommen kostede hende livet i 1965, hvor Masakatsu var 9 år gammel. Og da der dermed ikke var nogen voksne til at sørge for ham, begyndte den lille dreng at drive ud på et forkert spor, idet han holdt op med at gå i skole, fordi han hér blev udsat for mobning, så han hverken fik lært at skrive eller læse.

Som teenager blev Masakatsu således en rod, som blandt andet fordrev tiden ved at bryde loven, hvilket fik de sociale myndigheders opmærksomhed, så han som 15-årig endte med at blive tvangsfjernet og anbragt på et omsorgshjem, hvor han tilbragte de næste år af sit liv, før han som 17-årig blev sendt tilbage til sin familie. Men fordi hans far i mellemtiden havde skiftet adresse, måtte Masakatsu flytte ind hos den ene af sine søstre, mens han begyndte at arbejde i forsøget på at få stablet en stabil tilværelse på benene.

I sidste ende kunne han dog ikke holde sig fra den kriminelle løbebane, idet Masakatsu gjorde det til sin levevej at bryde loven ved blandt andet at begå tyverier og røverier, indtil han som 18-årig stod bag en ny type forbrydelse, da han natten til den 6. juni 1974 begik sit første drab.

Da klokken havde passeret midnat, trådte Masakatsu nemlig ind på en lille beværtning i Tottori med det formål at begå et røveri. Så efter at have sikret sig, at der ikke var andre gæster til stede, trak han en kniv frem og truede ejeren – en 26-årig kvinde til at udlevere dagens omsætning. Men hun lod sig dog ikke skræmme af den bevæbnede teenager, hvilket desværre endte med at koste hende livet, da Masakatsu besluttede sig for at gøre alvor af sine trusler ved at skære halsen over på kvinden, som han lod forbløde til døde, alt imens han stak af med hendes pung indeholdende 22.000 yen.

Selvom han ellers var sluppet afsted med at have slået et andet menneske ihjel, så angrede Masakatsu tilsyneladende sin handling, eftersom han den næste morgen mødte op på politistationen i Tottori for at melde sig selv, hvilket samtidig kunne føre til en mildere dom. Men eftersom han var 18 år og dermed under den japanske myndighedsalder, som på dette tidspunkt var 20 år, så kunne han i forvejen ikke dømmes som en voksen, og han slap derfor med en forholdsvis mild straf på mellem 5 til 10 års fængsel.

Denne blev ikke desto mindre afsonet til fulde, så Masakatsu først blev løsladt som 28-årig i juni 1984. Dog nåede han kun at være en fri mand i godt og vel tre måneder, før han igen blev anholdt i september, efter at han denne gang havde begået et væbnet røveri mod et hotel i Tottori. Og da Masakatsu var tidligere straffet, blev dommen i dette tilfælde skærpet, så han blev dømt til at tilbringe de næste syv år bag tremmer, hvorefter han igen blev løsladt den 25. oktober 1991.

Masakatsu var på dette tidspunkt 35 år gammel og havde allerede siddet i fængslet i næsten halvdelen af sin levetid. Men selvom han altså kunne betegnes som en vaneforbryder og dermed en trussel mod samfundet, så var der ingen, som kunne vide, at man faktisk lukkede en fremtidig seriemorder ud blandt uskyldige mennesker. For der nåede kun at gå lidt over en måned, før Masakatsu Nishikawa begik sit andet af i alt fem drab.

I fængslet havde Masakatsu knyttet forbindelse til et medlem af den japanske mafia, som her vil gå under navnet Sentaro. Så da Masakatsu blev løsladt, sørgede Sentaro for, at han fik et sted at bo i byen Kurashiki, hvor han til gengæld blev tilknyttet gangstermiljøet, samtidig med at han begik forbrydelser på egen hånd.

Masakatsu forsøgte eksempelvis at berøve endnu en kvindelig værthusejer i Kurashiki, før grådigheden fik ham til at foretage en noget desperat handling, da han den 6. december valgte at tage forbi Sentaros hus, hvor han prøvede at bestjæle hans kone ved at true hende med en kniv. Og da dette mislykkedes, måtte Masakatsu straks tage flugten fra Kurashiki, idet han nu havde gjort sig selv til en fjende af mafiaen, som derfor satte jagten ind på ham.

Masakatsu rejste videre til byen Wake, hvor han opsøgte en ven, som han fik lov at overnatte hos. Men efter at have stjålet vedkommende pung, fortsatte han videre til Himeji, hvor han brugte pengene på at leje et hotelværelse. Og det var hér, han i de kommende dage opholdt sig, indtil pengenød igen fik Masakatsu Nishikawa til at begå røverier. Og præcis som det var tilfældet 17 år tidligere, så var han fra nu af bredt på at tage livet af sine ofre, hvis det skulle vise sig at blive nødvendigt.

Masakatsu udså sig typisk små værtshuse, fordi disse som regel var drevet af midaldrende kvinder, som var nemme ofre – først og fremmest grundet deres køn og alder, men også fordi at de jo var helt alene, når der ikke var kunder til stede. Og da han natten til den 12. december tog forbi værtshuset Kumi i Himeji, var det netop kun den 55-årige ejer ved navn Kumiko, som stod i baren, så Masakatsu derfor straks benyttede sig af muligheden til at overfalde og kvæle kvinden, hvorpå han stjal hendes pung indeholdende 6.000 yen.

Da Masakatsu forlod værtshuset, slukkede han for belysningen, ligesom han låste døren, så folk dermed gik ud fra, at der var lukket, når de kom forbi. Og af den grund blev Kumikos lig først fundet knap to uger senere – den 25. december, hvor Masakatsu havde nået at begå endnu et drab i en helt anden by.

Efter at have slået Kumiko ihjel steg han nemlig på et tog mod Yonago nær hans hjemby, Tottori. Og på vejen kastede han blandt andet kvindens pung ud ad vinduet, hvorved fundet af denne senere ville fungere som bevismateriale imod ham, idet Masakatsu ikke benyttede sig af handsker og derfor efterlod sine fingeraftryk på pungen.

Det samme gjorde han på det næste gerningssted. For fra Yonago tog Masakatsu videre til nabobyen Matsue, som ligger 200 kilometer fra Himeji. Og hér begik han endnu et røveri mod et tilfældigt udpeget værtshus, da han den 21. december ankom til den lille beværtning ved navn Kagi, hvor det kun var den 55-årige Fumiko, som var til stede, da hun midt på dagen bød Masakatsu Nishikawa velkommen i troen på, at han var en kunde, indtil det desværre viste sig, at der var en helt anden grund til, at manden havde lagt vejen forbi.

For Fumiko blev ligesom Kumiko kvalt ihjel af Masakatsu, som herefter tømte kassebeholdningen for omkring 200.000 yen. Og igen sørgede han for at slukke lyset og låse døren, således at drabet først blev opdaget tre dage senere, da Fumikos familie kom forbi for at besøge hende juleaftensdag.

I mellemtiden var Masakatsu flygtet de 300 kilometer til Kyoto, hvor han allerede den 26. december begik sit tredje drab, da han i løbet af natten gik rundt i byen og i den forbindelse kom forbi værtshuset Maki. Og hér var det den 55-årige Kyo, som var alene, da også hun blev slået ihjel af Masakatsu, som denne gang havde medbragt en kniv, med hvilken han stak kvinden ned, før han slap afsted med sølle 5.000 yen.

Dette var langt fra nok til, at Masakatsu kunne klare sig. Så han forblev i Kyoto, hvor han kun to dage senere gik på rov igen, da han tidligt om morgenen den 28. december udså sig værtshuset Nakama, som kun lå 200 meter fra Maki, der på dette tidspunkt var spærret af som et gerningssted, eftersom liget af Kyo var blevet fundet dagen forinden.

Det havde derfor været en stille nat på Nakama, hvor den 51-årige Noriko var ved at lukke og optælle sin omsætning, der lød på 10.000 yen. Men disse fik hun dog ikke lov at beholde, for da Masakatsu pludselig trådte ind ad døren, sikrede han sig først, at alle kunder var taget hjem, før han uden videre trak en kniv frem og stak kvinden ned, hvorefter han straks gav sig til at tømme kassen for kontanter.

Men i samme øjeblik kom Norikos søn forbi værtshuset for at hente sin mor. Og da han dermed blev vidne til den igangværende forbrydelse, skyndte Masakatsu sig at slå manden i hovedet med en ølflaske, før han stormede ud fra bygningen og videre mod stationen, hvor han steg ombord på et tog med retning mod Osaka. Og imens kunne Norikos forslåede søn slå alarm. Men desværre stod hans mors liv ikke til at redde, idet hun få timer senere omkom på hospitalet, således at Masakatsu i løbet af 16 dage havde nået at tage livet af fire kvinder i tre forskellige byer.

Eftersom drabene på Kyo og Noriko var fundet sted med kort afstand til hinanden inden for ganske få dage, var politiet overbeviste om, at man med stor sandsynlighed havde at gøre med den samme gerningsmand. Og da ligene af Kumiko og Fumiko var blevet fundet få dage forinden, stod det med tiden klart, at man simpelthen havde at gøre med seriemorder, der udså sig kvindelige værtshusejere som sine ofre, hvilket man desuden kunne konkludere via fundet af identiske fingeraftryk såvel som fodaftryk på gerningsstederne.

Da fingeraftrykkene blev slået op i politiets registre, viste det sig tilmed, at man i forvejen var i besiddelse af disse, idet de matchede med Masakatsu Nishikawa, som tidligere havde været dømt for drabet på netop en kvindelig værtshusejer. Og hermed var der ikke nogen tvivl fra politiets side, da man i begyndelsen af 1992 iværksatte en eftersøgning af Masakatsu, der på dette tidspunkt havde slået sig ned i Osaka, hvor han den 31. december 1991 var brudt ind i en tom lejlighed, i hvilken han opholdt sig frem til den 4. januar, hvor han tog ud for at købe et par nye sko.

Dagen efter brød Masakatsu så ind i en anden lejlighed i Osaka. Men denne var beboet af den 27-årige Hanae Katsura, som var en kendt *rakugo*-optræder (en traditionel underholdningsform, som opføres alene på en scene). Og da hun viste sig at være hjemme, tøvede Masakatsu ikke med at overfalde og kvæle kvinden, inden han igen forlod lejligheden med et udnytte på hele 140.000 yen.

Hanae Katsura havde været tæt på at miste livet. Men hun var kun blevet kvalt til bevidstløshed og kunne derfor selv tilkalde politiet, som omgående mødte op på gerningsstedet for at sikre bevismateriale. Og da man i den forbindelse fandt fingeraftryk, som viste sig til at tilhøre den efterlyste Masakatsu Nishikawa, blev eftersøgningen af ham centreret om Osaka, hvor han da også besluttede sig for at blive.

Den 6. januar ankom Masakatsu nemlig til et lejlighedskompleks, hvor han bankede på hos en 31-årig kvinde, som boede med sin 7-årig søn. Og da Masakatsu udgav sig for at være en nabo, der havde brug for et sted at sove grundet familieproblemer, valgte kvinden at udvise forståelse ved at invitere den fremmede mand indenfor.

Men dermed lukkede hun også en seriemorder ind i sit hjem, og hun var da også tæt på at blive Masakatsus sjette offer, idet han i løbet af natten forsøgte at kvæle den enlige mor, som dog gik til modstand. Og da hendes søn samtidig vågnede op og begyndte at græde, fik dette Masakatsu til at indstille drabsforsøget, idet han i stedet brød sammen og afslørede over for kvinden, at hun simpelthen var i selskab med en eftersøgt morder.

Masakatsu blev til sin store forundring mødt af sympati fra kvinden, hvis venlighed fik ham til at erkende sin skyld. Og han fortalte da, at han havde tænkt sig at råde bod på sine handlinger ved at tage livet af sig selv. Men kvinden fik i stedet overtalt ham til at lade sig anholde. Så den næste morgen forlod de sammen lejligheden, da kvinden tog afsted for at aflevere sin søn i børnehave, alt imens Masakatsu blev bedt om at vente inde i bygningen.

For kvinden ville gerne forblive anonym, fordi hun var bange for, at hun kunne blive straffet for at have hjulpet en kriminel. Så ved ankomsten til børnehaven tog hun kontakt til en pædagog, som sørgede for at ringe til politiet på hendes vegne. Og herefter blev en patrulje sendt afsted til adressen, hvor man præcis en uge før hans 36-års fødselsdag kunne foretage en udramatisk anholdelse af Masakatsu, som tålmodigt havde afventet politiets ankomst.

Under afhøringerne valgte Masakatsu Nishikawa at tilstå drabene på de fire kvinder i Himeji, Matsue og Kyoto samt drabsforsøget på Hanae Katsura. Men efterfølgende forsøgte han så at begå selvmord to gange, før han pludselig trak sin tilståelse tilbage. Så da retssagen mod ham begyndte, måtte anklagemyndigheden støtte sig til de mange beviser fra gerningsstederne, som kunne være med til at knytte Masakatsu til den serie af forbrydelser, han var blevet sigtet for at have stået bag.

Og da det kom til stykket, var mængden af bevismateriale da også nok til at få ham dømt. Så 20 år efter at have modtaget sin første drabsdom blev Masakatsu Nishikawa i 1995 dømt til døden, til trods for at han ellers havde nægtet sig skyldig i alle anklager – foruden drabsforsøget på Hanae Katsura, som han så sig nødsaget til at erkende, idet hun jo var et levende vidne, som kunne identificere ham som sin overfaldsmand.

Det var derfor ikke overraskende, at Masakatsu besluttede sig for at anke dommen. Men da retssagen i 2001 gik om, valgte han i denne omgang at erklære sig for skyldig i drabet på Kumiko, hvorimod han fortsat nægtede at stå bag drabene på Fumiko, Kyo og Noriko. Og så påstod han desuden, at han havde været så fuld i gerningsøjeblikket, at han ikke kunne huske at have slået nogen ihjel. Men forsøget på at blive frifundet viste sig imidlertid at være forgæves. For Masakatsu blev igen kendt skyldig i de fire drab, hvilket atter resulterede i en dødsdom, som endte med at blive stadfæstet i 2005, hvor udfaldet blev det samme i den anden og sidste appelsag.

Efter at være fyldt 18 år havde Masakatsu Nishikawa sammenlagt nået at leve et enkelt år uden for fængslet, så størstedelen af hans voksne liv derfor blev tilbragt bag tremmer, før han som 61-årig blev henrettet den 13. juli 2017 – samme dag som den 34-årige Koichi Sumida, som var et af de sjældne eksempler på en japaner, der var blevet dømt til døden efter kun at have slået en enkelt person ihjel. I 2011 dræbte han nemlig en 27-årig kvinde i Okayama. Men fordi han ligeledes berøvede og voldtog hende, ligesom han sågar parterede hendes lig, blev hans forbrydelse altså anset for at være hård nok til, at denne retfærdiggjorde en dødsdom.

I Japan er det flere gange sket, at drabsdømte personer har begået nye drab efter at være blevet løsladt, hvilket som regel vil resultere i en skærpet straf i form af en dødsdom. Dette var blandt andet tilfældet for Masahiko Takahashi, der ligesom Masakatsu Nishikawa udså sig værtshusejere som ofre, da han i 1967 og 1968 tog livet af tre kvinder i Tokyo, hvilket skete, efter at han var blevet løsladt fra fængslet, hvor han havde afsonet en dom for drabet på en 7 år gammel pige.

Dette blev begået, da Masahiko var 17 år, men efter at være blevet dømt til døden indrømmede han dog, at han allerede som 14-årig havde slået to andre piger ihjel i sin hjemby Asahikawa på Hokkaido. Den første af disse på en skole, hvor en 6-årig pige ganske vist blev fundet død i maj 1954. Og i oktober samme år blev en 5-årig pige stukket ned, imens hun var i biografen med sin mor, hvor hun kom blødende tilbage fra toilettet efter at være blevet stukket ned. En kun 11 år gammel dreng tilstod imidlertid det sidste af de to drab, så det er uvist, om Masahiko i det hele taget stod bag nogle af disse. Som voksen begik han ikke desto mindre tre drab, for hvilket han i 1972 blev hængt i en alder af 32 år.

En anden famøs sag udspillede sig i 2005, hvor den 22-årige Yukio Yamaji brød ind i en lejlighed i Osaka, hvor han voldtog og dræbte to søstre på henholdsvis 27 og 19 år. Trods sin unge alder havde han i forvejen et liv på samvittigheden, idet Yukio som 16-årig tæskede sin mor ihjel med et baseballbat. Og grundet sin unge alder blev han dengang dømt til et ophold på en reformskole, som han allerede fik lov at forlade tre år senere, hvorefter han så endte med at begå et dobbeltdrab, fordi hans mors brutale død havde fascineret ham i en sådan grad, at han fik lyst til at slå ihjel igen.

Yukio Yamaji blev dermed et pragteksempel på en forbryder, som absolut intet havde lært af at sin tidligere straf. Og derfor blev han i 2006 idømt lovens strengeste straf – en dødsdom, som blev eksekveret blot tre år senere i 2009, hvor Yukio var 25 år gammel, hvilket gjorde ham til den yngste person, som var blevet henrettet i Japan siden 1972, hvor Misao Katagiri også var 25 år, da han blev hængt efter at være blevet dømt til døden for at have skuddræbt en politimand i 1968.

Dette er den officielle liste over Masakatsu Nishikawas bekræftede ofre:

Navn	Alder	By	Dræbt
?	26 år	Tottori	6. juli 1974
Kumiko	45 år	Himeji	12. december 1991
Fumiko	55 år	Matsue	21. december 1991
Kyo	55 år	Kyoto	26. december 1991
Noriko	51 år	Kyoto	28. december 1991

1981 - 1982

Til døden os skiller

Seiha Fujima var en temperamentsfuld ung mand, som havde svært ved at danne relationer til andre mennesker. Og de få udvalgte, som formåede at komme tæt på ham, blev samtidig ofre for hans utilregnelige adfærd, idet Seiha Fujima først dræbte den ene af sine venner, hvorpå han begik et massemord ved at tage livet af en pige, som han var forelsket i – inklusiv hendes mor og lillesøster. Til dette fik han ovenikøbet hjælp af en anden ven, som herefter også måtte lade livet, så Seiha Fujima på under et år nåede at slå fem mennesker ihjel.

Seiha Fujima blev født den 21. august 1960 i byen Hiratsuka i Kanagawa-præfekturet syd for Tokyo, hvor han tilbragte de første år af sit liv som enebarn, før hans lillesøster kom til verden. Hans forældre, som indtil da havde været kærlige og omsorgsfulde over for ham, blev herefter enige om at dele opdragelsen af de to børn op imellem sig, således at faren fik ansvaret for Seiha, mens moren fik ansvaret for hans lillesøster.

Men Seiha var allerede gammel nok til at tage vare på sig selv. Og eftersom hans far havde travlt med at passe sit fuldtidsarbejde, oplevede han ikke længere kærlighed i hjemmet, hvor han snarere blev udsat for omsorgssvigt, idet hans hjemmegående mor var så koncentreret om pasningen af sin datter, at hun ignorerede sin søns behov for opmærksomhed. Så der skulle derfor ikke meget til, før Seiha gik hende på nerverne, hvilket ofte førte til fysisk afstraffelse af drengen.

Seiha blev eksempelvis brændt med cigaretter og låst inde i et skab, når han var uartig. Så allerede i en tidlig alder udviklede han rebelske karaktertræk, som blandt andet kom til udtryk ved, at han blev trodsig over for sine forældre, ligesom han begyndte at begå butikstyverier efter at være startet i skole, hvor han desuden gav sig til at mobbe de andre elever, hvilket førte til, at han selv blev frosset ude i klassen, så han altså blev et offer for social udstødelse.

Igennem sin opvækst havde Seiha derfor ikke mange venner, og han blev således en enspænder, som havde svært ved at danne relationer til andre mennesker. Oven i det var han boglig svag, idet han fik dårlige karakterer i alle sine fag. Men Seiha nød derimod at gå til karate, hvor han både lærte at kontrollere sin vrede, samtidig med at han kunne få afløb for sine frustrationer.

Da Seiha bestod sin grunduddannelse i 1976, havde han fået nok af at gå i skole. Så som 15-årig besluttede han sig for at finde arbejde på en fabrik, hvor han dog kun nåede at være ansat i tre måneder, før han sagde op. Herefter forsøgte han sig med andre stillinger, inden han med tiden henfaldt til kriminalitet, da han begyndte at "tjene penge" ved at begå røverier og indbrud.

Dette fik med tiden myndighedernes opmærksomhed, og Seiha Fujima var derfor allerede kendt af politiet, da han som 17-årig blev taget i at stjæle. Og netop fordi han tidligere havde været i klammeri med loven, blev han dømt til anbringelse på en reformskole, hvor han blandt andet mødte to jævnaldrende drenge ved navn Katsumi og Juntaro, der ligesom Seiha var problematiske teenagere, som havde svært ved at indordne sig efter samfundets regler.

Da Seiha i 1979 blev løsladt, forsøgte han sig igen med et arbejde. Men endnu engang endte han med at sige op, hvorpå han røg tilbage i den kriminelle løbebane. Og så varede det ellers ikke længe, før han blev så utilregnelig, at hans forældre ikke længere gad at have deres søn boende i huset. Så det var faktisk Seihas egen far, som sørgede for at anmelde ham, da han en dag valgte at gå til politiet med en stjålet dametaske, som han havde fundet i sit hjem.

På den måde blev Seiha Fujima sendt direkte tilbage på reformskolen, før han igen blev løsladt i 1981, hvor hans familie imidlertid ikke længere ville have noget med ham at gøre. Den 20-årige Seiha var derfor overladt til sig selv og endte i den forbindelse med at kontakte Katsumi, som var begyndt at leve en normal tilværelse i Yokohama. Men da han lod Seiha flytte ind hos sig, blev de to meget hurtigt en kriminel duo, som kørte rundt på deres motorcykler og begik det ene indbrud efter det andet, således at de med tiden fik råd til deres egen lejlighed, hvor de flyttede ind i juli.

Den 5. august opstod der dog knas i venskabet mellem Seiha og Katsumi, da Seiha opdagede, at hans bofælle havde stjålet 200.000 yen fra hans pung, hvorefter han var stukket af fra deres fælles lejlighed i Yokohama. Det lykkedes ikke desto mindre for Seiha at opspore Katsumi, som var afhængig af stoffer og derfor allerede havde brugt alle pengene på stimulanser.

Seiha var rasende og følte sig forrådt af Katsumi. Men han valgte alligevel at give ham mulighed for at betale pengene tilbage. Så han gav ham en frist på to måneder, hvilket betød, at de 200.000 yen skulle være i hænderne på Seiha senest den 5. oktober 1981, ellers truede Seiha med at ophæve deres venskab ved at slå Katsumi ihjel. Men månederne gik, og Katsumi kunne ikke betale de stjålne pengene tilbage, fordi han samtidig havde optaget et lån hos den japanske mafia, som han frygtede mere end Seiha. For han kunne ikke vide, at Seiha skam havde tænkt sig at gøre alvor af sine trusler, hvilket allerede stod klart i slutningen af september, da han erhvervede sig en køkkenkniv og en urtekniv, som han havde i sinde at tage i brug, lige så snart tilbagebetalingsfristen udløb.

Da det blev den 5. oktober, ventede den nu 21-årige Seiha derfor på, at Katsumi skulle møde op og aflevere pengene. Men da viseren passerede midnat, indså han, at Katsumi ikke havde tænkt sig at levere dem tilbage. Så bevæbnet med de to knive satte Seiha sig på sin motorcykel, hvorpå han begav sig ud i Yokohamas gader, hvor han i de tidlige morgentimer fandt frem til den 20-årige Katsumi, der ligesom ham kørte rundt på sin motorcykel.

I første omgang nøjedes Seiha blot med at konfrontere Katsumi, fordi der var vidner til stede. Men da Katsumi truede Seiha med sine forbindelser til mafiaen, ligesom han sågar fortalte, at han ville gå til politiet og tilstå deres fælles forbrydelser, var dette dråben, som fik Seiha til at miste tålmodigheden. Men han kunne ikke dræbe Katsumi, så længe de befandt sig midt i en storby. Så han overtalte den unge mand til at tage med ham på en sidste køretur, så de på den måde kunne skilles som de venner, de engang havde været.

I virkeligheden agtede Seiha blot at lokke Katsumi med sig ud fra byen. Så da de omkring klokken 5 ankom til en øde landevej, bad Seiha Katsumi om at køre ind til siden, hvor han umiddelbart efter overfusede den unge mand med et spontant vredesudbrud. Og da Seiha pludselig trak benzindunken af sin motorcykel og gav sig til at overhælde Katsumi med benzin, gik det først da op for ham, at han var blevet lokket i en dødsfælde, da Seiha herefter tændte en tændstik og kastede denne imod ham.

Der skete dog intet, da tændstikken ramte Katsumi. Så imens Seiha forsøgte at trække en ny frem fra æsken, besluttede Katsumi sig for at gøre modstand ved at vædre ham. Men han kunne desværre ikke vide, at Seiha på forhånd havde sørget for at bevæbne sig med hele to knive. Så da han pludselig hev køkkenkniven frem fra sin jakke, nåede den chokerede Katsumi kun lige at tage et skridt tilbage, før denne blev plantet så dybt i låret på ham, at klingen fik sat sig fast, så Seiha dermed mistede grebet om skaftet.

Det var derfor Katsumi selv, som måtte trække kniven fri, hvorefter han kastede den fra sig og omgående gav sig til at flygte fra stedet til fods. Men han var desværre blevet ramt i en hovedpulsåre, så blodet fossede ud, hvorved han meget hurtigt mistede energien. Så det var intet problem for Seiha at indhente Katsumi, som ellers troede, at han netop havde afvæbnet Seiha, der i stedet hev urtekniven frem fra lommen, så han med denne kunne frarøve sin ven livet ved at tildele ham hele 11 stik i ryggen.

Efter at have slået Katsumi ihjel stjal Seiha 17.000 yen fra hans pung, før han satte sig tilbage på motorcyklen og kørte bort fra gerningsstedet, hvor det blodige lig kort tid efter blev fundet af en forbipasserende, som skyndte sig at slå alarm. Den døde krop blev derfor allerede identificeret samme dag via Katsumis ID-kort, og politiet var da hurtige til at opspore og forhøre alle dem, som den unge mand havde en relation til – heriblandt Seiha, der på belejlig vis befandt sig i politiets varetægt, idet han på drabsdagen blev anholdt for at køre mod kørselsretningen på en ensrettet vej.

Seiha havde på det tidspunkt nået at skille sig af med både gerningsvåben og al bevismateriale, men han blev alligevel politiets hovedmistænkte, indtil han kom i besiddelse af et alibi fra en højst uventet front. Da politiet tog kontakt til hans familie, fortalte Seihas mor nemlig, at han havde været på besøg hos dem og befundet sig i deres hjem på drabstidspunktet. Og derfor kunne hendes søn altså ikke være indblandet i Katsumis død.

Af ukendte årsager valgte Seihas mor simpelthen at dække over sin søn, så politiet derfor ikke kunne gøre andet end at løslade ham. Men hermed fik han også mulighed for at begå flere drab – nærmere bestemt fire af slagsen. Og tre af dem fandt endda sted på samme tid, idet Seiha Fujima på under et år fik status som både morder, seriemorder og massemorder.

Den 21-årige Seiha havde længe drømt om at finde en kæreste. Men det skulle helst være en pige, som var yngre end ham. Så måneden efter drabet på Katsumi tog han til et gymnasium i byen Chigasaki, hvor han den 20. november udså sig den 15-årige Makiko, som var på vej hjem i selskab med nogle veninder, da Seiha pludselig henvendte sig til hende og inviterede hende ud.

At forsøge at lokke kvinder med på en date ved at tage kontakt til dem i offentligheden er en fuldkommen legal form for flirt, der i Japan er kendt som *nanpa*. Så Makiko følte sig altså ikke stødt over, at en fremmed mand uden videre prøvede at smigre sig ind på hende foran hendes veninder. Tværtimod følte hun sig nok snarere smigret over, at det lige netop var hende, som Seiha var faldet for, idet hun trods alt valgte at give ham sine kontaktoplysninger, så de senere kunne aftale at mødes.

Men Makiko kunne desværre ikke vide, at hun dermed lukkede en morder ind i sit liv. For faktisk havde Seiha været så snedig at præsentere sig med et pseudonym, ligesom han endda udgav sig for at være en rigmandssøn, der kun var et par år ældre end Makiko, som derfor aldrig fik kendskab til hans sande identitet – heller ikke da de ugen efter tog på deres første date.

Herefter indså Makiko dog, at hun var forelsket i en dreng fra sin skole. Så da de to igen skulle mødes den 11. december, forsøgte hun at afvise Seiha ved at lade ham vente forgæves på hende. Men han ringede i stedet for at invitere hende med på en ny date den 15. december, hvor den nu 16-årige Makiko denne gang besluttede sig for at tage med Seiha ud at spise.

Men hermed blev hun også klar over, at hun ikke havde følelser for ham. Så da hun den 27. december fik besøg af Seiha, som uanmeldt mødte op ved hendes hjem i Fujisawa for at give hende et kassettebånd i gave, indså Makiko, at hun hurtigst muligt måtte afbryde forholdet med ham, hvilket hun valgte at gøre nytårsaften, hvor hun igen indvilligede i at mødes med Seiha udelukkende for at fortælle ham, at hun ikke længere ville gå ud med ham, fordi hun var interesseret i en anden.

Men Seiha kunne imidlertid ikke acceptere at blive afvist af Makiko. For herfra begyndte han simpelthen at udvise stalkerlignende adfærd ved at chikanere hende og hendes familie med daglige opkald i alle døgnets timer, ligesom han tilmed kontaktede pigens skole for at sprede rygter om hende. Og eftersom han jo havde benyttet sig af en falsk identitet, så var det ikke muligt for Makikos forældre at anmelde Seiha – mest af alt fordi, at han faktisk ikke gjorde noget ulovligt.

En egentlig antistalkerlov ville nemlig først blive vedtaget to årtier senere, efter at Shiori Ino i 1999 blev slået ihjel på åben gade af en lejemorder, som var blevet hyret af hendes stalker, hvorved myndighederne omsider erkendte alvoren ved stalking, hvilket man i 1982 fortsat betragtede som et harmløst fænomen. Og derfor kunne Makiko og hendes familie heller ikke få hjælp til at blive fri for Seiha og hans chikanerende adfærd.

For Seiha mente selv, at han havde en god grund til at genere Makiko, idet han gentagende gange opsøgte hende med beskeden om, at hun skyldte ham penge, eftersom han i midten af december tog hende med ud at spise på en restaurant, hvor det var ham, som betalte regningen. Og selvom det ganske vist også var Seiha, som havde inviteret hende ud, så mente han altså, at han var i sin fulde ret til at kræve pengene tilbage, fordi Makiko efterfølgende droppede ham.

I februar valgte Makikos far derfor at give Seiha 3.000 yen i håbet om, at de dermed ville få fred for ham. Men Seiha leverede i stedet pengene retur til Makiko sammen med en undskyldning, inden han igen begyndte at kræve dem tilbage, mens han fortsatte med at ringe hjem til familien, hvilket endte med at stå på i flere måneder, før han med tiden indså, at Makiko tydeligvis ikke gad at have noget med ham at gøre. Og da hun dermed nægtede at gengælde hans følelser, havde Seiha tænkt sig at straffe både hende og hendes familie for, at *han* var blevet såret.

I løbet af april begyndte Seiha Fujima derfor at planlægge at slå Makiko, hendes forældre og 13-årige lillesøster ihjel ved blandt andet at købe knive, så han til hver en tid var parat til at begå en massakre i familiens hjem i Fujisawa. Men han kunne dog ikke bestemme sig for, hvornår denne skulle finde sted, og drabstankerne fik således lov til at ulme indtil slutningen af maj, hvor Seiha tog en tur til Tokyo og tilfældigvis stødte ind i den 19-årige Juntaro, som han tidligere havde mødt på en reformskole sammen med Katsumi.

Seiha hang ud sammen med Juntaro i et par dage, hvor han fortalte om sin oplevelse med Makiko, før han den 26. maj valgte at afsløre, at simpelthen havde i sinde at tage livet af hende og hendes familie. Og da det i den forbindelse lykkedes ham at overtale Juntaro til at assistere ham, blev dette øjeblikket, hvor Seiha omsider besluttede sig for at sætte sin syge plan i værk.

Dagen efter pakkede de to gamle venner derfor en taske med knive og handsker, hvorefter de tog bussen til Fujisawa, hvor de omkring klokken 20 ankom til Makikos hus og bankede på med visheden om, at der i de kommende minutter ville udspille sig et blodbad, lige så snart døren gik op. Men Makikos far var endnu ikke kommet hjem fra arbejde, så det var hendes mor, Haruko, som åbnede døren. Og den 45-årige kvinde nåede end ikke at forholde sig til synet af de ubudne gæster på sit dørtrin, før Seiha og Juntaro tvang sig adgang til hjemmet, hvor Juntaro fik til opgave at vogte hoveddøren, alt imens Seiha gik amok med de medbragte knive.

Da den forfærdede Haruko flygtede fra gangen og videre ud i køkkenet, passerede Seiha først igennem stuen, hvor Makikos lillesøster, Mariko, sad og så TV. Og hun blev dermed også det første offer for den unge mands blodrus, idet han stak hende to gange i brystet, før han fortsatte videre til køkkenet, hvor Haruko forgæves forsøgte at forsvare sig, inden hun ligeledes blev stukket to gange i brystet.

Makiko var ingen steder at få øje på, fordi hun på dette tidspunkt befandt sig på sit værelse på første sal. Men lyden af skrig fra underetagen fik hende dog til at søge ned ad trappen, hvor hun til sin store skræk rendte ind i den bevæbnede Seiha og knap nok nåede at reagere, før også hun blev stukket to gange i brystet, hvorpå hun faldt livløs sammen på gulvet.

Både Makiko, hendes mor og lillesøster endte med at forbløde til døde i tre forskellige rum, imens Seiha og Juntaro forblev i hjemmet, hvor de også havde tænkt sig at dræbe pigernes far, lige så snart han vendte hjem fra arbejde. Men Seiha havde under angrebene skåret sig i hånden, som derfor krævede behandling. Så han og Juntaro valgte i stedet at flygte fra huset, hvor Makikos far kun en halv time senere trådte ind ad døren og fandt sin kone og to døtre døde.

I mellemtiden havde Seiha og Juntaro ringet efter en taxa, som kørte dem hjem til Seihas forældre i Hiratsuka, så han hér kunne få lagt en forbinding om sin hånd. Men da han fortalte, at han var blevet skadet efter at han netop havde slået tre personer ihjel, blev han og hans ven omgående bedt om at forlade huset, idet Seihas mor og far opfordrede deres søn til at melde sig selv.

Dog gik forældrene ikke selv til politiet, da Seiha og Juntaro efterfølgende tog flugten til det vestlige Japan, imens efterforskningen i Fujisawa med tiden ledte politiet på sporet af den 21-årige Seiha Fujima. Og selv da et par betjente opsøgte hans forældre for at spørge, om de monstro vidste, hvor deres søn befandt sig, blev de ledt på et vildspor, da Seihas mor bildte dem ind, at han var taget til Hokkaido, til trods for at han befandt sig i den modsatte ende af landet.

Selvom Seiha havde benyttet sig af et alias, da han i sin tid introducerede sig for Makiko, så kunne hendes far give politiet et signalement af den mulige gerningsmand i skikkelse af den unge mand, som havde chikaneret hans 16-årige datter i månedsvis. Og da beskrivelsen af ham passede på den drabsmistænkte Seiha Fujima, blev han straks eftersøgt, idet politiet i Kanagawa-præfekturet pludselig ikke kunne finde frem til ham.

For Seiha var flere hundrede kilometer borte i de vestlige egne af landet, hvor han sammen med Juntaro rejste fra by til by, indtil den 5. juni, hvor de to ankom til Amagasaki nær Kobe. På dette tidspunkt var Seiha nemlig begyndt at tvivle på Juntaros loyalitet, fordi han tidligere var blevet forrådt af Katsumi. Og eftersom det var ham, der havde slået Makiko, hendes mor og lillesøster ihjel, var han bange for, at Juntaro ville vidne imod ham, hvis de skulle risikere at blive fanget af politiet.

For at undgå dette tog Seiha derfor en drastisk beslutning, da han sent på aftenen lokkede Juntaro med ind i et lejlighedskompleks under påskud af, at de hér skulle begå et indbrud. Men i stedet blev Juntaro ført frem til øverste etage, hvor Seiha havde tænkt sig at lede ham med ud på taget for at dræbe ham, indtil det imidlertid viste sig, at døren dertil var aflåst.

Af den grund valgte Seiha at tage livet af sin ven i selve opgangen, hvor de trods alt var alene. Så da han uden varsel hev en kniv frem og gik til angreb på Juntaro, kom dette fuldkommen bag på teenageren, som derfor nåede at blive ramt i både brystet og maven, før han fik taget sig sammen til at reagere ved at flygte ned ad trapperne, hvor han drevet af panik råbte efter hjælp, hvilket desværre viste sig at være forgæves.

For Seiha fulgte skam efter og fik til sidst indhentet Juntaro på grænsen mellem anden og tredje sal, hvor den unge mand blev væltet omkuld, så Seiha på den måde kunne tildele ham flere dybe knivstik i ryggen, inden han skyndte sig at forlade bygningen, uden at han blev opdaget af hverken beboere eller forbipasserende.

Men tumulten fra opgangen fik ikke desto mindre folk til at forlade deres lejligheder. Så Juntaros blødende lig blev fundet kort tid efter, hvor der samtidig blev slået alarm. Og nu hvor Seiha havde begået endnu en forbrydelse et helt andet sted i landet, følte han sig nødsaget til igen at tage flugten, så han med tiden endte i Maebashi nord for Tokyo, hvor han benyttede sig af et falskt navn, da det hér lykkedes for ham at finde sig et arbejde.

Det tog noget tid for politiet i Amagasaki at identificere Juntaros lig, fordi han jo stammede fra hovedstadsområdet. Men lige så snart man fik sat navn på offeret, fik man samtidig knyttet Seiha til drabet, idet han jo var eftersøgt af politiet i Kanagawa-præfekturet, som ved at forhøre hans omgangskreds havde fundet ud af, at Seiha sidst var blevet set i selskab med Juntaro, umiddelbart før de begge var forsvundet, hvilket tilmed skete samtidig med trippeldrabet i Fujisawa. Og nu var Juntaro fundet dræbt – præcis ligesom Katsumi, hvis død man ligeledes mistænkte Seiha for at stå bag.

Alt dette kunne umuligt være et sammentræf, så politiet havde sådan set allerede opklaret sagen – de manglede bare at få pågrebet gerningsmanden. Men heldigvis var det ikke alle Seihas bekendte, som gad at dække over en seriemorder. Så da han tog kontakt til nogle af sine venner og fortalte, hvor han befandt sig, valgte de at videregive oplysningerne til politiet, så man den 14. juni 1982 kunne foretage en anholdelse af Seiha Fujima på hans adresse i Maebashi.

Desværre havde politiet ingen håndgribelige beviser, som kunne knytte Seiha til de i alt fem drab, han var mistænkt for at stå bag. Der var trods alt kun tale om en logisk konklusion baseret på hans relationer til ofrene, selvom hans blodtype og skostørrelse matchede de blodspor og fodaftryk, som var blevet fundet på gerningsstedet i Fujisawa.

Men dette var tiden, før DNA-analyser kunne bruges til at fælde gerningsmænd. Så politiet havde stadig intet andet end spekulationer at benytte sig af under afhøringerne af Seiha, som naturligvis nægtede alle anklager, eftersom der jo ikke var nogen beviser, som pegede imod ham. Og dermed kunne der heller ikke føres en sag imod ham – før han pludselig valgte at tilstå alle fem drab, hvorved han både kunne sigtes og retsforfølges for at have stået bag disse.

Retssagen mod Seiha Fujima blev dog en langstrakt affære, idet han efterfølgende trak tilståelsen tilbage ved at påstå, at denne var blevet tvunget ud af ham. Og uden beviser måtte anklageren derfor overbevise retten om, at ingen andre end Seiha kunne have stået bag drabene på Katsumi, Makiko, Haruko, Mariko og Juntaro, der alle var blevet begået over en periode på otte måneder.

Efter talrige høringer valgte Seiha så alligevel at erklære sig for skyldig i alle anklager, ligesom han sågar undskyldte for at have spildt rettens tid. Men på dette tidspunkt var der faktisk opstået et nyt problem, som betød, at domsafsigelsen måtte udskydes. For anklagemyndigheden havde nemlig krævet dødsstraf, hvilket var en dom, som kortvarigt blev sat i bero i Japan i midten af 1980'erne, efter at sagen om Norio Nagayama havde ført til behovet for udarbejdelsen af en række faste kriterier, som skulle opfyldes, før en dødsdom kunne blive givet.

Af den grund var det først i 1988, Seiha Fujima modtog sin dom, da han så sandelig blev dømt til døden for sine bestialske forbrydelser, som han desuden ikke angrede. Og selvom han ellers forsøgte at appellere, så blev hans ansøgning afvist i både 2000 og 2004, således at dommen altså blev stadfæstet. Seiha Fujima blev henrettet allerede tre år senere, da han den 7. december 2007 blev hængt i en alder af 47 år – samme dag som 42-årige Hiroki Fukawa, der i 1999 dræbte to kvinder i Tokyo, og 74-årige Noboru Ikemoto, som i 1985 skød og dræbte tre af sine naboer på Shikoku.

Norio Nagayamas forbrydelser er ligeledes beskrevet i denne bog i kapitlet med titlen "Den skydegale teenager". Og faktisk blev Seiha Fujima sammenlignet med Norio Nagayama, idet man efter en psykologisk undersøgelse kunne konstatere, at han simpelthen bare var emotionelt utilregnelig. Og hermed skulle forklaringen på den unge mands adfærd findes ud fra et sociokulturelt perspektiv, hvilket var et område, som man længe fortsatte med at ignorere, således at der op gennem 1980'erne opstod en periode præget af hård ungdomskriminalitet, fordi det på dette tidspunkt var en stigning i antallet af forbrydelser forårsaget af psykiske sygdomme og euforiserende stoffer, som var med til at sætte dagsordenen,

Nogle måneder efter Seihas anholdelse i 1982 gik den 22-årige Hitoshi Murata eksempelvis amok i et lejlighedskompleks i Tokyo, hvor han dræbte fem beboere – heriblandt to børn – fordi han følte sig generet af støj fra sine naboer. Det blev efterfølgende konkluderet, at han led af skizofreni, og han slap derfor med en behandlingsdom.

Det samme gjorde den 35-årige Seiji Katagiri også, da han tidligere på året stod bag et af de værste massemord i efterkrigstidens Japan. Han var nemlig pilot ombord på Japan Airlines Flight 350, da han under landingen i Haneda Lufthavn bevidst valgte at styrte flyet ned i Tokyo Bugt, hvor 24 passagerer omkom, mens han selv formåede at overleve. Han kunne dermed også stilles til ansvar for ulykken, men blev ligeledes diagnosticeret som værende skizofren og kunne således gå fri efter at have afsluttet et kortvarigt behandlingsforløb.

Lige så heldig var den 38-årige Hirofumi Maruyama ikke, da han i 1980 tog livet af seks mennesker ved at sætte ild til en bus fyldt med passagerer, mens denne holdt ved Shinjuku station i Tokyo. Han var ikke desto mindre alkoholiker, så i retten anerkendte man, at han både havde været påvirket i gerningsøjeblikket, ligesom flere års druk havde forvoldt ham psykiske skader. Og af den grund undgik Hirofumi dødsstraf, idet han i stedet blev idømt livsvarigt fængsel.

I begyndelsen af 1980'erne blev der nemlig sat øget fokus på mental sundhed, og derfor begyndte man at betragte det som en formildende omstændighed, hvis det kunne bevises, at man ikke var sig selv, imens man begik sin forbrydelse. Dette er også forklaringen på, at den 29-årige Gunji Kawamata også modtog en livstidsdom, efter at han i 1981 knivdræbte fire mennesker på åben gade i Tokyo, hvilket inkluderede en kvinde og hendes to små børn. For han var på dette tidspunkt påvirket af stoffer, og det samme var den 47-årige Tadaaki Hashida, da han året efter dræbte fire personer i et lejlighedskompleks i Osaka. Også han slap dermed for en dødsdom, fordi man altså anerkendte, at han havde befundet sig i en form for psykose.

Dette er den officielle liste over Seiha Fujimas bekræftede ofre:

Navn	Alder	By	Død
Katsumi	20 år	Yokohama	6. oktober 1981
Mariko	13 år	Fujisawa	27. maj 1982
Haruko	45 år	Fujisawa	27. maj 1982
Makiko	16 år	Fujisawa	27. maj 1982
Juntaro	19 år	Amagasaki	5. juni 1982

1985 - 1994

Parteringsdrabene i Osaka

Yasutoshi Kamata er en af Japans mest berygtede seriemordere. Han huserede nemlig lokalt i storbyen Osaka, hvor han over en periode på 9 år dræbte fire kvinder, hvis lig efterfølgende blev parteret og efterladt langt fra gerningsstedet. Men Yasutoshi Kamatas forbrydelser inkluderede dog også kidnapningen af en lille pige, som ligeledes måtte lade livet, så det endelige antal ofre således nåede op på fem.

Yasutoshi Kamata blev født den 10. juli 1940 i byen Ozu på Shikoku, hvor han havde en ganske normal opvækst. Hans far døde imidlertid, imens han gik på gymnasiet, så der ikke længere var råd til, at han kunne gå i skole. Efter at være droppet ud af uddannelsessystemet flyttede Yasutoshi derfor til Osaka for at arbejde, inden han som 20-årig vendte tilbage til sin hjemby for at indgå i et arrangeret ægteskab med en jævnaldrende kvinde.

Sammen fik det unge par to børn – en dreng og en pige – før Yasutoshi desværre blev enkemand og dermed også alenefar, da hans kone døde af sygdom. Det var således endnu et dødsfald, som var medvirkende til, at han atter valgte at forlade Ozu, da han først flyttede til byen Yamatotakada i Nara-præfekturet, inden den lille familie slog sig ned i Osaka, hvor tre igen blev til fire, da Yasutoshi med tiden fandt sammen med en ny kvinde, som han giftede sig med.

Denne kvinde blev godt nok børnenes stedmor, men hun elskede dem alligevel, som var de hendes egne. Og det var da nok også derfor,

at Yasutoshi havde valgt at fri til hende. For ægteskabet nåede kun at
vare i to måneder, før han pludselig overdrog det fulde ansvar over
børnene til sin hustru, idet han simpelthen valgte at forlade sin familie
til fordel for sin elskerinde. Men dette forhold gik også i vasken, så
Yasutoshi herfra endte med at leve som ungkarl i Osaka, hvor han
jævnligt skiftede adresse, fordi hans indkomst var lige så broget som
hans kærlighedsliv.

Yasutoshi var en veltalende mand, som havde nemt ved at charmere
sig ind på kvinder, hvilket var et talent, han besluttede sig for at
udnytte, da han valgte at blive omrejsende sælger af luksusprodukter,
som han nemt kunne overtale sine kvindelige kunder til at købe til
overpris. Der var således en stor fortjeneste til Yasutoshi – ikke kun
fordi han var selvstændig, men også fordi at han ikke selv havde betalt
for de produkter, han cyklede rundt og solgte til private. Han havde
derimod stjålet disse fra varelagre rundt omkring i Osaka, så han altså
allerede var begyndt at bryde loven ved at udføre tyverier. Og det var
faktisk dette, der senere ville føre til, at Yasutoshi Kamata blev afsløret
som seriemorder.

Yasutoshi brugte en stor del af sin indkomst på at drikke og var derfor
ofte at finde på nogle af Osakas mange barer, hvor han da også havde
fået etableret en fast kundekreds i skikkelse af kvindelige bartendere og
servitricer, som Yasutoshi havde held med at sælge sine dyre produkter
til, fordi han som sælger i høj grad benyttede sig af sin smigrende
personlighed. Af samme grund var det netop kvinder, han udså sig som
sin målgruppe. Og udover at tjene penge på at snakke sig ind på
kvinder så lykkedes det ham også at få lokket nogle af dem med hjem
til sit soveværelse.

En af dem, der valgte at tage med Yasutoshi hjem, var den 46-årige
Fusae, som var ansat på en bar i Osaka, hvor hun den 14. maj 1985 var
alene på vagt, da den 44-årige Yasutoshi ankom til denne for at få sig
en drink. Han faldt dog hurtigt i snak med Fusae og endte med at hænge

ud i baren frem til lukketid, hvor han forlod denne i selskab med kvinden samt to andre kunder.

Sammen tog de fire videre til en restaurant for at få noget at spise, før Yasutoshi besluttede sig for at invitere Fusae med sig hjem til sin lejlighed, hvilket var en invitation, som hun valgte at tage imod, selvom hun ellers både var gift og havde tre børn. Men Fusae var tilsyneladende slet ikke ude på at være sin mand utro. For ved ankomsten til lejligheden, gik det nemlig op for Yasutoshi, at hun ikke var interesseret i at dyrke sex med ham, idet hun afviste ham, straks som han begyndte at gøre tilnærmelser.

Yasutoshi ændrede da fuldkommen karakter, da han i ren vrede tvang sig på Fusae, som stædigt strittede imod, hvilket til sidst fik ham til at gribe fat om kvindens hals for da at kvæle livet ud af hende, så han dermed havde begået sit første drab – og så endda i sit eget hjem. Men netop derfor blev han også nødt til at skille liget af vejen, så hans forbrydelse ikke ville blive opdaget. Problemet var bare, at han boede i et lejlighedskompleks midt i en storby, hvor der var risiko for at støde ind i vidner, som ville blive mistænksomme, hvis de så ham bære rundt på en livløs menneskekrop.

Der var derfor ikke andet at gøre end at dele denne op i mindre stykker, så liget blev nemmere at transportere. Af den grund blev dette trukket ud på Yasutoshis badeværelse, hvor han med brug af en sav og kniv brugte natten på at partere Fusaes krop ved at skære arme, ben og hoved af. Samtlige kropsdele blev herefter lagt i en stor papkasse, som den næste dag blev båret ned fra lejligheden og anbragt i en lejet bil, i hvilken Yasutoshi satte kursen mod vest.

Hér blev Fusaes rester efterladt i et skovområde nær Kobe, hvor de ville ligge uopdaget i et helt årti. Så i denne periode var der altså ingen (udover Yasutoshi), som vidste, hvad der var sket med den 46-årige kvinde, som derfor kun blev efterlyst som en savnet person. Uden beviser, som pegede i retning mod en forbrydelse, kunne politiet nemlig ikke åbne en drabssag, og af den grund blev Fusaes forsvinding heller ikke efterforsket i dybden, hvilket blandt andet havde den konsekvens, at man ikke engang forsøgte at finde ud af, hvem hun sidst havde været sammen med.

Yasutoshi havde åbenbart fået blod på tanden efter at have slået ihjel for første gang. For allerede måneden efter, den 16. juni, begik han sit andet drab, da han under en køretur i Osaka fik øje på den 19-årige Midori, som fangede hans opmærksomhed i en sådan grad, at han skyndte sig at køre ind til siden for at rette henvendelse til den unge kvinde ved at invitere hende på middag.

Yasutoshi kørte rundt i en dyr bil, der dog var lejet. Og da han ovenikøbet tilbød hende noget så fornemt som sushi, valgte Midori at sætte sig ind i bilen for at køre med han hen til en nærliggende sushirestaurant, hvor de to lærte hinanden bedre at kende. Yasutoshi charmerede sig hurtigt ind på Midori, der undervejs fik indtryk af, at han måtte være velhavende. Så efter at have spist færdig indvilligede hun i at tage med ham hjem til hans lejlighed, hvor det på forhånd lå i luften, at de skulle dyrke sex. Men til Yasutoshis store overraskelse bad Midori om at blive betalt 10.000 yen, før hun ville være sammen med ham.

Yasutoshi havde i forvejen brugt tid og penge på at gøre kur til Midori, så det provokerede ham, at han havde fået hende hele vejen med hjem til sin lejlighed, hvor hun så valgte at forlange betaling for noget, han ellers var vant til at få gratis. I rent raseri valgte han derfor at tage livet af hende ved at kvæle hende til døde. Men således stod han i den situation, at han havde endnu et lig, som han var nødt til at skaffe af vejen. Så Midoris krop blev ligeledes parteret og lagt i en papkasse, som Yasutoshi denne gang fragtede til byen Koryo øst for Osaka, hvor kropsdelene blev efterladt i en skov.

Men hér blev de allerede fundet dagen efter, så politiet i dette tilfælde kunne åbne en drabssag og hermed også foretage en dybdegående efterforskning af Midoris forsvinding. Og på den måde fandt man ud af, at hun sidst var blevet set i selskab med en mand på en sushirestaurant i Osaka, som personalet imidlertid kun kunne beskrive som værende "midaldrende".

Dette var desværre ikke nok til at give politiet et signalement af den mistænkte gerningsmand. Så man kom derfor ikke på sporet af Yasutoshi, som alligevel besluttede sig for at overdrage politiet det bevis, som senere ville være med til at fælde ham. Tre måneder efter drabet sendte han nemlig efterforskerne et brev, hvori han under et pseudonym tilstod at have stået bag dette, hvilket blev gjort ved at fremlægge detaljer, som endnu ikke havde været fremme i medierne. Politiet blev derfor overbeviste om, at brevet ganske vist var blevet sendt af Midoris morder. Og via dette kom man i besiddelse af vedkommendes fingeraftryk.

Uden en oplagt mistænkt i kikkerten var det dog ikke muligt at knytte fingeraftrykkene til nogen – heller ikke Yasutoshi, som kortvarigt valgte at flygte til Tokyo, da han fandt ud af, at politiet gik rundt og forhørte sig på nogle af de barer, han var stamkunde hos. Senere vendte han så tilbage til Osaka, hvor han ikke kunne dy sig fra at kræve flere liv, hvorved han opnåede status som seriemorder, da han den 22. januar 1987 begik sit tredje drab. Men faktisk var det en helt anden forbrydelse, som Yasutoshi Kamata havde haft i sinde at udføre på denne dag.

Imens han kørte rundt i Osaka, blev han nemlig grebet af lyst, da han fik øje på den kun 9 år gamle Kumiko, som var på vej hjem fra skole. Yasutoshi planlagde derfor at kidnappe den lille pige, så han kunne forgribe sig på hende, hvilket blev gjort på udramatisk vis, idet han kørte ind til siden for at spørge hende om vej. Og da han i den forbindelse tilbød hende 200 yen for at køre med ham, valgte Kumiko frivilligt at stige ind i bilen, som imidlertid bevægede sig i en anden retning, end den hun pegede imod.

Yasutoshi bragte i stedet pigen med sig hjem til sin lejlighed, hvor det var hans plan at voldtage hende. Men så langt nåede han dog aldrig. For lige som den 46-årige mand begyndte at tage tøjet af hende, gav Kumiko sig til at græde. Og da hun blev ved med at flæbe, selvom han ellers forsøgte at trøste hende, så Yasutoshi sig nødsaget til at gøre hende tavs ved at kvæle hende til døde, fordi han var bange for, at lyden af barnegråd skulle blive hørt af naboerne.

På under to år havde Yasutoshi dermed taget livet af tre mennesker i sin lejlighed. Men Kumikos krop var så lille, at det denne gang ikke var nødvendigt at partere liget, idet Yasutoshi nemt kunne gemme det af vejen i en papkasse, som efterfølgende blev fragtet nordpå, hvor den døde pige blev efterladt i bjergene uden for Osaka. Hér blev de skeletterede rester først fundet den 4. maj samme år, hvilket i den grad chokerede Kumikos forældre, idet de indtil da havde bevaret håbet om, at deres datter stadig var i live, eftersom både de og Kumikos skole modtog en række opkald med krav om løsesum på hele 30 millioner yen i tiden efter pigens forsvinding.

Yasutoshi Kamata var i forvejen kendt af politiet, idet han gentagende gange havde fået bøder for at arbejde som uautoriseret sælger. Og da han i oktober 1989 blev taget i at sjæle produkter fra et varelager i Osaka, resulterede dette i en fængselsdom til manden, som efter endt afsoning blev anholdt for selv samme forbrydelse i august 1991, hvilket i denne omgang førte til en skærpet straf på halvandet års fængsel.

Men politiet kunne desværre ikke vide, at man i virkeligheden havde fået sat en seriemorder bag tremmer. Så da Yasutoshi igen blev løsladt i marts 1993, fik han dermed også mulighed for at kræve flere ofre, hvilket han desværre endte med at gøre, idet han begik sit fjerde drab kun fire måneder senere efter at være flyttet ind i en ny lejlighed i Osaka.

Den 24. juli tog den nu 53-årige Yasutoshi nemlig ud for at drikke på en af byens barer, hvis ejer han i forvejen kendte, idet der var tale om en 45-årig kvinde ved navn Kazue, som var en af hans faste kunder.

Så da Yasutoshi efter lukketid inviterede Kazue med sig hjem, valgte hun at følge med ham hen til hans lejlighed, hvor det på forhånd var aftalt, at de skulle dyrke sex. Men det eneste, som Yasutoshi fik ud af denne aften, var endnu et liv på samvittigheden, idet Kazue pludselig bad om penge, hvilket fik ham til at kvæle hende af bare vrede, præcis som da han otte år tidligere havde taget livet af 19-årige Midori af samme grund.

Ligesom Midori og Fusae blev Kazues lig også parteret og lagt i en papkasse, hvorpå Yasutoshi lejede en bil og kørte nordpå for at efterlade kropsdelene i bjergene uden for Osaka – kun 3 kilometer fra det sted, hvor 9-årige Kumikos lig var blevet fundet i 1987. Men Kazues rester blev dog ikke fundet før næsten et år senere, hvor det tilmed var Yasutoshis femte offer, som fik ledt politiet frem til disse.

I slutningen af marts 1994 stod Yasutoshi nemlig bag endnu et drab, der var stort set identisk med det forrige, idet selv motivet var det samme. Og så var offeret endda også en kvinde, som Yasutoshi havde lært at kende gennem sit arbejde som omrejsende sælger, da der var tale om den 38-årige Kimiko, som arbejdede på en af de restauranter, hvor han jævnligt kom forbi for at sælge sine stjålne produkter. Og det var under et af disse besøg, han valgte at invitere Kimiko med sig hjem til den lejlighed, hvor Kazue var blevet myrdet året forinden.

For Yasutoshi var der således tale om et deja-vu, da Kimiko ligeledes vovede at kræve betaling for sex, hvilket kom til at koste hende livet, da også hun blev kvalt af manden, eftersom det nærmest var blevet hans instinktive reaktion at dræbe kvinder, hvis de ikke havde lyst til ham. Yasutoshi var simpelthen så vant til at forføre det modsatte køn, at han ikke kunne acceptere at blive afvist. Så i stedet for at forgribe sig på sine ofre, ville han hellere straffe dem ved at slå dem ihjel.

Det var samtidig blevet rutine for Yasutoshi at partere sine ofre, så Kimikos lig blev derfor også skåret i stykker, hvorefter det blev transporteret ud af byen i en bil, som Yasutoshi havde lejet til formålet. Og denne gang satte han målrettet kursen mod samme sted, hvor han året før havde efterladt resterne af Kazue, idet disse endnu ikke var blevet fundet. Men dermed ledte han også politiet frem til det forsvundne drabsoffer, da Kimikos parterede lig blev opdaget allerede den 3. april.

Dagen efter gik en efterforsker rundt og gennemsøgte området for spor, da han fik øje på dét, som skulle vise sig at være menneskeknogler. Og eftersom der kun var 150 meter, som adskilte de to ligfund, var der således stor sandsynlighed for, at man havde gøre med den samme gerningsperson. Men så var spørgsmålet, om vedkommende kunne stå bag flere drab. For politiet bed hurtigt mærke i, at Kazue og Kimiko var blevet parteret på samme måde som den 19-årige Midori, hvis rester ellers var blevet fundet et helt andet sted. Men at drabet på hende fortsat var uopklaret fik politiet til at spekulere i, om man muligvis stod med en seriemorder i Osaka, eftersom det tilfældigvis også var herfra, de tre kvinder var forsvundet.

Uden beviser kunne politiet dog ikke opklare en eneste af de tre sager, og af den grund formåede Yasutoshi at leve som en fri mand resten af året og videre ind i 1995, hvor han omsider blev pågrebet, da han den 23. februar blev anholdt og sigtet for ... tyveri. For Yasutoshi blev igen afsløret i at stjæle fra et varelager, og han stod således til at modtage endnu en mild fængselsdom, hvis det da ikke havde været fordi, at politiet fandt ud af, at han tilfældigvis havde en relation til både Kazue og Kimiko.

Der var imidlertid intet, som kunne knytte Yasutoshi Kamata til de to drab. Men da politiet noterede sig hans alder, begyndte de at overveje, om han muligvis kunne være den midaldrende mand, som var blevet set i selskab med Midori, den dag hun forsvandt. Og eftersom man jo havde modtaget et brev fra hendes formodede morder, blev Yasutoshis fingeraftryk sammenlignet med dem, som var blevet fundet på papiret, hvorved det viste sig, at der var tale om et match.

Da Yasutoshi herefter blev konfronteret med politiets beviser imod ham, besluttede han sig for at krybe til bekendelse, idet han ikke kun tilstod drabet på Midori, men også dem på Kimiko, Kazue, Kumiko samt hans første offer Fusae, hvis lig stadig ikke var blevet fundet. Så da Yasutoshi kunne lede politiet frem til dette, blev det set som et afgørende bevis på, at han så sandelig havde været involveret i hendes død, hvilket fik politiet til at offentliggøre nyheden om, at det var lykkedes at fange en seriemorder, som havde formået at være aktiv i ni år, hvor han nåede at kræve fem menneskeliv.

De fem drabssigtelser blev delt op i to retssager, fordi Yasutoshi havde siddet i fængsel imellem det tredje og fjerde drab. Derfor skulle man altså tage højde for, at han var tidligere straffet, mens han havde begået de to sidste drab. Men da retssagen imod ham begyndte året efter, valgte Yasutoshi overraskende nok at trække sin tilståelse tilbage, idet han påstod, at politiet havde tvunget denne ud af ham.

I retten forklarede Yasutoshi, at det derimod var en af hans venner, som havde udført drabene, og at han kun havde hjulpet med at skaffe ligene af vejen, hvilket altså forklarede, hvordan han vidste, hvor Fusaes lig befandt sig. Han erkendte dog, at det ganske vist var ham, som havde sendt brevet til politiet, men igen påstod han, at dette blev gjort på vegne af den ven, som han nægtede at identificere. Og hermed kunne beviserne ikke pege på andre end ham.

Der opstod imidlertid forvirring om, hvem der i det hele taget havde ringet til Kumikos forældre og krævet løsesum efter hendes forsvinding. For selvom Yasutoshi i sidste ende blev dømt for at have stået bag opkaldene, så nægtede han fra start at have noget med dem at gøre, ligesom en analyse af disse kunne påvise, at stemmen ikke var identisk med Yasutoshis.

Så det var altså muligt, at han rent faktisk havde en ukendt samarbejdspartner, som sagtens kunne havde stået bag drabene. Men eftersom opkaldene først blev foretaget, efter Kumiko var blevet efterlyst i medierne, er det også sandsynligt, at en helt anden person forsøgte at tjene penge på pigens forsvinding, idet kravet om løsesum på intet tidspunkt udviklede sig til forhandlinger.

Retten blev overbevist om, at ingen andre end Yasutoshi Kamata kunne stå bag de fem drab, som var blevet begået fra 1985 til 1994, så da han i 1999 blev kendt skyldig i begge retssager, som var blevet ført imod ham, resulterede dette i, at han modtog to dødsdomme. Dog valgte Yasutoshi at anke, så sagerne derfor måtte gå om i 2001, hvor kendelserne endte med at blive de samme. Og da Yasutoshi igen forsøgte at appellere i 2005, blev begæringen denne gang afvist, hvorved de to dødsdomme blev stadfæstet.

Yasutoshi Kamata tilbragte de næste 11 år på dødsgangen, før han blev henrettet som 75-årig den 25. marts 2016 – samme dag som den tidligere sygeplejerske Junko Yoshida, der var blevet dømt som den hovedskyldige, efter hun sammen med tre af sine veninder havde taget livet af to mænd i henholdsvis 1998 og 1999.

Dette er den officielle liste over Yasutoshi Kamadas bekræftede ofre:

Navn	Alder	By	Dræbt
Fusae	46 år	Osaka	14. maj 1985
Midori	19 år	Osaka	16. juni 1985
Kumiko	9 år	Osaka	22. januar 1987
Kazue	45 år	Osaka	24. juli 1993
Kimiko	38 år	Osaka	Marts 1994

1988 - 1989

Otaku-morderen

Tsutomu Miyazaki er blandt Japans mest omtalte seriemordere, fordi han var pædofil og derfor udså sig børn som sine ofre. På under et år nåede han at kidnappe og dræbe fire små piger fra hovedstadsområdet, ligesom han ovenikøbet udførte nekrofile handlinger ved at forgribe sig på deres lig, og Tsutomu Miyazaki blev således en af de mest forhadte mænd i Japan i nyere tid, hvor han alene skabte så meget frygt, at hans forbrydelser endte med at få konsekvenser i samfundet.

Tsutomu Miyazaki blev født den 21. august 1962 i Itsukachi vest for Tokyo, hvor han kom til verden med en misdannelse i sine underarmsknogler – en sjælden lidelse kendt som Congenital Radioulnar Synostosis, hvilket begrænsede motorikken i hans håndled. Dette hæmmede ham dog kun delvist under hans opvækst, men hans forældre hyrede alligevel en mandlig støtteperson, som sammen med Tsutomus bedstefar hjalp til med pasningen af drengen, fordi både hans mor og far havde travlt med at arbejde.

Det var nemlig Tsutomus forældre, som stod for udgivelsen af lokalavisen Akikawa Shimbun, og familien havde derfor høj social status i Itsukaichi, hvilket Tsutomu desværre ikke mærkede meget til i børnehaven og skolen, hvor han grundet sit handikap blev udsat mobning og social udstødelse. Af den grund fik han også svært ved at danne relationer til andre, så han allerede fra barnsben blev en indadvendt enspænder, som mest holdt sig for sig selv.

Tsutomu oplevede heller ikke kærlighed i hjemmet, hvor hans to yngre søstre fik mest opmærksomhed, mens det kun var Tsutomus bedstefar, der udviste drengen omsorg. Så gennem hele sin opvækst var bedstefaren altså Tsutomus eneste form for menneskeligt nærvær, hvorved tabet af ham desværre ville få følelsesmæssige konsekvenser for Tsutomu senere i livet.

I 1981 flyttede Tsutomu Miyazaki som 18-årig hjemmefra, så han kunne tage en toårig universitetsuddannelse i Tokyo, hvor han samtidig begyndte at interessere sig for krydsogtværs. Han blev flere gange udtrukket som vinder efter at have indsendt løsninger til ugeblade, ligesom han tilmed kreerede sine egne krydsogtværser og fik en af disse udgivet i et nummer af magasinet Hot-Dog PRESS.

Efter at have fuldendt sine studier i 1983, blev Tsutomu så ansat på et trykkeri i Kodaira via en anbefaling fra sin onkel. Og da han hermed begyndte at tjene sine egne penge, blev det muligt for ham at dyrke sin sande lidenskab i form af tegnefilm, tegneserier, videospil og videofilm, idet han hen over de kommende år investerede i tusindvis af sådanne medier, ligesom han tegnede sine egne tegneserier og optog sine egne filmklip, hvorved han blev det, der i Japan er kendt som en *otaku*, hvilket er en betegnelse for en passioneret fan af populærkulturelle medier.

Tsutomu foretrak derfor at tilbringe tiden derhjemme alene. Så på arbejdspladsen blev han kendt for at være både asocial og umedgørlig, hvilket resulterede i, at han i 1986 blev forflyttet til en anden by – noget som er temmelig normalt i Japan, hvor man som ansat typisk makker ret og respekterer denne beslutning. Men Tsutomu Miyazaki nægtede dog og udviste sin modvilje ved i stedet at sige op, hvorpå han pludselig stod uden indkomst og således måtte flytte tilbage til sine forældre i en alder af 23 år.

De sørgede imidlertid for, at han fik taget et kørekort, så han kunne hjælpe til i familiens trykkeri ved at levere reklamer og aviser. Og da

Tsutomu blev overtalt til at overtage virksomheden, når hans far en dag gik på pension, blev han belønnet med en mørkegrå Nissan Langley, som han herefter tilbragte størstedelen af sin fritid på at køre rundt i. Men i maj 1988 ramlede den unge mands verden sammen, da hans højtelskede bedstefar døde af en hjerneblødning.

Det pludselige tab var simpelthen for meget for Tsutomu at bære, idet han faldt i et mentalt hul, som han havde svært ved at kæmpe sig fri fra, eftersom hans livslange støtte nu var borte. Og det resulterede desværre i, at han blot gled dybere ind i sig selv, så han til sidst fik låst op for et hidtil undertrykt begær, som han herfra besluttede sig for at få udlevet.

Tsutomu Miyazaki besad nemlig pædofile tilbøjeligheder. Så dagen efter sin 26-års fødselsdag valgte han at få tilfredsstillet sine forbudte lyster, da han mandag den 22. august 1988 kørte en tur gennem byen Iruma i Saitama-præfekturet nord for Tokyo, hvor han fik øje på den kun 4-årige Mari, da hun alene forlod sit hjem for at besøge en legekammerat.

Klokken var 15, så det var højlys dag, da Tsutomu valgte at køre ind til siden og stige ud fra sin bil, før han sikrede sig, at der hverken var andre fodgængere eller trafikanter til stede, da han på åben gade henvendte sig til den lille pige ved at spørge, om hun ikke kunne tænke sig at blive kølet ned i hans bil, eftersom det på dette tidspunkt var over 30 grader varmt. Og da Mari takkede ja, sørgede Tsutomu for at undgå opmærksomhed, idet han først satte sig ind bag rattet, hvor han gjorde tegn til pigen, som frivilligt sprang ind på passagersædet, så det altså på ingen måde lignede en kidnapning.

Men det var lige præcis, hvad der var tale om. For herefter blev Mari bragt med til en skov cirka 50 kilometer derfra, hvor Tsutomu tog den 4-årige pige i hånden og førte hende med sig ind blandt træerne, indtil Mari pludselig begyndte at klynke, hvilket fik Tsutomu til at gå i panik, idet han var bange for, at lyden af gråd skulle blive hørt af nogen. Så i ren og skær desperation greb han fat om Maris spinkle hals og fik gjort hende tavs ved simpelthen at kvæle livet ud af hende.

Efterfølgende tog Tsutomu så tøjet af den døde pige og forgreb sig på hendes lig, som han herefter lod ligge nøgen på skovbunden, inden han i al ubemærkethed forlod skoven og begav sig tilbage til sin bil. Men dagen efter vendte han dog tilbage med et videokamera, med hvilket han optog en video af det nøgne lig, som han igen valgte at krænke ved denne gang at stikke en finger op i pigens underliv. Og båndet med denne væmmelige optagelse blev herefter gemt på hans værelse blandt de tusindvis af andre filmklip, han var i besiddelse af.

I mellemtiden var Mari blevet meldt savnet af sin oprevne far, som ikke kunne forstå, hvor hans datter var blevet af, eftersom der ikke havde været nogen vidner til hendes kidnapning. Så da Mari blev efterlyst i medierne, førte dette heller ikke politiet på sporet af hende. Og pigens forældre måtte derfor leve med den konstante frygt for, at hun muligvis kunne være blevet slået ihjel, hvilket desværre blev bekræftet af ingen ringere end morderen selv.

Den 6. februar 1989 fandt Maris far nemlig en papkasse på sit dørtrin med en påsat seddel, hvorpå der stod: ”真理 遺体 焼 証明 鑑定”, hvilket kan oversættes til ”Mari - knoglerester - brændt – bevis – undersøgelse”. For i æsken befandt sig simpelthen en bunke aske samt noget, der ganske vist lignede knoglestumper. Men det var fundet af ti intakte tænder, der for alvor fik overbevist pigens far om, at han så sandelig havde fået leveret resterne af sin datter, der var blevet reduceret til ikke at veje mere end 220 gram.

I første omgang konkluderede politiet dog, at hverken tænder eller knogler tilhørte Mari, hvilket endda blev annonceret på et pressemøde, hvor Maris forældre ligeledes var til stede og udtrykte håb om, at deres datter fortsat kunne være i live. Men dette håb fik politiet hurtigt slukket, idet man indkaldte til et nyt pressemøde, hvor efterforskerne måtte erkende, at der beklageligvis var blevet begået en fejl under de retsmedicinske undersøgelser.

For asken stammede skam fra Mari, hvis skeletterede lig havde ligget uopdaget i et halvt år, før Tsutomu Miyazaki i midten af januar besluttede sig for at hente de tilbageværende knogler og bringe disse med sig hjem til sine forældres hus, hvor han kremerede dem på et bål i haven. Asken blev så hældt i en papkasse, som Tsutomu personligt fragtede til Iruma og anbragte foran Maris hjem.

Og hermed stod det også klart, at den 4-årige pige med stor sandsynlighed var blevet et offer for en forbrydelse, hvilket da også viste sig at være tilfældet, idet både pigens forældre og avisen Asahi Shimbun modtog et brev indeholdende et billede af Maris lig samt en håndskrevet tilståelse fra Tsutomu Miyazaki.

Han nemlig fulgt med i pressemødet, hvor Maris forældre fortalte, at de stadig håbede på at få deres datter hjem i live, efter at politiet havde konkluderet, at asken ikke tilhørte hende. Men inden denne udmelding blev rettet, skyndte Tsutomu sig altså at skrive og sende de to breve, hvori han på detaljeret vis beskrev, hvornår og hvordan kidnapningen og drabet på Mari havde fundet sted, så der ikke kunne være tvivl om, at hun rent faktisk var blevet slået ihjel. Dog benyttede han sig af et pseudonym, idet der på de to konvolutter var angivet en afsender ved navn Yuko Imada fra byen Tokorozawa – en person, som slet ikke eksisterede.

Ved at analysere håndskriften kunne politiet ikke desto mindre se, at afsenderen muligvis led af en form for sygdom eller deformitet i hænderne, eftersom tegnene var kendetegnet ved at besidde en slags stivhed, hvilket jo skyldtes, at Tsutomu ikke kunne dreje sine håndled. Så han havde altså overdraget efterforskerne et håndgribeligt bevis, som senere kunne blive brugt imod ham. Men først skulle han altså lige pågribes.

Det tydede da også på, at Tsutomu Miyazaki gerne ville gøre opmærksom på sig selv, siden han havde valgt at afsløre sandheden bag Maris forsvinding, som hidtil havde været en gåde i et halvt år. Og i mellemtiden havde han endda nået at stå bag drabene på to andre piger, så han dermed var blevet en aktiv seriemorder.

Mandag den 3. oktober 1988 var Tsutomu nemlig taget på endnu en køretur til Saitama-præfekturet, hvor han i løbet af eftermiddagen ankom til byen Hanno og hér fik øje på den 7-årige Masami, mens hun gik alene rundt på gaden. Og da Tsutomu kørte ind til siden for at spørge hende om vej, tilbød han pigen, at hun kunne køre med ham, hvilket hun valgte at gøre, da hun frivilligt satte sig ind på passagersædet.

Men Tsutomu fulgte overhovedet ikke Masamis anvisninger, idet hun i stedet blev bragt med til den samme skov, hvor Mari var blevet myrdet i slutningen af august. Og kun 100 meter fra den lille piges lig blev Masami ligeledes kvalt, hvorpå Tsutomu fjernede hendes tøj og forgreb sig på hende ved at pille ved hendes kønsorganer. Men da pigens nervesystem stadig var aktivt og pludselig fik hendes krop til at spjætte, blev Tsutomu så skræmt, at han skyndte sig at flygte fra skoven uden at fuldbyrde sit overgreb.

Hans lyster var derfor ikke blevet stillet. Så to måneder senere – fredag den 9. december – tog Tsutomu på rov igen, da han atter kørte til Saitama-præfekturet og denne gang tog turen gennem byen Kawagoe, hvor han sent på eftermiddagen fik øje på den 4-årige Erika, som legede ude foran sit hus. Og da Tsutomu kørte ind til siden, valgte han denne gang at benytte samme taktik, som dengang han kidnappede Mari. Forskellen var bare, at det nu var blevet koldt. Så da han henvendte sig til Erika, var det for at invitere hende med ind i sin bil, så hun kunne varme sig.

Da den lille pige hoppede ind på bagsædet, trådte Tsutomu dog på speederen og kørte ud af byen. Og da det dermed gik op for Erika, at hun blev ført væk fra sine forældre, begyndte hun at græde, så Tsutomu måtte køre ind på en parkeringsplads i et naturområde for at trøste hende. Men da hun samtidig blev bedt om at smide tøjet med den begrundelse, at de skulle ud at bade i en varm kilde, brød pigen igen ud i gråd, da Tsutomu hev et kamera frem og begyndte at tage billeder af hende.

Da Erika herefter viste sig at være utrøstelig, valgte Tsutomu at kravle om på bagsædet og kvæle hende ihjel af frygt for, at nogen skulle komme forbi og høre hende græde. Men han havde tonet sine ruder, så man derimod ikke kunne se, hvad der foregik inde i bilen, hvor den 26-årige mand efterfølgende forgreb sig på det nøgne lig, før han pakkede det ind i et lagen og anbragte det i bagagerummet.

Efter at have skilt sig af med Erikas tøj nær parkeringspladsen kørte Tsutomu bort fra denne. Men han havde tilsyneladende så travlt med at komme væk, at han helt glemte at holde øje med vejen, idet bilen pludselig skred ud i grøften, hvor det var umuligt for han at komme fri igen. Så Tsutomu måtte indstille kørslen og tænde for katastrofelygterne, inden han hentede Erikas lig fra bagagerummet og fortsatte videre til fods.

Heldigvis for ham var der dog en skov i nærheden, hvor Tsutomu besluttede sig for at efterlade den døde krop inde blandt træerne, hvorpå han vendte tilbage til sin bil med lagenet i hånden. Men i mellemtiden var uheldet blevet opdaget af nogle forbipasserende bilister. Så da Tsutomu blev mødt af to mænd, der spurgte om han havde brug for hjælp, måtte han holde hovedet koldt, da han lagde lagenet tilbage i bagagerummet med beskeden om, at han var kørt fast.

De to mænd hjalp da Tsutomu med at trække bilen fri, hvorefter de lod ham køre videre og forsvinde ud i mørket. For de kunne desværre ikke vide, at de i virkeligheden var stødt ind i en børnemorder, som netop havde taget livet af sit tredje offer. Men de var ikke desto mindre endt med at blive vidner, som senere kunne give politiet en beskrivelse af Tsutomu Miyazaki såvel som hans bil, efter fundet af Erikas tøj førte til, at hendes lig blev opdaget lige i nærheden kun få dage senere.

Hermed blev politiet i Saitama-præfekturet også overbeviste om, at man stod med en seriemorder, der udså sig små piger som sine ofre, idet tre piger var forsvundet fra tre forskellige byer i løbet af fire måneder. Og nu var den ene af dem fundet dræbt, hvorved eftersøgningen gik ind på gerningspersonen, der i medierne fik tilnavnet Pigemorderen.

Men fordi man mente, at man måtte have at gøre med en lokal seriemorder, så tænkte man ikke på at udvide efterforskningen, som i stedet blev centreret til Saitama-præfekturet. Og dette kunne Tsutomu følge med i i nyhederne, så han dermed blev klar over, at det var risikabelt at vende tilbage dertil, idet politiet jo var kommet i besiddelse af hans signalement samt det bilmærke, han kørte rundt i.

Tsutomu Miyazaki indstillede derfor sine forbrydelser for en stund, alt imens han vendte blikket mod dem, han i forvejen havde begået. For det var, da Erikas far optrådte på TV og udtrykte sin glæde over, at han trods alt kunne begrave sin datter, at Tsutomu besluttede sig for at finde frem til ligene af Mari og Masami, så han kunne sørge for, at de to piger ligeledes kunne blive stedt til hvile.

Men da han tog tilbage til skoven, kunne han altså kun finde frem til resterne af Mari, hvis knogler han kremerede og overdrog til hendes familie i februar 1989. Da Maris forældre senere offentliggjorde, at deres datter skulle begraves den 11. marts, modtog både de og avisen Asahi Shimbun så endnu et håndskrevet brev fra Tsutomu Miyazaki, som igen kaldte sig for Yuko Imada, da han for det første takkede for Maris begravelse, inden han udgav sig for at være en kvinde, der selv havde mistet et barn, som hun havde begravet under sit hus. Og det var også hér, hun påstod at have begravet Mari, før hun besluttede sig for at levere hendes jordiske rester tilbage til hendes forældre.

Men hvor det var fundet af Erikas lig, der oprindeligt havde fået Tsutomu til dette, så forsøgte han at skjule sin forbindelse til pigens død ved i stedet at henvise til en uopklaret drabssag i nabo-præfekturet Gunma, hvor man i september 1988 fandt barneknogler, der viste sig at stamme fra en 8-årig pige ved navn Tomoko, som var forsvundet i 1987.

Det var imidlertid svært at identificere knoglerne, så der gik lang tid, før det kom frem, at de tilhørte Tomoko. Så for at sikre sig at et andet barnelig fejlagtigt blev identificeret som Mari, besluttede "Yuko Imada" altså at sende hendes aske hjem, så hun samtidig kunne få en rigtig begravelse. For Tsutomu bildte også Maris forældre ind, at han kendte dem og derfor boede i nærheden, hvilket blot var endnu en falsk påstand i forsøget på at lede politiet på afveje.

Faktisk var Tomoko ikke den eneste pige, hvis lig blev fundet i Gunma-præfekturet. Fra 1979 til 1996 var der nemlig fem piger i alderen 4-8 år, som forsvandt fra nabobyerne Ashikaga og Ota, hvoraf fire af disse efterfølgende blev fundet dræbt. Så noget tyder altså på, at man i Kanto-regionen kan have haft to aktive seriemordere, der udså sig små piger som ofre, idet Tsutomu Miyazaki i samme periode begik sine forbrydelser 60 kilometer derfra.

Der er derfor blevet spekuleret i, om Tsutomu Miyazaki ligeledes kunne have stået bag drabet på Tomoko og/eller nogle af de andre piger, som i så fald ville have været hans første ofre. Men eftersom de to sidste drab blev begået efter hans anholdelse, er det mere tænkeligt, at en anden person stod bag kidnapningerne af de fem piger, idet ingen af sagerne nogensinde er blevet opklaret.

De tre pigedrab i Saitama-præfekturet forblev ligeledes uopklarede frem til sommeren 1989, hvor Tsutomu Miyazaki igen følte behov for at realisere sine seksuelle fantasier, da han fra nu af undlod at køre til Saitama-præfekturet for i stedet at holde sig i hovedstadsområdet. Men da han i begyndelsen af juni tog hen til en skole i byen Akishima, hvor han overtalte en pige til at smide sine trusser, så han kunne tage billeder af hende, blev dette overværet af en voksen, så Tsutomu måtte skynde sig tilbage til sin bil og flygte derfra. Og selvom hændelsen godt nok blev indberettet til politiet, så ville man desværre ikke nå at pågribe ham, før han få dage senere begik sit fjerde drab.

Torsdag den 6. juni 1989 kørte Tsutomu nemlig rundt i Tokyo, da han i løbet af aftenen fik øje på den 5-årige Ayako, som legede alene i en park. Og da Tsutomu henvendte sig til hende med sit kamera i hånden, fik han overtalt hende til at komme med ind på bagsædet af sin bil under påskud af, at han manglede en model at tage billeder af.

Tsutomu satte sig imidlertid bag rattet og satte kursen ud af byen. Men efter 800 meters kørsel standsede han bilen for at give Ayako noget tyggegummi, og da pigen i den forbindelse spurgte, hvad der var galt med hans hænder, fik dette Tsutomu til at miste besindelsen, idet han omgående valgte at kvæle hende til døde.

Liget blev herefter bundet fast med reb og pakket ind i et lagen, før det blev anbragt i bagagerummet. Men denne gang havde Tsutomu dog ikke tænkt sig at efterlade det i en skov. I stedet bragte han nemlig sit offer med hjem til sit værelse i sine forældres hus i Itsukaichi, hvor han først tog tøjet af Ayako, før han vaskede hende med en klud, inden han til sidst begyndte at onanere og forgribe sig på den døde krop, alt imens han filmede overgrebet med et videokamera.

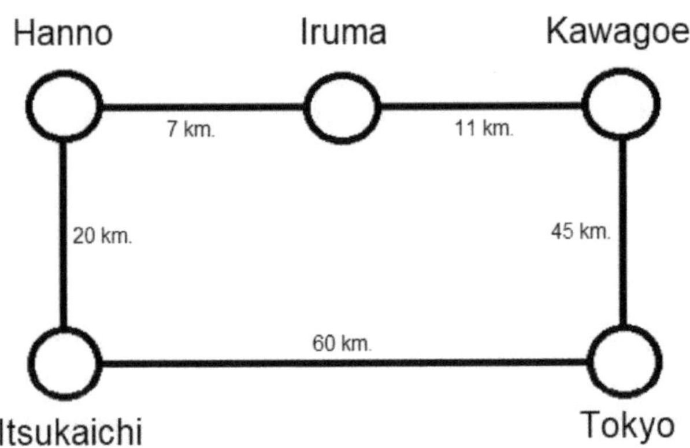

Ovenstående illustration viser Tsutomu Miyazaki og hans fire ofres hjembyers beliggenhed i forhold til hinanden samt afstanden imellem dem.

Ayakos lig blev dækket til med lagener og gemt af vejen på Tsutomus værelse, indtil to dage senere, hvor kroppen allerede gik i forrådnelse og således begyndte at lugte, hvilket fik Tsutomu til at indse, at han var nødt til at skille sig af med den. Han hentede derfor en kniv og en sav og gav sig til at partere liget ved at skære hoved, arme og ben af kroppen, som han i løbet af natten fragtede til Hanno, hvor denne blev efterladt på en gravplads.

Ifølge Tsutomu stegte han desuden pigens hænder, så han kunne spise kødet i håb om, at dette ville kurere hans fysiske skavanker, før både de og de resterende kropsdele blev maltrakteret og efterladt i et naturområde få hundrede meter hans hjem. Men da Maris krop blev fundet dagen efter, valgte Tsutomu at hente ligresterne og pakke disse i en taske, som han efterfølgende opbevarede i sine forældres hjem, før han den 27. juni besluttede sig for at sprede dem rundt i bjergene.

Eftersom Ayakos kidnapning var fundet sted i Tokyo, mens hendes lig tilmed var blevet parteret, så var det umiddelbart ikke muligt at knytte dette drab til de tre uopklarede sager fra Saitama-præfekturet. Men på under et år var fire små piger ikke desto mindre forsvundet i og omkring hovedstaden, hvorved der opstod en form for moralsk panik, idet japanske forældre blev bange for at lade deres børn gå alene på gaden – noget som hidtil havde været helt normalt, men som herfra blev mindre udbredt, fordi man ganske enkelt frygtede, at de skulle blive ofre for en mulig seriemorder.

Denne frygt skyldtes i høj grad, at Tsutomu Miyazaki var aktiv i hovedstadsområdet, hvor han slog til med få måneders mellemrum, hvorved han alene skabte utryghed blandt millioner af mennesker. Og der var derfor også tale om en historie, som længe fik mediernes opmærksomhed, hvilket hidtil ikke havde været tilfældet med andre drabssager involverende små børn. Heller ikke de føromtalte pigedrab i Gunma-præfekturet, som altså ikke resulterede i paniktilstande i samfundet – ikke engang på et lokalt plan, selvom drabene ellers fandt sted i de to samme byer, fordi dette skete med flere års mellemrum.

Anderledes forholdt det sig altså i sommeren 1989, hvor der pludselig blev sat fokus på børns sikkerhed i en sådan grad, at de herfra blev opfordret til ikke at gå rundt alene. Og dette endte da også med at føre til Tsutomu Miyazakis anholdelse, da han søndag den 23. juli kørte til byen Hachioji, hvor han havde tænkt sig at forgribe sig på endnu en pige. Men fordi han ikke kunne få øje på nogen, som var alene, udså han sig i stedet to søstre, som sammen var ude at lege i nærheden af deres hjem.

Den ældste af disse var dog 9 år og havde derfor ikke Tsutomus interesse. Så da han steg ud fra sin bil og henvendte sig til de to piger, bad han storesøsteren om at gå væk, så han kunne være alene med hendes lillesøster. Men pigen løb i stedet hjem til sine forældre for at fortælle, hvad der var sket, og mens faderen bad sin kone om at ringe efter politiet, ilede han selv hen til sin yngste datter, som stod nøgen på gaden, da han nåede frem og så, hvordan Tsutomu var i færd med at tage billeder af hende.

Pigens far gik omgående til angreb på Tsutomu, som skyndte sig at flygte fra stedet med den vrede mand i hælene. Men netop som han ankom til sin bil, blev han passet op af den betjent, som i mellemtiden var blevet tilkaldt, og den 26-årige Tsutomu Miyazaki blev således anholdt og sigtet for overgrebet på et barn, indtil det under afhøringerne skulle vise sig, at man simpelthen havde fået fat i den famøse pigemorder.

Både medier og borgere var overbeviste om, at den berygtede seriemorder omsider var blevet pågrebet, hvilket politiet da også formodede, idet Tsutomu tilfældigvis kørte rundt i en Nissan Langley – samme bilmærke som var blevet observeret i forbindelse med drabet på Erika. Så da Tsutomu blev afhørt, var det med henblik på at få ham til at tilstå sine forbrydelser, hvilket han med tiden besluttede sig for at gøre, da han erkendte at stå bag de fire hidtil uopklarede drab på Mari, Masami, Erika og Ayako, der som ventet viste sig at være blevet begået af den samme gerningsmand, som nu endelig var blevet fanget, så lettelsen dermed kunne indfinde sig hos de japanske forældre.

Masamis lig og Ayakos resterende kropsdele blev først lokaliseret efter Tsutomus tilståelse, og det samme gjorde Maris hænder og fødder, som rovdyr havde fået adskilt fra resten af hendes krop, så de derfor ikke var blevet kremeret. Og med disse fund stod det klart, at Tsutomu Miyazaki uden tvivl måtte have stået bag pigernes død.

Straks som tilståelsen var blevet givet opsøgte de japanske medier da også hans hjem i Itsukaichi for at dokumentere hans leveforhold. Og da hans far i den forbindelse tillod journalister og fotografer adgang til sin søns værelse, blev billeder fra dette bragt på TV, så japanske seere fik indblik i Tsutomus enorme samling bestående af lige knap 5.800 videobånd samt et utal af tegneserier.

Så da man hermed fandt ud af, at han var en såkaldt *otaku*, opstod der en helt ny form for moralsk panik i samfundet, fordi man fra mediernes side antog Tsutomus livsstil for at være forklaringen bag hans forbrydelser, idet han blev portrætteret som en asocial introvert, som havde fordybet sig så meget i fantasiverdener, at han tilsyneladende havde mistet sin virkelighedsopfattelse og dermed også etiske sans.

Tsutomu Miyazaki fik derfor et nyt øgenavn: Otaku-morderen, og blev samtidig betragtet som et levende bevis på populærkulturelle mediers skadelige effekt, hvilket resulterede i en decideret hetz mod det japanske *otaku*-miljø, som herfra blev tillagt negative værdier som følge af en udbredt foragt blandt det japanske folk. Og det samme gjorde producenterne af både tegnefilm, videospil og tegnefilm, som blev beskyldt for at fremavle psykopater ved at forvrænge folks virkelighedsbillede og dermed svække deres sociale kompetencer.

Dette fik meget hurtigt konsekvenser på samfundsniveau, idet gyserfilm blev bandlyst på TV umiddelbart efter Tsutomus anholdelse, mens tegneserier blev censureret for at nedtone nøgenhed og vold. For medierne lagde i høj grad vægt på, at der blandt Tsutomus ejendele var blevet fundet tegneserier og videofilm med pornografisk indhold og grafiske voldscener, hvilket man mente måtte have stimuleret hans fantasi og aktiveret hans perverse lyster, til trods for at disse genstande kun udgjorde en nærmest ubetydelig del af hans samling.

Majoriteten af de mange videobånd var eksempelvis harmløse optagelser af alt fra tegnefilm og TV-udsendelser til reklamer og trivielle hjemmevideoer. Men da politiet gik i gang med at gennemse de tusindvis af bånd, fandt man imidlertid også de klip, som Tsutomu havde lavet af sig selv, imens han forgreb sig på sine ofre, hvilket var håndgribelige beviser, der direkte knyttede ham til forbrydelserne, så der nu ikke længere kunne herske tvivl om hans skyld.

Tsutomus far nægtede da også at betale for en advokat til sin søn, ligesom han besluttede sig for at sælge sit hus, så pengene kunne gå til de efterladte. Grundet bygningens ry blev den dog senere revet ned og stedet omdannet til en parkeringsplads, imens familien Miyazaki, som tidligere havde været højtrespekterede mennesker, blev udstødt fra lokalsamfundet, hvor de blev udsat for både chikane og trusler, så de allerede i august 1989 valgte at lukke deres trykkeri og stoppe udgivelsen af Akikawa Shimbun.

Tsutomus ene søster måtte desuden afbryde sin uddannelse, og den anden aflyste sit forestående bryllup, mens flere familiemedlemmer så sig nødsaget til at opsige deres stillinger og rejse til andre egne af landet, fordi de blev kendte for at være beslægtede med Japans mest forhadte mand. Og særligt Tsutomus far var mærket af skam i en sådan grad, at han i 1994 tog livet af sig selv ved at springe ud fra en bro.

På dette tidspunkt var retssagen mod Tsutomu Miyazaki nemlig i fuld gang. Og da han erklærede sig for skyldig i alle anklager, gav han samtidig sin familie og samfundet skylden for sine forbrydelser, idet han følte sig alene og stigmatiseret grundet sit handikap. Men selv i retten blev hans tilværelse som *otaku* bragt op og benyttet som argument for, hvordan han var endt med at blive en pædofil børnemorder, da udvalgte eksemplarer af tegneserier og videofilm fra hans personlige samling blev inddraget som bevismateriale imod ham.

Dog blev det i sidste ende besluttet, at forklaringen på Tsutomu Miyazakis adfærd ikke skulle findes ud fra et livsstilsmæssigt perspektiv men derimod et psykologisk. Og derfor blev tre selvstændige ekspertgrupper sat til at foretage mentalundersøgelser af manden, hvilket imidlertid førte til tre forskellige konklusioner.

Mens den ene gruppe mente, at Tsutomu led af skizofreni, så var den anden overbevist om, at han havde en personlighedsforstyrrelse, hvorimod den tredje erklærede ham for rask nok til at blive stillet til ansvar for sine handlinger. Det samme gjorde retten, så i 1997 modtog Tsutomu Miyazaki sin længe ventede dom i form af en dødsstraf. Men denne valgte han hurtigt at anke, hvilket skulle vise sig at være forgæves, da hans ansøgning om en appelsag først blev afvist i 2001 og derefter i 2006, hvorved den oprindelige dom altså stod ved magt.

Allerede to år senere blev Tsutomu henrettet, da han den 17. juni 2008 blev hængt i en alder af 45 år, hvilket i sig selv var et udtryk for, at hans forbrydelser blev anset for at være utilgivelige. På dette tidspunkt var man desuden begyndt at forholde sig til *otaku*-miljøet på mere nuanceret vis, idet man gennem årene havde erkendt, at det ikke er populærkulturelle medier, som er skadelige, men derimod de sociokulturelle forhold, der er afgørende for et menneskes mentale udvikling.

Som Tsutomu selv gav udtryk for, så var han givetvis blottet for sympati over for andre mennesker, fordi han kun havde oplevet begrænset omsorg under sin opvækst, hvor han grundet sit handikap også blev udsat for social udstødelse fra en tidlig alder, hvilket var faktorer, som man i sin tid undlod at forholde sig til, idet man i stedet bekræftede hans syn på samfundet ved at dæmonisere ham som en social afviger – denne gang grundet hans livsstil.

Dette er den officielle liste over Tsutomu Miyazakis bekræftede ofre:

132

Navn	Alder	By	Dræbt
Mari	4 år	Iruma	22. august 1988
Masami	7 år	Hanno	3. oktober 1988
Erika	4 år	Kawagoe	9. december 1988
Ayako	5 år	Tokyo	6. juni 1989

1992 - 1993

Menneske-afliveren

Da Yoshinori Ueda en dag var en tur forbi dyrlægen, kom han i besiddelse af et usædvanligt mordvåben, idet han fik udleveret det muskelafslappende middel, som blev benyttet til at aflive dyr. Men dette valgte han i stedet at anvende på mennesker, så Yoshinori Ueda på den måde endte med at blive seriemorder, da han på mindre end halvandet år tog livet af fem personer.

Yoshinori Ueda blev født den 14. august 1954 i Sakai syd for Osaka, hvor han voksede op som den ældste søn i en velhavende familie. Allerede som barn elskede Yoshinori dyr, men hans forældre gav ham desværre ikke lov til at få et kæledyr, så derfor besøgte han ofte byens dyrlæger, hvor han både kunne se og røre ved blandt andet katte og hunde, som var hans yndlingsdyr.

Som den ældste søn var det forventet, at Yoshinori overtog familiens alkoholforretning, som han af den grund begyndte at arbejde i, efter han havde forladt gymnasiet. Men dette var ikke et job, som tiltalte Yoshinori, der i stedet besluttede sig for at blive selvstændig, da han sammen med en ven startede en lille salgsvirksomhed, som imidlertid gik konkurs med en samlet gæld på 30 millioner yen.

Yoshinoris far havde ydet ham økonomisk støtte, så han kunne åbne sit eget firma, så han valgte også at betale gælden af på sin søns vegne. Men efterfølgende forsøgte Yoshinori sig med yderligere to virksomheder, som ligeledes gik konkurs, hvilket denne gang resulterede i en gæld på hele 70 millioner yen. I et desperat forsøg på at blive gældfri uden sin fars hjælp valgte Yoshinori i al hemmelighed at sælge sin farmors aktier. Og lige så snart hans far fandt ud af dette, besluttede han sig for at straffe sin voksne søn ved at forvise ham fra familien.

Yoshinori endte herefter ud i en ustadig tilværelse præget af økonomiske vanskeligheder, da han for første gang i sit liv var overladt til sig selv, hvilket betød, at han samtidig havde svært ved at finde fast arbejde. I 1988 blev han ikke desto mindre ansat som lastbilchauffør hos et fragtfirma. Og selvom det godt nok var et hårdt arbejde med en dårlig løn, så var der alligevel et enkelt lyspunkt, som Yoshinori kunne glæde sig over. For nu hvor han var fri til at gøre, hvad han ville, kunne han omsider anskaffe sig den hund, som han altid havde drømt om, da han købte en schæfer.

Yoshinoris kærlighed til dyr var nemlig stærkere end hans respekt for mennesker. Og det skulle inden længe vise sig, at han havde så lidt medfølelse for sine medmennesker, at han ikke havde noget problem med at ophæve andres liv i bestræbelsen efter at forsøde sit eget.

I begyndelsen af 1992 opsagde den nu 37-årige Yoshinori Ueda sin stilling som lastbilchauffør, idet han i stedet ville forsøge at tjene penge på sin passion for hunde, da han valgte at udnytte det såkaldte kæledyrsboom, som man i Japan oplevede på dette tidspunkt, hvor det blev populært at anskaffe sig hunde eller katte, så efterspørgslen derfor steg. Af den grund købte Yoshinori en stor landejendom i byen Shiojiri i Nagano-præfekturet, hvor han havde tænkt sig at åbne sin egen kennel og ernære sig som hundetræner.

Men ejendommen krævede en del istandsættelse, før den kunne blive omdannet til en kennel. Så Yoshinori havde brug for kapital, hvis hans planer skulle realiseres. Men så var det jo heldigt, at han i forvejen havde knyttet forbindelse til mange andre hundeelskere, som han fik overtalt til at yde et bidrag. Problemet var bare, at de folk var mennesker. Og hvis det var noget, som Yoshinori ikke brød sig om, så var det mennesker.

Dette had var medvirkende til, at Yoshinori Ueda ville ende med at blive seriemorder, samtidig med at han forsøgte at udleve sin drøm om at blive hundetræner. Og mordvåbnet, som blev benyttet under hans forbrydelser, kom han i besiddelse af hos ingen ringere end sin egen dyrlæge, hvor han i juni 1992 var på en lille visit, da en anden mand kom forbi med en hvalp, som han ikke kunne få solgt og derfor gerne ville have aflivet.

Yoshinori havde aldrig før set en aflivning og fik således lov at overvære dette. Men synet af det levende væsen, som sov stille ind efter at have modtaget en simpel indsprøjtning, fik ham til at tænke i helt andre baner, da det gik op for ham, at der jo var tale om det perfekte våben, hvis han nogensinde fik lyst til at slå nogen ihjel. Og det forholdt sig sådan, at han endda allerede havde en bestemt person i kikkerten.

Selvom det ellers var forbudt, så fik Yoshinori overtalt dyrlægen til at udlevere en æske ampuller indeholdelse det muskelafslappende middel kaldet suxamethon, idet han som kennelejer gerne selv ville have mulighed for at aflive sine hunde, når det en dag blev nødvendigt. Men dette var ikke andet end en løgn, for i virkeligheden havde Yoshinori altså i sinde at benytte sig af det dødelige præparat på mennesker. Og hans første offer var den 25-årige Hiroshi, der ligesom Yoshinori stammede fra Sakai.

Hiroshi var nemlig en af Yoshinoris tidligere kolleger fra det fragtfirma, hvor han havde været ansat som lastbilchauffør. Og hér havde de to sådan set haft et godt forhold til hinanden, indtil Hiroshi en dag afslørede over for Yoshinori, at han var homoseksuel, hvilket var en hemmelighed, som Yoshinori ikke kunne holde for sig selv, idet han efterfølgende valgte at røbe Hiroshis seksualitet på arbejdspladsen.

Umiddelbart efter sagde Yoshinori op, så Hiroshi aldrig rigtig nåede at konfrontere ham. Men da han i maj 1992 stødte ind i Yoshinori på gaden, besluttede den 25-årige mand sig for at overfuse ham med beskyldninger, hvilket endte i et ophedet skænderi mellem de to tidligere kolleger, før Yoshinori valgte at give Hiroshi en længe ventet undskyldning, hvorefter de igen gik hver til sit.

Og det var denne hændelse, som fortsat nagede Yoshinori, der mest af alt følte sig ydmyget efter det lille optrin. Så da han måneden efter blev givet ampullerne indeholdende suxamethon, havde han allerede planer om, at dette skulle bruges til at slå Hiroshi ihjel.

I begyndelsen af juli ringede Yoshinori til Hiroshi for at invitere ham med ud at drikke, så de på den måde kunne begrave stridsøksen. Men dette var ikke andet end en fælde, der havde til formål at føre Hiroshi i kløerne på Yoshinori, der sørgede for at medbringe sovepiller, som han på forhånd havde tænkt sig at proppe i den unge mands drink, så han intetanende kunne få frarøvet livet.

Da Hiroshi blev samlet op i Yoshinoris bil, beklagede han sig dog over at have ondt i maven. Så allerede på det tidspunkt besluttede Yoshinori sig for at give ham sovepillerne, som Hiroshi frivilligt valgte at indtage, idet han blev bildt ind, at var tale om medicin mod mavegener. Herefter faldt Hiroshi i en dyb søvn, som han desværre aldrig vågnede fra igen. For Yoshinori valgte simpelthen at realisere sine intentioner om at tage livet af manden præcis som planlagt, da han kørte de mere end 300 kilometer til kennelen i Shiojiri, hvor Hiroshi fik indsprøjtet en dødelig dosis suxamethon, så han i løbet af ganske kort tid udåndede i søvne.

Hiroshis lig blev begravet på grunden. Og inden måneden var omme, ville Yoshinori have opnået status som seriemorder, da to andre mænd blev dræbt på lignende vis. Herfra fandt han det nemlig belejligt at skille sig af med de folk, som han af den ene eller anden grund havde noget imod. Og den næste person, som måtte lade livet, var den 35-

årige Sanpei fra Osaka, som Yoshinori havde lært at kende i 1991 gennem hundemagasinet Aiken no Tomo.

Sanpei var nemlig også glad for hunde, så han var en af de personer, som Yoshinori tog kontakt til i forsøget på at skaffe investorer, som var villige til at indskyde penge i hans nyopstartede kennel. Sanpei valgte i den forbindelse at overføre 3 millioner yen til Yoshinori, før han den 26. juli tog en tur til Shiojiri for at se, hvordan pengene blev forvaltet. Men dette blev samtidig dagen, hvor han sidst blev set i live, for Yoshinori havde kun været ude efter Sanpeis penge, så efter at have fået dem besluttede han sig for at slå manden ihjel, hvilket skete ved, at han blev givet en drink indeholdende sovepiller, inden han ligesom Hiroshi modtog et skud suxamethon efter at være faldet i søvn.

Selvom Yoshinori havde både penge og lyst til at opbygge en kennel, så gad han alligevel ikke bruge energi på sit eget projekt. Så dagen efter drabet på Sanpei kørte han til Osaka for at erhverve sig billig arbejdskraft, da han opsøgte en anden af sine gamle kolleger: den 22-årige Koh, som på dette tidspunkt var blevet arbejdsløs, hvilket var grunden til, at Yoshinori henvendte sig til lige netop ham med et jobtilbud, som den unge mand straks valgte at tage imod.

Koh kontaktede derfor sin familie for at fortælle, at han havde fundet et arbejde i en anden by, før han sammen med Yoshinori tog videre til kennelen i Shiojiri. Men allerede tre dage senere valgte Yoshinori at kræve sit tredje offer med brug af sovepiller og suxamethon, da der opstod en uoverensstemmelse mellem ham og Koh grundet lønforholdene, idet Yoshinori ganske enkelt ikke havde i sinde at betale ham for hans arbejde.

Til trods for at de tre mænd ellers blev meldt savnet, så var det ikke muligt for politiet at kæde deres forsvindinger til Yoshinori Ueda, som herefter indstillede sine forbrydelser i over et år, før han i efteråret 1993 genoptog sin karriere som seriemorder ved denne gang at slå to kvinder ihjel. Og det næste offer i rækken var den 47-årige Sachiko fra Osaka, som Yoshinori havde lært at kende hos deres fælles dyrlæge.

Da han på ny så sig nødsaget til at spørge rundt efter investeringer, valgte han nemlig at kontakte Sachiko, som besluttede sig for at støtte Yoshinori ved at overdrage ham 500.000 yen i kontanter, da hun den 26. oktober 1993 besøgte ham i hans private hjem i byen Yao uden for Osaka. Men efter at have givet ham pengene måtte Sachiko samtidig tage afsked med livet, idet også hun blev bedøvet med brug af sovepiller, hvorpå hun blev givet en dødelig dosis suxamethon.

Dog havde Yoshinori tænkt sig at begrave Sachikos lig ved kennelen i Shiojiri sammen med hans andre ofre, så den døde krop blev derfor lagt i et metalskab, som han anbragte i varerummet på sin bil. Men hér befandt liget sig stadig, da han tre dage senere fik besøg af en anden 47-årige kvinde ved navn Nobuko, som ville ende med at blive hans femte og sidste offer, før hendes forsvinding ville lede politiet på sporet af en hidtil ukendt seriemorder.

Yoshinori mødte Nobuko i 1992, mens han var ude for at lufte sin schæfer i Osaka. Dengang var kvinden nemlig ejer af en labrador, som hun havde svært ved at kontrollere, så Yoshinori henvendte sig til kvinden ved at tilbyde hende hundetræning, hvorved Nobuko og hendes mand blev nogle af Yoshinoris nærmeste bekendte. Da Nobukos labrador senere døde, solgte Yoshinori hende en hvalp fra sin kennel, som Nobuko til gengæld valgte for at støtte, da hun i 1993 indskød intet mindre end 10 millioner yen.

Men pengene blev dog ikke brugt på kennelen, som Yoshinori havde været ejer af i halvandet år. I al den tid havde han nemlig ikke foretaget sig meget andet end at anskaffe sig hunde, som levede under elendige forhold, idet faciliteterne fortsat var i ringe forfatning. Så da Nobuko den 29. oktober valgte at tage forbi Yoshinoris hus i Yao, var det med beskeden om, at hun ville have sine penge tilbage. Og dette var grunden til, at Yoshinori valgte at slå hende ihjel, da han bød hende på en drink indeholdende sovepiller.

Desværre havde han ikke flere ampuller med suxamethon på sig. Så Yoshinori lagde den sovende Nobuko ind i varerummet på sin bil, hvor metalskabet med Sachikos lig ligeledes befandt sig. Og herefter satte han så turen mod kennelen i Shiojiri, hvor han havde tænkt sig at tage livet af Nobuko, imens hun stadig lå og sov. Men kvinden vågnede dog op på vejen dertil, og da hun undrede sig over den rådne stank i varerummet, fandt hun frem til Sachikos lig i metalskabet, hvorved hun var blevet det første vidne til en af Yoshinoris forbrydelser.

Og netop derfor så manden sig nødsaget til at dræbe hende, straks som de var ankommet til kennelen, hvor Yoshinori steg ud fra bilen for at hente en kanyle med suxamethon, som Nobuko blev stukket med inde i varerummet, imens hun altså var vågen, så hun dermed også var det eneste af Yoshinoris ofre, som var klar over, at hun skulle dø, da hun langsomt mistede bevidstheden sammen med evnen til at trække vejret.

Både Sachiko og Nobukos lig blev efterfølgende begravet ved kennelen. Men denne gang blev politiet ledt på sporet af denne, idet Nobuko havde efterladt en seddel til sin mand, hvorpå der stod, at hun ville besøge Yoshinori Ueda. Så da hun aldrig vendte hjem, kunne man altså knytte kvindens forsvinding til Yoshinori, som derfor blev opsøgt og afhørt af politiet.

Den 39-årige mand nægtede imidlertid at have noget med sagen at gøre. Men da det viste sig, at han ligeledes kendte Sachiko, som var blevet meldt savnet få dage for Nobuko, blev politiet alligevel overbeviste om, at Yoshinori måtte være indblandet i de to kvinders forsvindinger. Og efterhånden som efterforskningen skred frem, blev det afsløret, at han tilmed også havde en relation til den 35-årige Sanpei og 22-årige Koh, der begge havde været forsvundet i over et år.

Den 26. januar 1994 blev Yoshinori derfor anholdt og mistænkt for drab. Men uden beviser måtte politiet ryste en tilståelse ud af ham, hvilket da også lykkedes, da han i februar erkendte at have slået Sachiko ihjel. Hendes nedgravede lig blev derfor fundet som det første. Men dette var kun begyndelsen, for samme dag fandt man frem til liget af Nobuko, og da Yoshinori blev konfronteret med dette, valgte han at tilstå drabet på i alt fem personer, selvom politiet ellers antog, at man kun havde at gøre med fire ofre.

Den 25-årige Hiroshis forsvinding var nemlig ikke blevet knyttet til Yoshinori, før hans lig blev gravet op samtidig med de skeletterede rester af Sanpei og Koh. Og da det hermed stod klart, at man havde fået pågrebet en seriemorder, blev Yoshinori Ueda sigtet for noget så usædvanligt som femdobbeltdrab.

Men Yoshinori blev muligvis seriemorder, tidligere end man troede, idet han tilsyneladende begik sit første drab i 1990, hvor han under afhøringerne påstod at have kvalt en 18-årig mand ved navn Toyohito, som han franarrede et stort kontantbeløb under påskud af, at dette skulle bruges som indskud til at åbne en butik. Yoshinori havde dog i sinde at beholde pengene for sig selv, så for at undgå at betale dem tilbage dræbte han den unge mand, hvis lig blev skaffet af vejen i Aokigahara-skoven nær Fuji-bjerget.

Hvis denne historie passede, så havde Yoshinori altså seks liv på samvittigheden. Men selvom politiet ellers gennemsøgte Aokigahara-skoven, så fandt de aldrig frem til noget lig, og da Yoshinori senere valgte at trække sin tilståelse tilbage, kunne man heller ikke sigte ham for Toyohitos død, som derfor aldrig blev opklaret. For der var rent faktisk en 18-årig mand ved navn Toyohito, som forsvandt i 1990, så der er en udbredt overbevisning om, at Yoshinori Ueda ligeledes stod bag hans død, og at han udelukkende trak sin tilståelse tilbage, fordi politiet ikke kunne finde liget, så de derfor ikke havde nogen beviser i sagen. Og fordi han hverken blev sigtet eller dømt i denne, så er Toyohito ikke blevet inkluderet i listen over Yoshinoris bekræftede ofre.

Dette gjorde sådan set heller ikke den store forskel. For med fem ofre var Yoshinori ikke desto mindre en mistænkt seriemorder. Og selvom han i retten nægtede alle anklager, blev han alligevel kendt skyldig og dømt til døden, da der i 1998 blev afsagt dom. Begge hans forsøg på at appellere blev efterfølgende afvist, så dødsdommen dermed stod ved magt i 2005. I forbindelse med denne bogs udgivelse i 2021 er Yoshinori Ueda dog endnu ikke blevet henrettet.

Yoshinoris dyrlæge, som havde givet ham ampullerne indeholdende suxamethon, blev desuden idømt en bøde på 500.000 yen. Og samtidig med at Yoshinori Ueda bedrev sine forbrydelser i Osaka- og Nagano-præfekturet, udspillede der sig lignende tragedier i Saitama-præfekturet, hvor Gen Sekine drev en kennel, som i 1993 lagde grund til fire menneskers død, hvilket er en sag, som er beskrevet i næste kapitel.

Selvom der er tale om to separate sager, så minder de så meget om hinanden, at de er nemme at forveksle – mest af alt fordi de foregik i samme periode, hvorved de er et trist eksempel på, hvordan det japanske kæledyrsboom var en så indbringende forretning, at det fik drevet folk ud over grådighedens rand.

Dette er den officielle liste over Yoshinori Uedas bekræftede ofre:

Navn	Alder	Hjemby	Forsvandt
Hiroshi	25 år	Sakai	Juli 1992
Sanpei	35 år	Osaka	Juli 1992
Koh	22 år	Osaka	Juli 1992
Sachiko	47 år	Osaka	Oktober 1993
Nobuko	47 år	Sakai	Oktober 1993

1993

Ondskabens kennel

I 1980'erne oplevede man i Japan et såkaldt kæledyrsboom, idet efterspørgsmål på kæledyr eksploderede. Rundt omkring i landet kom der derfor mange private avlere af hunde og katte, som forsøgte at tjene penge på dette samfundsfænomen. Og blandt disse var Gen Sekine, som ejede en kennel i Saitama-præfekturet, hvor grufulde hændelser imidlertid fandt sted, da fire personer i 1993 forsvandt sporløst efter at have været i kontakt med ham.

Gen Sekine blev født den 2. januar 1942 i byen Chichibu i Saitama-præfekturet nord for Tokyo, hvor hans far ejede et firma, som producerede *geta*-sandaler. I skolen var Gen kendt for at være en udadvendt og opmærksomhedssøgende dreng, som endte med at få øgenavnet Hora-Gen (Prale-Gen), fordi han havde for vane at vise sig over for de andre børn, ligesom han fandt på løgnehistorier for at gøre sig selv mere speciel, end han i realiteten var.

Efter at have afsluttet sin grunduddannelse begyndte Gen som 15-årig at tjene penge på at opdrætte og videresælge hunde i sine forældres hjem, før han søgte ud på arbejdsmarkedet, hvor han blev ansat på en restaurant. Og det var sådan, han mødte en pige, med hvem han giftede sig med som 19-årig. De to fik efterfølgende en søn og en datter, men i 1970 valgte Gen dog at forlade sin familie, så han i stedet kunne gifte sig med en anden kvinde, som han ligeledes fik to børn sammen med – denne gang to piger, hvoraf den ene døde kort efter fødslen.

Gen Sekines interesse for dyr førte til, at han i 1975 valgte at åbne en dyrehandel, mens han investerede i eksotiske dyr såsom løver, tigre og bjørne, hvilket dengang var lovligt for private at eje. Udover at sælge almindelige kæledyr tjente han penge derfor også penge på at leje vilde dyr ud til events eller filmoptagelser, ligesom han og hans kone selv optrådte på TV. Men heller ikke dette ægteskab varede ved, idet Gen igen forlod sin familie, da han fandt sammen med en ny kvinde, inden han skiftede mellem at vende tilbage til sine to ekskoner, mens han sågar indledte et forhold til sin ældste datters veninde.

Gen var en veltalende og karismatisk mand, som havde nemt ved at charmere sig ind på kvinder, selvom han udadtil lignede en hård type, som man gjorde klogest i at holde sig fra. Han havde eksempelvis en stor løvetatovering på ryggen og fik tilmed overtalt sine ægtefæller til ligeledes at få lavet tatoveringer. Og så havde han desuden knyttet forbindelser til den japanske mafia – yakuzaen, hvilket havde resulteret i, at hans lillefinger på venstre hånd var blevet hugget af som følge af et opgør med det lokale gangstermiljø. Gen fortalte dog folk, at det var en løve, som havde bidt hans finger af.

I 1980'erne blev Japan ramt af et såkaldt kæledyrsboom, da det pludselig blev populært blandt japanske familier at erhverve sig hunde og katte. Efterspørgslen på disse steg derfor voldsomt, hvilket Gen Sekine besluttede sig for at udnytte, da han i 1982 åbnede en kennel ved navn Afrika Kennel i den lille by Konan nord for Chichibu. Hér specialerede han sig i opdræt af racer som siberian husky og alaskan malamute, hvis udbredelse i Japan han i høj grad var ansvarlig for.

Året efter giftede den 41-årige Gen Sekine sig så på ny, da han mødte 26-årige Hiroko Kazama, som faldt for den 15 år ældre Gen, da hun en dag kom forbi hans kennel for at købe en hund. I stedet indledte de to altså et forhold og begyndte sammen at drive Afrika Kennel, mens de desuden fik to børn – først en dreng, der desværre døde som spæd, og senere en pige, som voksede op med Hirokos seks år ældre søn, som hun havde fra sit tidligere ægteskab.

Gen og Hiroko blev meget hurtigt kendte skikkelser i det japanske opdrættermiljø, idet de både optrådte i hundemagasiner og vandt op til flere hundekonkurrencer rundt omkring i landet. Af samme grund strømmede folk til Afrika Kennel for at købe hunde, som Gen tillod sig at sælge til overpris grundet hans gode omdømme, samtidig med at han overtalte sine kunder til at betale millioner af yen for syge eller gamle hunde, fordi han generelt bare havde evnen til at forføre folk via sin selvsikre attitude.

Under en hundekonkurrence mødte Gen eksempelvis en anden lokal opdrætter, der her vil gå under navnet Naoki. Og da han tilbød Naoki at blive medejer af Afrika Kennel ved at indskyde et større beløb, valgte manden at droppe sin karriere som selvstændig for i stedet at indgå et partnerskab med Gen Sekine. Men selvom de på papirerne var ligemænd, så var det fortsat Gen, som udadtil repræsenterede kennelen, mens Naoki derimod blev sat til at tage sig af den daglige drift, så han i teorien var en helt almindelig ansat, som lod sig koste rundt med af Gen, der både var kontrollerende og truende.

Af samme grund fik Gen Sekine opbygget en bred skare af folk, der ikke brød sig om ham, hvilket også skyldtes hans sleske måde at føre forretning. Og i løbet af 80'erne var der underligt nok flere af disse personer, som på mystisk vis forsvandt for aldrig nogensinde at blive set igen.

I privaten var Gen desuden voldelig over for Hiroko og børnene. Så da Afrika Kennel blev ramt af økonomiske problemer i 1992, besluttede Hiroko sig for at konsultere en advokat, som rådede hende til at blive skilt fra Gen, så hun dermed ikke skulle stå til medansvar for en eventuel konkurs. På den måde kunne hun også afbryde forholdet til sin voldelige ægtemand, men hun havde i så fald brug for at lokke ham til at underskrive skilsmissepapirerne, hvilket lykkedes ved, at hun fik overtalt sin mor til at opkøbe Afrika Kennel, så hun i stedet kunne overdrage ejerskabet til Hiroko. Men dette ville kun være muligt, hvis hun juridisk set ikke havde nogen relation til Gen, som derfor indvilligede i at lade sig skille fra hende.

Ægteskabet blev opløst i begyndelsen af 1993, og Afrika Kennel blev således reddet. Men selvom Hiroko nu stod som ejer af kennelen, så var alt sådan set ved det gamle, idet Gen fik lov til at varetage de samme opgaver som hidtil, så han altså aldrig fik kendskab til Hirokos sande intentioner bag skilsmissen. For ikke at vække myndighedernes mistanke valgte de ikke desto mindre at flytte hver for sig, så Hiroko dermed blev fri for Gen, da han forlod familien og slog sig ned hos Naoki, som boede alene i bjergene i nabobyen Katashina.

Men Gen var i fuld færd med at udstykke Afrika Kennel, så det varede ikke længe, før denne igen blev ramt af underskud, selvom Gen ellers fortsatte med at sælge hunde til overpris. I marts 1993 kom den 39-årige forretningsmand Akio eksempelvis forbi kennelen for at købe et par hunde, fordi han havde planer om at blive opdrætter. Og Gen solgte ham da to hunde af racen rhodesian ridgeback ved at påstå, at disse var så sjældne, at de endnu ikke fandtes i Japan.

Af samme grund forlangte Gen hele 11 millioner yen, som Akio valgte at betale på stedet, selvom han kun fik en tæve med hjem, idet Gen først var nødt til at bestille en hanhund gennem en udenlandsk forhandler. Men Akio fandt imidlertid hurtigt ud af, at hunderacen rent faktisk fandtes i Japan, hvor de normalt blev solgt for et par hundrede tusinde yen, hvilket betød, at han var blevet taget ved næsen. Ydermere var tæven for gammel til avl, og da den ovenikøbet endte med at stikke af, tog han tilbage til Afrika Kennel for at annullere købet af hanhunden ved samtidig at kræve sine penge tilbage.

Gen indvilligede i at returnere 6,5 millioner yen til Akio. Men han havde allerede brugt pengene på byggematerialer, så han var derfor nødt til at udskyde tilbagebetalingen. I virkeligheden havde han dog ikke i sinde at betale en eneste yen tilbage, og af frygt for at blive retsforfulgt var der i Gens øjne ikke andet at gøre end at skille sig af med Akio. Så da han en dag tog forbi sin dyrlæge for at anskaffe sig stryknin til aflivningen af en stor hund, skulle dette i stedet bruges på at tage livet af et menneske.

Om aftenen den 20. april 1993 ringede Gen til Akio for at fortælle, at han nu var klar til at betale de 6,5 millioner yen tilbage. Men da Akio ankom til Afrika Kennel for at hente pengene, blev han i stedet budt på en vitamindrik, alt imens Gen trak tiden ud med snak, indtil Akio pludselig faldt om i voldsomme smerter. For Gen havde på forhånd tilsat vitamindrikken stryknin, således at hans økonomiske kvaler forsvandt, samtidig med at Akio mistede livet for øjnene af ham.

Hiroko var ligeledes til stede, men det er uvist, hvilken rolle hun spillede. For det var i stedet Naoki, som Gen valgte at kalde ud i garagen, hvor han til sin store skræk fik øje på den døde mand, som han blev beordret til at bære ud i Gens bil, hvorpå de to satte kursen mod Naokis hus i bjergene. Og hermed gik det op for Naoki, at der rent faktisk var tale om et mord, idet liget af Akio blev anbragt på hans badeværelse, før Gen fandt en køkkenkniv frem med beskeden om, at han havde tænkt sig at gøre manden "usynlig".

I mellemtiden fik Naoki til opgave at skaffe Akios bil af vejen. Så han kørte tilbage til Afrika Kennel, hvor han allierede sig med Hiroko, som satte sig bag rattet på Gens bil og i denne fulgte efter Naoki, da han i Akios bil satte kursen mod Tokyo, hvor denne blev efterladt i en parkeringskælder, før han og Hiroko i de tidlige morgentimer vendte tilbage til Konan.

Hér blev Hiroko sat af ved sit hjem, hvorpå Naoki alene fortsatte videre til sit hus i Katashina. Men da han trådte ud på badeværelset, blev han dybt chokeret af synet, der mødte ham, idet det viste sig, at Gen simpelthen havde brugt natten på at partere Akios krop til ukendelighed. Liget var blevet snittet fuldkommen i stykker og sorteret op i bunker bestående af hud, knogler, organer og kød. Og mens knoglerne efterfølgende blev brændt af i en tønde sammen med Akios tøj og personlige ejendele, så blev de utallige kødstumper derimod anbragt i en anden tønde og fragtet til den nærliggende Usune-flod, hvor hele indholdet blev kastet i vandet.

Asken fra Akios brændte knogler blev senere hældt ud i skoven nær Naokis hjem. Og mens Naoki var mere end chokeret over dét, han netop havde taget del i, så var Gen noget mere afslappet, idet han på gådefuld vis fortalte, at hvis mord var en olympisk disciplin, så ville han uden tvivl have fået en guldmedalje.

Og noget tydede da også på, at Gen Sekine havde erfaring med at skjule et drab, da han på forhånd vidste, at man kunne skaffe et lig af vejen ved at brænde knoglerne, eftersom disse som det eneste ville blive ladt tilbage, efter at resten af kroppen var gået i forrådnelse. Men at brænde et dødt menneske ville dog resultere i en fæl stank, og derfor valgte Gen altså at partere Akio, så knoglerne kunne blive brændt som det eneste, hvorimod kødet blev efterladt i naturen, så det hér kunne gå i opløsning.

På den måde ville der ikke være noget som helst tilbage af Akio og dermed heller ingen spor efter hans død, og derfor benyttede Gen altså udtrykket "at gøre et menneske usynligt". Og der ville kun nå at gå tre måneder, før han igen fik brug for at gøre nogen usynlig – og så endda to personer på samme tid.

Akios forsvinding førte nemlig til, at hans familie udpegede Gen som hovedmistænkt, idet de udmærket var klar over, at Gen skyldte Akio penge, som han på belejlig vis nu slap for at betale tilbage. Politiet blev derfor inddraget i sagen, men uden nogen beviser var det trods alt ikke muligt at sigte Gen for noget som helst. Og dette gjorde det blot muligt for ham at slå til igen.

For Akios efterladte fortsatte med at komme med beskyldninger, hvilket Gen efterhånden blev træt af. Så til sidst valgte han at tage sine mafiaforbindelser i brug, idet han kontaktede det 51-årige yakuza-medlem Yasunobu, som blev hyret til at true Akios familie til tavshed. Men Yasunobu fandt imidlertid ud af, at Gen så sandelig havde slået Akio ihjel, og Gen blev således selv et offer for trusler, idet Yasunobu tilbød at sælge sin egen tavshed i bytte for hans formue – nærmere betegnet Afrika Kennel.

Gen Sekine blev dermed bragt i et dilemma, hvor han enten kunne vælge mellem en mulig fængselsdom eller at se sit livsværk blive overdraget til et andet menneske. Og da begge scenarier virkede lige afskrækkende, besluttede han sig for at inddrage Hiroko i sagen, hvorefter de to sammen planlagde at tage livet af Yasunobu. Men eftersom han altid var i selskab med sin private chauffør – den 21-årige Susumu, måtte han ligeledes lade livet, hvilket rettere sagt betød, at de var nødt til at begå et dobbeltdrab.

Gen havde dog fået udleveret nok stryknin til, at han kunne tage livet af 50 mennesker. Så han tilsatte endnu engang stryknin til to vitamindrikke, som han bragte med sig, da Naoki den 21. juli blev bedt om at køre ham og Hiroko hen til Yasunobus lejlighed i Konan. Og imens Naoki ventede i bilen, lod Gen og Hiroko som om, at de var kommet for at overdrage Afrika Kennel til Yasunobu. Men da han og Susumu blev budt på en vitamindrik, gik der ikke længe, før Yasunobu kollapsede i smerter efter at have drukket denne, hvorimod Susumu kun havde taget en lille tår og derfor virkede aldeles upåvirket, alt imens hans chef tydeligvis var ved at dø.

Gen bildte den unge mand ind, at Yasunobu åbenbart var ved at få et hjerteanfald. Så han tilbød Susumu, at de sammen kunne køre efter hjælp. Men efter at have ilet ned fra lejligheden og sat sig ind i bilen ved siden af Naoki begyndte strykninen pludselig at påvirke Susumu, der blev ramt af et voldsomt smerteanfald, før han til sidst udåndede på passagersædet – til stor forvirring for Naoki, der ikke vidste, hvad der foregik, inden han blev bedt om at hjælpe til med at bære Yasunobus lig ned i bilen.

Først da indså Naoki, at han igen var endt med at blive viklet ind i ikke bare et, men derimod to drab. For da Gen truede ham på livet, turde han ikke gøre andet end at adlyde ved endnu engang at køre til sit hjem i Katashina, hvor det denne gang var Gen og Hiroko, som sammen foretog parteringen af de to mænd, mens Naoki fik til ansvar at slibe knivene i køkkenet, hvor han kunne høre, hvordan der natten igennem blev nynnet ude på badeværelset, efterhånden som Yasunobu og Susumu blev reduceret til ikke at bestå af andet end adskilte knogler og finthakkede kødstumper.

Den næste morgen blev kødet så lagt i en tønde, som Naoki og Hiroko bragte med til Usune-floden, hvor de sørgede for at tømme den for indhold, samtidig med at Sekine brændte knoglerne og de to mænds tøj i en anden tønde, før asken blev spredt rundt i skoven nær Naokis hjem. Og således havde Gen Sekine formået at gøre tre mænd usynlige på tre måneder. Men han var skam ikke færdig, for det næste offer i rækken var ingen ringere end hans egen elskerinde.

Den 54-årige Mitsue var mor til en af de ansatte på Afrika Kennel, hvor hun havde købt seks hunde af racen sibirian husky med henblik på at starte som opdrætter. Men hun havde i den forbindelse indledt et seksuelt forhold til Gen, som besluttede sig for at udnytte Mitsue, da han igen stod i pengenød, idet overtalte hende til at investere i den igangværende udstykning af kennelen ved at indskyde et stort kontantbeløb med lovning om, at dette senere ville blive betalt tilbage.

Gen havde dog ikke i sinde at holde sit løfte. Så straks efter at have modtaget pengene begyndte han at planlægge at slå Mitsue ihjel, hvilket han besluttede sig for at gøre den 26. august 1993, hvor han hentede hende i hendes hjem i Gyoda under påskud af, at de skulle mødes for at hygge sig. Men i stedet fik Mitsue tilbudt en vitamindrik, som var blevet tilsat stryknin, så på vejen til Konan omkom hun i Gens bil, hvorefter han besluttede sig for at skifte kurs, idet han i stedet kørte hjem til Naoki, der ikke kunne tro, at han nu skulle hjælpe til med at skaffe endnu et lig af vejen.

For Mitsue blev ligesom de tre tidligere ofre parteret på badeværelset, før også hendes jordiske rester blev anbragt i tønder og spredt rundt i naturen, således at hendes fysiske eksistens blev fuldkommen ophævet. Men hermed var fire personer forsvundet inden for en radius af 15 kilometer på kun fire måneder. Og alle havde det tilfælles, at de kendte Gen Sekine, som i forvejen var i politiets søgelys.

Dog var det stadig ikke muligt at foretage en anholdelse af den 51-årige mand, fordi han ikke havde efterladt nogen beviser. Men politiet blev ikke desto mindre så overbeviste om, at han stod bag de mystiske forsvinder, at man begyndte at råde folk til at holde sig fra Afrika Kennel, som derfor fik ry for at være en decideret dødsfælde.

De efterladte blev samtidig ved med at beskylde Gen Sekine for at have taget livet af deres kære. Og da hundeopdrætteren Yoshinori Ueda, hvis forbrydelser er beskrevet i forrige kapitel, i januar 1994 blev anholdt for at have taget livet af fem personer, styrkede dette blot folks mistanke – endda i en sådan grad, at de valgte at gå til medierne, som efter at have undersøgt sagen nærmere ligeledes udpegede Gen som en mulig seriemorder, selvom politiet altså ikke kunne finde nogen spor, som indikerede dette.

Politiet fortsatte ikke desto mindre med at have Gen i kikkerten i flere måneder, indtil de i september blev kontaktet af en mand, der her vil gå under navnet Satoshi. Han var nemlig en af Gens bekendte og kunne fortælle, at Gen i 1984 havde hjulpet ham med at skjule drabet på hans kone, efter at Satoshi i forvejen havde assisteret ham med at skaffe to lig af vejen ved at partere dem for derefter at sprede deres rester i naturen, hvor de aldrig blev fundet.

På det tidspunkt fortalte Gen, at han begik sit første drab som teenager, og at han siden da havde været skyld i cirka 30 menneskers død, hvilket vil sige, at Gen Sekine ikke blot kunne vise sig at være Japans værste seriemorder nogensinde – han havde tilsyneladende også været aktiv i over 30 år. For det forholdt sig sådan, at politiet allerede kendte Satoshi, eftersom han ganske vist havde haft en relation til Gen, mens han tidligere havde været mistænkt for at have stået bag flere uopklarede forsvindinger – blandt andet i 1984, hvor Satoshi påstod, at han dengang havde hjulpet Gen med at skjule drabene på en af hans ansatte samt et yakuza-medlem, som han skyldte penge.

Efterfølgende tog Satoshi så livet af sin kone under et skænderi, og han opsøgte derfor Gen, som hjalp ham med at partere liget, så også det kunne blive gjort "usynligt". Og hermed fik politiet omsider indsigt i, hvordan folk tilsyneladende forsvandt ud i den blå luft efter at have været i kontakt med Gen Sekine. Men han efterlod sig jo ingen beviser, så det var stadig umuligt at sigte ham for drab, lige indtil Satoshi opfordrede politiet til at kaste blikket mod Naoki, idet han havde en formodning om, at han muligvis besad den samme rolle, som den han selv havde spillet i 1984.

Politiet bragte derfor den 38-årige Naoki ind til afhøring. Og da han så sandelig besluttede sig for at krybe til bekendelse og afsløre alle de uhyrligheder, han havde været vidne til hos Afrika Kennel, blev både Gen Sekine og Hiroko Kazama anholdt og sigtet for firedobbelt drab i begyndelsen af 1995. Men de nægtede begge at være indblandet i de fire forsvindinger, som havde fundet sted over en fire måneder lang periode i 1993, så politiet blev derfor nødt til at komme i besiddelse af beviser, som kunne bekræfte, hvorvidt Naoki talte sandt

Da man gennemsøgte skoven omkring Naokis hjem, fandt man utroligt nok frem til bittesmå knoglestumper samt fragmenter fra et ur og en mobiltelefon, hvorved det stod klart, at både Satoshi og Naokis udtalelser altså holdt stik. Men selvom der dermed var stor sandsynlighed for, at Gen stod bag mindst seks drab, så valgte man kun at retsforfølge ham for de fire begået i 1993, fordi man udover Naokis tilståelse nu var kommet i besiddelse af håndgribelige beviser, som kunne blive brugt imod ham.

Til at starte med blev Hiroko Kazama ligeledes sigtet for at have taget del i de fire drab. Men via Naokis forklaring erkendte man i retten, at hun tilsyneladende ikke havde medvirket i drabet på Mitsue. Så hun blev derfor kun sigtet for at have deltaget i de første tre drab, til trods for at Naoki ikke var sikker på, om hun i det hele taget havde været indblandet i Akios død, ligesom han heller ikke så, hvad der helt nøjagtigt skete, da Yasunobu og Susumu blev slået ihjel.

Sandheden skulle derfor findes hos Gen og Hiroko, der godt nok erkende, at de fire drab havde fundet sted. Men de valgte dog at skyde skylden på hinanden – hvilket de blev ved med at gøre. Og således blev også umuligt at komme til bunds i sagen og derigennem finde ud af, hvem af de to, der var den hovedskyldige, eftersom bevisførelsen var yderst sparsom, så man stort set kun havde Naokis vidneudsagn at gå ud fra.

Dette blev ikke desto mindre ansat for at være troværdigt, idet man mente, at han ikke havde en grund til at slå ofrene ihjel og derfor kun tog del i at skjule forbrydelserne. Så mens Naoki slap med en dom på tre års fængsel for at have medvirket i legemsbeskadigelse, så blev både Gen Sekine og Hiroko Kazama i 2001 dømt til døden for deres forbrydelser, selvom de sande omstændigheder bag disse forblev en gåde. Af den grund konkluderede man, at de måtte have samarbejdet om at begå de fire drab – lige med undtagelse af drabet på Mitsue, som Gen alene fik skylden for at have stået bag.

Både Gen og Hiroko besluttede sig for at anke dommen, men begge appelsager blev først afvist i 2005 og igen i 2009, hvor deres dødsdomme dermed blev stadfæstet. Dog nåede Gen Sekine aldrig at blive henrettet, idet han i 2016 blev ramt af et hjerteanfald, hvilket førte til, at han blev indlagt, inden han den 27. marts 2017 døde af komplikationer i en alder af 75 år.

Der er desuden aldrig blevet sat tal på, hvor mange personer man mistænker ham for at have slået ihjel, men det er en udbredt overbevisning, at Gen med al sandsynligvis var involveret i flere mystiske forsvindinger i Saitama-præfekturet samt nabo-præfekturet Gunma, og det må i så fald formodes, at han rent faktisk formåede at gøre disse mennesker "usynlige" på samme måde som de fire ofre, hvis liv han i sidste ende blev dømt for at have taget.

I forbindelse med denne bogs udgivelse i 2021 er Hiroko Kazama endnu ikke blevet henrettet, og hun har fra begyndelsen bedyret sin uskyld med påstanden om, at hun på gerningstidspunktet var blevet skilt fra Gen og derfor ikke havde nogen grund til at medvirke i hans forbrydelser. Det bør dog nævnes, at de to igen var flyttet sammen, da de blev anholdt i 1995, hvor Hirokos mor måtte overtage ansvaret for de to børn, der på dette tidspunkt var henholdsvis 8 og 14 år gamle.

Hirokos søn overtog senere driften af Afrika Kennel, som imidlertid endte med at gå konkurs som følge af stedets dårlige omdømme. Grunden kunne heller ikke blive videresolgt, og bygningerne forblev derfor stående som et eftermæle, der konstant mindede de lokale om de rædsler, som udspillede sig i Konan i 1993. Efter at være blevet løsladt udgav Naoki i 1998 en bog, hvori han beskrev disse ud fra sit eget perspektiv, og det er da også hans beretninger, som er blevet anset for at være det tætteste, man kommer på sandheden i denne bemærkelsesværdige sag.

Satoshi kunne desuden ikke blive sigtet eller dømt for drabet på sin kone i 1984, eftersom dette var blevet begået i form af dødsvold. På daværende tidspunkt blev denne type drabssager nemlig forældet efter at have været uopklarede i syv år, hvilket samtidig er grunden til, at Satoshi ti år senere turde stå frem med de informationer, som førte til pågribelsen af seriemorderen Gen Sekine.

Dette er den officielle liste over Gen Sekines bekræftede ofre, hvoraf Hiroko Kazama blev dømt for at have taget del i de første tre drab:

Navn	Alder	Hjemby	Dræbt
Akio	39 år	Kumagaya	20. april 1993
Yasunobu	51 år	Konan	21. juli 1993
Susumu	21 år	Konan	21. juli 1993
Mitsue	54 år	Gyoda	26. august 1993

1994

Den terroriserende trio

Op gennem 1980'erne havde Japan været præget af stigende ungdomskriminalitet, hvilket fortsatte videre ind i 90'erne, hvor man for alvor fik øjnene op for dette samfundsproblem, idet man oplevede flere eksempler på brutale forbrydelser begået af unge. Og en af de mest omtalte af disse udspillede sig i 1994, hvor fire mænd i løbet af kun 11 dage blev slået ihjel af tre teenagedrenge, som efterfølgende ville gå over i historien som den første gruppe af umyndige, der blev dømt til døden ved en japansk domstol.

Det kan nærmest betegnes som et slags ungdomsoprør, da man i Japan oplevede, hvordan en hel generation begyndte at gå imod de konservative samfundsnormer i løbet af 1980'erne, hvor det blev populært blandt unge at droppe ud fra skolen for i stedet at danne kliker, hvorved der opstod såkaldte ungdomsbander, som fordrev tiden ved blandt andet at bryde loven. Både forældre og myndigheder vendte i lang tid den anden kind til, så problemet med kriminelle unge endte med at komme så meget ud af kontrol, at der blev tale om et decideret samfundsproblem.

Dette erkendte man allerede eksistensen af i slutningen af 80'erne, hvor Japan blev ramt af flere hårde forbrydelser, som satte fokus på problemet med ungdomsbander. Men alligevel forsatte disse med at hærge i storbyerne videre ind i 90'erne, inden myndighederne besluttede sig for at komme ungdomskriminaliteten til livs gennem en række tiltag, som eksempelvis inkluderede, at den kriminelle lavalder blev sat ned fra 16 til 14 år.

Det var særligt to sager, som skabte debat i samfundet. Den første af disse fandt sted i 1989, hvor den 17-årige Junko Furuta mistede livet efter at være blevet holdt fanget og udsat for tortur i over en måned af fire teenagedrenge fra Tokyo. Og den anden omhandlede en kun 14-årig dreng, som i 1997 dræbte to andre børn i Kobe, da han først slog en 10-årig pige ned på gaden, hvorefter han kvalte og halshuggede en 11-årig dreng, hvis hoved han anbragte foran en af byens skoler.

Men imellem disse to opsigtsvækkende eksempler på brutal ungdomskriminalitet var der en helt tredje sag, som vakte opmærksomhed, da en ungdomsbande i 1994 var indblandet i fire mænds død. Og selvom i alt ti personer blev retsforfulgt for at have taget del i drabene, så var der dog kun tre af disse, som havde været involveret i alle fire sager, hvilket var den 19-årige Masato Kobayashi og den jævnaldrende Masayoshi Kawabuchi samt den 18-årige Atsushi Komori.

Masato Kobayashi blev født den 19. marts 1975 i Ichinomiya i Aichi-præfekturet i det centrale Japan. Desværre døde hans mor kort tid efter fødslen, og eftersom hans far ikke kunne overkomme opdragelsen af sin nyfødte søn, blev han bortadopteret til nogle slægtninge, som indvilligede i at tage ham til sig, da de mente, at de havde ressourcerne til at give ham et godt hjem. Men Masato fik alligevel en hård start på livet, idet han endte med at vokse op i fattigdom, efter hans adoptivfars firma gik konkurs. Og fordi han ikke havde nogen søskende, følte han sig generelt ensom det meste af sin barndom.

Ydermere var Masato overbevist om, at hans adoptivforældre ikke elskede ham, hvilket resulterede i, at han i en tidlig alder udviklede en trodsig adfærd, der blandt andet indebar, at han begyndte at bryde loven ved at begå tyverier. Og selvom han ganske vist blev taget i dette, så førte det aldrig til nogen straf, så Masatos rebelske adfærd dermed fik lov at eskalere, hvilket skete, da han i 1990 forlod mellemskolen, hvor han blev afhængig af datidens trend blandt unge japanere – nemlig at sniffe malingfortynder, hvilket var en alternativ måde at opnå en euforiserende rus uden brug af stoffer, da dette var så godt som umuligt at få fat i, hvorimod malingfortynder var nemt at anskaffe. Men præcis som med stoffer så er malingfortynder med til at påvirke hjernen i en sådan grad, at misbruget kan føre til en karakterforandring. Og for Masatos vedkommende betød dette, at han herfra blev en uregerlig rod, som hans adoptivforældre ikke længere havde kontrol over.

Masato droppede således ud fra uddannelsessystemet og blev i august 1991 anholdt for biltyveri i en alder af 16 år, hvorefter han blev anbragt på en reformskole. Men efter at være blevet løsladt fra denne blev han dog sendt tilbage i september 1992, efter han denne gang var blevet anholdt for besiddelse af stimulanser, tyveri, indbrud og våbenbesiddelse. En lang liste af sigtelser mod den nu 17-årige dreng, men ikke unormalt i datidens Japan, og derfor blev der sådan set ikke løftet et eneste øjenbryn over Masatos adfærd, da denne blot var et eksempel på et generelt problem med oprørske unge, som fordrev tiden ved at bryde loven.

Masato blev igen løsladt fra reformskolen i februar 1994. Men heller ikke denne gang havde han lært sin lektie, for inden året var omme, ville han nemlig have været indblandet i fire drab, som han kom til at begå med to jævnaldrende fyre, han endnu ikke havde mødt. De tre fandt nemlig sammen i gangstermiljøet, da Masato besluttede sig for at forlade sin familie og slutte sig til den japanske mafia, yakuzaen. På den måde kunne han tjene penge ved at intimidere og afpresse folk, men en dag valgte han dog at bryde grænsen ved i stedet at begå et overlagt røveri.

Den 10. august 1994 befandt Masato sig nemlig i byen Tsushima sammen med en 18-årig kumpan, da de to formåede at skaffe sig et lift af en 22-årig mand, som de pludselig besluttede sig for at berøve, idet han inde i bilen blev tæsket og snittet i ansigtet med en hobbykniv, før de to teenagedrenge slap væk med et kontantbeløb på 30.000 yen. De blev herpå efterlyst med et signalement, og det var i den forbindelse, at Masato så sig nødsaget til at forlade Aichi-præfekturet og flygte til Osaka, hvor han gennem sine forbindelser til yakuzaen kom i kontakt med Masayoshi Kawabuchi og Atsushi Komori, der ligesom ham var endt ud i det hårde gangstermiljø.

Masayoshi Kawabuchi blev født den 21. juli 1975 i Matsubara syd for Osaka. Hér voksede han op i en helt almindelig familie, hvor han dog var den eneste søn i en søskendeflok, som udover ham inkluderede to ældre søstre. Masayoshi fik derfor tillagt stor opmærksomhed såvel som høje forventninger, eftersom han en dag skulle føre slægten videre. Men dette pres blev tilsyneladende for meget for ham i en tidlig alder, da han allerede i mellemskolen begyndte at udvise rebelsk adfærd ved blandt andet at stjæle knallerter, ligesom det var på dette tidspunkt, han blev afhængig af at sniffe malingfortynder.

Da Masayoshi startede på gymnasiet i 1991, var han blevet så skoletræt, at han endte med at droppe ud efter kun få måneder. Herefter forsøgte han at tjene penge med diverse deltidsstillinger, før han året efter mødte en jævnaldrende pige, som introducerede ham for gangstermiljøet i Osaka, hvor han sammen med en et år yngre dreng, der her vil gå under navnet Shinji, blev rekrutteret af et ældre yakuza-medlem, der her vil blive kaldt for Toshio. Han gjorde det blandt andet muligt for Masayoshi og Shinji at bryde med deres familier, da han gav de to teenagere adgang til en lejlighed i storbyens centrum. Og det var i denne, Masato Kobayashi og Atsushi Komori ligeledes flyttede ind, da de i september 1994 mødte Masayoshi Kawabuchi for første gang.

Atsushi Komori blev født den 23. oktober 1975. Han voksede op i en fattig familie i Osaka, hvor han var det fjerde barn i en søskendeflok på syv. Forældrenes dårlige økonomi gjorde det svært for dem at tilgodese børnenes behov, hvilket blandt andet kunne ses på deres dårlige hygiejne og sølle påklædning, der desværre gjorde Atsushi til et offer for mobning i skolen, hvor han generelt ikke brød sig om at komme.

Da han startede på mellemskole i 1988, havde Atsushi fået nok af skolesystemet, som han derfor valgte at droppe ud fra for i stedet at starte på arbejdsmarkedet som 12-årig. På dette tidspunkt var han allerede begyndt at sniffe malingfortynder, og da hans mor året efter valgte at forlade familien til fordel for en ny mand, tog Atsushis trodsige adfærd til, da han gav sig til at begå tyverier.

I 1990 blev Atsushi så anbragt på en reformskole, da han blev taget i at stjæle. Men efter at være blevet løsladt fra denne året efter endte han meget hurtigt tilbage i den kriminelle løbebane, hvilket førte til, at han blev sendt tilbage på reformskolen omkring sin 17-års fødselsdag i 1992. Og på dette tidspunkt var Atsushi netop blevet far til en lille dreng, som han havde fået sammen med en jævnaldrende pige, der sådan set ikke var hans kæreste.

Alligevel besluttede de to sig for at blive gift i maj 1994, efter at Atsushi igen var blevet løsladt. Men den nu 18-årige fyr kunne desværre ikke finde sig til rette i tilværelsen som familiefar, så ægteskabet nåede kun at vare i et par måneder, før der blev søgt om skilsmisse i august, hvor Atsushi samtidig valgte at forlade sin kone og søn, hvorpå han endte ud i den kriminelle underverden i Osaka.

Atsushis far var tidligere gangster, så forbindelsen til yakuzaen sad allerede i hans gener. Men det var ikke desto mindre et tilfælde, at Atsushi ligeledes endte med at træde i sin fars fodspor ved at blive en del af gangstermiljøet, hvor han altså fandt sammen med Masato Kobayashi, Masayoshi Kawabuchi og Shinji, der holdt til i den 45-årige Toshios lejlighed. Og det var i denne, de tre teenagedrenge begik deres første drab, hvilket skete, kun to uger efter de havde mødt hinanden.

Natten til den 28. september 1994 gik kvartetten af teenagedrenge rundt i Osakas gader, hvor de som regel truede sig til penge ved at afpresse folk med beskeden om, at de tilhørte yakuzaen. Men da de løb ind i den

26-årige Masahide, som var i byen med sin 28-årige ven, blev de to mænd i stedet udsat for et overfald, hvilket resulterede i, at vennen besluttede sig for at stikke af, lige så snart han øjnede chancen, så Masahide dermed blev efterladt alene tilbage i selskab med de fire fyre, som desværre valgte at lade deres frustrationer gå ud over ham, da de tvang ham med tilbage til Toshios lejlighed.

Hér blev Masahide først udsat for ydmygende behandling, da han blev beordret til at smide alt sit tøj, hvorpå han fik hænderne bundet fast bag på ryggen med brug af sit eget bælte. Han fik efterfølgende viklet gaffatape om øjnene, så han intet kunne se, ligesom han fik stukket sin brugte sok i munden, så han ikke kunne skrige efter hjælp i det næste døgn, hvor han blev holdt fanget i lejligheden og løbende udsat for vold i form af slag og spark, før det med tiden udviklede sig til decideret tortur af den forsvarsløse mand.

Masahide blev blandt andet stukket med en kuglepen, han blev brændt med cigaretter, og hans hud blev antændt med brug af lightervæske. Med tiden blev han simpelthen så medtaget, at det alt for sent gik op for de fire fyre, at de ikke bare kunne lade ham gå, eftersom han så åbenlyst havde været udsat for et overfald, som med stor sandsynlighed ville blive anmeldt, hvis han blev sat fri. Af den grund blev det på drastisk vis besluttet at slå manden ihjel, hvilket de fire teenagedrenge sågar afslørede over for Masahide, da de på et tidspunkt spurgte ham, hvordan han havde lyst til at dø.

Den skrækslagne Masahide tiggede naturligvis for sit liv, men det var ikke nok til at vække sympati hos Masato, Masayoshi, Atsushi og Shinji, der i timevis underholdt sig selv ved at tæske manden, før de omkring klokken 19.30 gik videre til at kvæle ham på skift med brug af et bælte. Der var tale om langstrakte og gentagende stranguleringer, så det vides ikke, hvornår Masahide døde, eller hvem af de fire fyre, der slog ham ihjel, da det efter en halv time gik op for dem, at han havde mistet bevidstheden.

For at få bekræftet at manden så sandelig var død, blev hans hud brændt med cigaretter i forsøget på at fremkalde en reaktion. Men det stod meget hurtigt klart, at Masahide ikke længere var i live, og de fire teenagere var ikke just påvirket af, at de rent faktisk havde slået et andet menneske ihjel, idet de efter drabet efterlod liget i lejligheden for i stedet at tage på restaurant og spise aftensmad. Senere på aftenen vendte de så tilbage til lejligheden, hvor ejeren Toshio ligeledes dukkede op. Og da han fandt ud af, hvad der var sket, besluttede han sig for at hjælpe de fire fyre med at skille Masahides lig af vejen.

Selvom yakuzaen ganske vist er berygtet i Japan, så forefindes der nemlig et kodeks, som forbyder drab på uskyldige borgere, og derfor var Toshio altså fast besluttet på at skjule forbrydelsen, eftersom han havde ansvaret for Masato, Masayoshi, Atsushi og Shinji, der hierarkisk set var hans lakajer. Af samme grund tøvede han ikke med at tage drastiske metoder i brug for at sikre sig, at drabet på Masahide aldrig vil blive opdaget, da han simpelthen valgte at transportere liget hele vejen til øen Shikoku, hvor han selv var fra.

Masahides nøgne krop blev pakket ind i en futon og anbragt i Toshios bil, hvorefter han sammen med de fire teenagedrenge satte kursen mod Kobe, så de kunne nå en af de sene færgeafgange til Shikoku. Hér fortsatte de så videre til den lille by Nahari, hvor Masahides lig blev begravet i bjergene i løbet af natten, inden turen gik tilbage til Osaka, hvilket denne gang foregik via bro, så det derfor var en køretur på hele 370 kilometer, før rejsen blev bragt til en ende den næste morgen klokken 5.30.

Masahides forsvinding blev imidlertid efterforsket som en forbrydelse, eftersom hans ven jo kunne berette, at de to var blevet udsat for et overfald af fire unge fyre, som derfor blev efterlyst. Men Osaka var en millionby med mange unge yakuza-medlemmer, så det var rent ud sagt umuligt for politiet at finde frem til nogen mistænkte i den kriminelle underverden.

Alligevel skulle der kun ende med at gå et par dage, før politiet kom på sporet af de fire teenagedrenge, da de var involveret i et nyt overfald – denne gang på en 17-årig dreng, som den 1. oktober blev kidnappet på åben gade og bragt med tilbage til Toshios lejlighed, hvor han i flere timer blev udsat for mishandling, før det til sidst lykkedes for ham at undslippe, da han på et tidspunkt blev efterladt alene.

Da drengen kom hjem med blå mærker og stiksår, blev han selvfølgelig nødt til at fortælle sine forældre, hvad han havde været udsat for. Og da han samtidig kunne berette, hvor han var blevet holdt fanget, blev en patrulje omgående sendt afsted til Toshios lejlighed, lige så snart anmeldelsen var løbet ind hos politiet. Men da man mødte op for at ransage adressen, var det imidlertid kun Shinji, der kunne anholdes, eftersom han var den eneste, som var til stede, idet Masato, Masayoshi og Atsushi endnu ikke var vendt tilbage.

Dette endte desværre med at sætte gang i en kædereaktion af drab, da de tre fyre ankom til lejlighedskomplekset og så, at stedet var omringet af politibiler. Ved synet af dette gik det nemlig op for dem, at de var eftersøgt af politiet, hvilket fik dem til at tage flugten fra Osaka og videre til Matsubara, hvor Masayoshi var vokset op. Hér ankom de den 4. oktober, hvor de samtidig mødte en 20-årig mand, som her vil gå under navnet Nobu. Og fordi han var indehaver af en bil, besluttede de tre yngre fyre sig for at hverve ham som deres personlige chauffør ved til gengæld at love, at han kunne blive en del af yakuzaen, selvom de ellers ikke havde bemyndigelse til at hverve nye medlemmer.

Matsubara var dog en del af Osaka-præfekturet og tilhørte dermed også samme politikreds. Så for at undgå anholdelse foreslog Masato, at Nobu skulle køre dem til Aichi-præfekturet, hvor han selv var fra, selvom han også hér var efterlyst af politiet. Men Masato havde mange bekendtskaber, som han kunne gemme sig hos, og på den måde endte de fire fyre med at slå sig ned i byen Inazawa, hvor en af Masatos veninder boede: en 18-årig pige, der her vil blive kaldt for Mayumi.

Hjemme hos Mayumi hyggede gruppen af unge sig ved at drikke, ryge og sniffe malingfortynder, mens de den 5. oktober fik selskab af en anden af Masatos venner: en 19-årig fyr, der her vil gå under navnet Saino. Om aftenen tog de så alle i byen, hvor de blandt andet fordrev tiden med at spille bowling, før de i løbet af natten mødtes med en af Mayumis veninder: en 16-årig pige, der her vil blive kaldt for Reika.

Gruppen på i alt syv unge overnattede på et hotel i Inazawa, hvor de fortsatte med at sniffe malingfortynder frem til næste dag, indtil de med tiden løb tør. Så da Masato spurgte sine venner, om de mon kendte nogen, der var i besiddelse af malingfortynder, blev det foreslået, at de kunne tage hjem til en 21-årig mand, der her vil blive kaldt for Taro. Han var nemlig kendt for at have malingfortynder og havde i forvejen selskab af sin søster og hendes veninde, der ikke havde nogen anelse om, at de begge ville blive vidner til optakten til et brutalt drab, som de otte andre tilstedeværende alle kom til at tage del i, da en 11. person blev inviteret på besøg.

De unge mennesker ankom til Taros hjem den 6. oktober klokken 18. Men allerede efter en time fik de opbrugt hans lager af malingfortynder, så Taro derfor blev nødt til at sende bud efter noget mere. Og det var i den anledning, han ringede til en af sine bekendte – den 22-årige Sawato, som blev anmodet om at komme forbi med noget malingfortynder med opfordringen om, at han jo selv kunne tage del i den kollektive rus.

Sawato var frisk på at tage en tur forbi Taro for at hygge sig med de andre unge, der i forvejen havde sniffet sig skæve. Men da han mødte op, opstod der dog en mindre uoverensstemmelse, da det viste sig, at *han* ligeledes kendte Masato, som han ovenikøbet beskyldte for at have voldtaget hans ekskæreste. De to unge mænd endte således i et ophedet skænderi, hvilket resulterede i, at den stærkt påvirkede Masato mistede besindelsen, da han overfaldt Sawato ved at tæske løs på ham.

I mellemtiden så de andre unge passivt til, indtil de blev opildnet til selv at tage del i overfaldet, idet de alle (foruden Taros søster og hendes veninde) sparkede til Sawato, imens han lå forsvarsløs på gulvet, hvor han desuden blev slået med både flasker og et kosteskaft, hver gang han rørte på sig, så han altså ikke kunne andet end at blive liggende og blot udholde pinslerne.

Mishandlingen stod på i over en time, indtil klokken 21.20, hvor et pizzabud kom forbi med pizzaer, som de unge havde bestilt. Men dette fik dem dog ikke til at indstille det langvarige gruppeoverfald, som tværtimod tog til. Sawato blev nemlig stukket i hovedet med en gaffel, hvorefter der blev hældt whisky ned i det åbne sår, og efterfølgende blev han ligeledes tildelt et snitsår med en kniv, hvori der blev hældt soyasovs.

Taro boede dog ikke alene. Han og hans søster boede nemlig hjemme hos deres far, der snart ville få fri fra arbejde. Så da klokken blev 22.30, valgte Taro at vise sine mange gæster ud, hvilket også inkluderede den forslåede Sawato, som på dette tidspunkt så sit snit til at stikke af, da han pludselig valgte at flygte, netop som han var trådt ud gennem hoveddøren. Desværre var han så fysisk medtaget, at han meget hurtigt blev indhentet og pågrebet af de andre unge, som herefter besluttede sig for at straffe ham ved at fortsætte mishandlingen af ham et andet sted.

Saino foreslog at de kunne tage hen til Sobue Ryokuchi Park ved siden af Kiso-floden, eftersom han vidste, at denne var øde i aftentimerne. Men parken befandt sig dog 7 kilometer derfra, og da der var ikke plads til alle i Nobus bil, tilbød Taro at give et lift, så klokken 23 satte gruppen på i alt ni unge kursen mod Sobue Ryokuchi Park, hvor Sawato blev slæbt ud fra den ene bil og gennemtæsket med både jernrør og træskafter.

Da en tredje bil ankom til parken, skyndte de unge sig imidlertid at pakke sammen og køre videre til en tom parkeringsplads i nærheden, hvor de ubemærket kunne videreføre mishandlingen af Sawato, der sammenlagt nåede at stå på i omkring 7 timer, før han midt om natten blev trukket ind i et buskads og efterladt i hjælpeløs tilstand. Den 22-årige mand var da stadig i live, men han var blevet så kvæstet, at han hverken kunne tale eller bevæge sig. Han havde fået talrige knoglebrud, ligesom han havde indre blødninger samt forbrændinger på huden, efter at der var blevet sat ild til ham. Så den livløse Sawato blev kort sagt efterladt til den visse død, da de otte unge mennesker forlod stedet uden at bekymre sig om hans videre skæbne.

Alle i gruppen havde taget del i overfaldet på Sawato, der højst sandsynligt udåndede i de tidlige morgentimer. Og den eneste, som var mærket efter hændelsen, var den 18-årige Mayumi, som efterfølgende valgte at tage hjem sammen med den 19-årige Saino, mens 21-årige Taro og 16-årige Reika besluttede sig for at blive i selskab med Masato, Masayoshi, Atsushi og Nobu. Og der nåede end ikke at gå et døgn, før de seks unge mennesker ville stå bag ikke bare ét, men to lignende drab.

Om aftenen den 7. oktober 1994 hang gruppen af unge nemlig ud i en bowlinghal i Inazawa, hvor de klokken 21.45 gjorde klar til at forlade denne, da de stødte på tre venner, som ellers var taget i byen for at more sig. Desværre kunne de ikke vide, at det kun var den ene af dem, som ville vende hjem i live, for lige som de tre unge mænd trådte ind i bowlinghallen, blev de i stedet ledt i en dødsfælde, da de omgående blev dirigeret tilbage udenfor af Masato, idet han følte sig provokeret af deres opførsel – tilsyneladende fordi han ikke brød sig om, at den ene af mændene gik og grinte.

Der var tale om en 19-årig fyr ved navn Masafumi, som Masato først konfronterede ude foran bowlinghallen, før han pludselig begyndte at slå og sparke den unge mand, hvilket meget hurtigt eskalerede, da Masayoshi og Atsushi ligeledes tog del i overfaldet på åben gade. Masafumi fik samtidig frarøvet sin taske, og eftersom hans ven – den 20-årige Katsutoshi – ligeledes var i besiddelse af en taske, blev også han udsat for et umotiveret overfald af de tre teenagedrenge, da de valgte at stjæle denne.

I mellemtiden kunne den tredje ven – en 20-årig mand, der her vil blive kaldt for Shiro – ikke gøre andet end at se på, idet han var alt for bange for at gribe ind, ligesom Nobu, Taro og Reika sørgede for at holde ham i skak. Han havde heller ikke medbragt hverken taske eller pung, men det viste sig, at han derimod var indehaver af en bilnøgle, og derfor blev det besluttet at stjæle Shiros bil, som han og hans to venner var ankommet i.

Dog var de tre fyres mareridt kun lige begyndt, idet de ligeledes blev beordret med hen på parkeringspladsen, hvor Masafumi og Katsutoshi blev tvunget ind på bagsædet af Shiros bil, mens Masayoshi satte sig på førersædet med Atsushi ved siden af. Shiro blev derimod anbragt på bagsædet i Nobus bil sammen med Masato og Reiko, mens Taro satte sig på passagersædet. Og omkring klokken 22 kørte de to biler så af sted på en flere timer lang tur, som ville ende med at koste to mennesker livet.

Første stop var Konan Ryokuchi Park, hvor de unge mennesker havde tænkt sig at udsætte de tre venner for et gruppeoverfald, præcis som da Sawato blev bragt til Sobue Ryokuchi Park et døgn forinden. Men parken var et populært sted for kærestepar at opholde sig efter mørkets frembrud, så efter at Katsutoshi og Masafumi var blevet slæbt ud på jorden for at modtage en omgang tæsk, blev de meget hurtigt beordret tilbage i bilen, da det viste sig, at der var vidner til stede.

I stedet blev det besluttet at køre de 35 kilometer til Nagoya i syd, hvor det simpelthen var planen at dræbe de tre mænd ved at gennembanke dem på havnen for derefter at kaste dem i vandet. Men planerne blev dog lavet om, da Masato spurgte om vej i byen Tsushima, hvor han rettede henvendelse til en lokal ungdomsbande, som advarede ham om, at politiet plejede at patruljere på havnen i Nagoya.

De unge mennesker udså sig derfor et mere isoleret sted i skikkelse af Yoro-vandfaldet mod vest. Men ved ankomsten til Yoro Park blev de inden længe opmærksomme på, at lyset stadig var tændt i de nærliggende huse, selvom det ellers var blevet over midnat. Så til trods for at de allerede havde kørt rundt i over to timer og tilbagelagt mere end 50 kilometer, så skiftede de igen kurs i søgningen efter et offentligt sted, hvor de uforstyrret kunne tage livet af deres medbragte gidsler. Og således endte deres lange færd ved Nagara-floden i Gifu-præfekturet, hvor de omkring klokken 1 valgte at parkere i et øde område nær Tohkai-broen, der kort tid efter ville lægge grund til et bestialsk dobbeltdrab.

Også hér blev Katsutoshi og Masafumi nemlig hevet ud fra den ene bil for derefter at blive tæsket på skift med aluminiumsrør af Masato, Masayoshi og Atsushi, alt imens Shiro blev holdt fanget i Nobus bil, hvor han måtte udholde lyden af sine venners rædselsskrig ude fra mørket. Men dette blev ligeledes for meget for Reika, som på et tidspunkt besluttede sig for at stige ud fra bilen i forsøget på at bremse overfaldet, som de tre teenagedrenge imidlertid nægtede at indstille, før Katsutoshi mistede bevidstheden, mens den invaliderede Masafumi ikke kunne andet end at ligge på jorden og græde af bare smerte.

Herefter blev de hårdt kvæstede mænd efterladt, da Masayoshi og Atsushi begav sig tilbage til Shiros bil, mens Masato satte sig ind på bagsædet af Nobus bil, hvor han fortalte Shiro, at hans to venner nu var døde, selvom han godt vidste, at Masafumi i hvert fald stadig var i live. Den skrækslagne Shiro var derfor overbevist om, at det nu var hans tur til at blive slået ihjel. Men til hans store overraskelse valgte hans kidnappere at genoptage kørslen, idet de fortsatte videre til Masatos hjemby, Ichinomiya, hvor de først skilte sig af med hans bil, før gruppen af unge blev splittet op, da Masato pludselig besluttede sig for at tage afsked med Masayoshi og Atsushi og samtidig lægge Shiros skæbne i deres hænder, idet han bad dem og Nobu om at køre hele vejen til Osaka, så de kunne dræbe ham og kaste hans lig i havnen.

Masato, Taro og Reika valgte derimod at blive i Ichinomiya, så de dermed kunne lægge nattens begivenheder bag sig. Men for Shiro var det timelange mareridt endnu ikke forbi, eftersom det var en køretur på 150 kilometer til Osaka, hvor han vidste, at døden ventede ham. På vejen blev han derfor ved med at bede om nåde og tigge for sit liv, hvilket tilsyneladende havde en effekt. For da bilen ankom til Osaka den næste morgen, valgte Masayoshi at trodse Masatos ordrer, da han simpelthen lod Shiro gå fri, ligesom han tilmed blev givet 4.000 yen, så han kunne købe en togbillet til turen hjem.

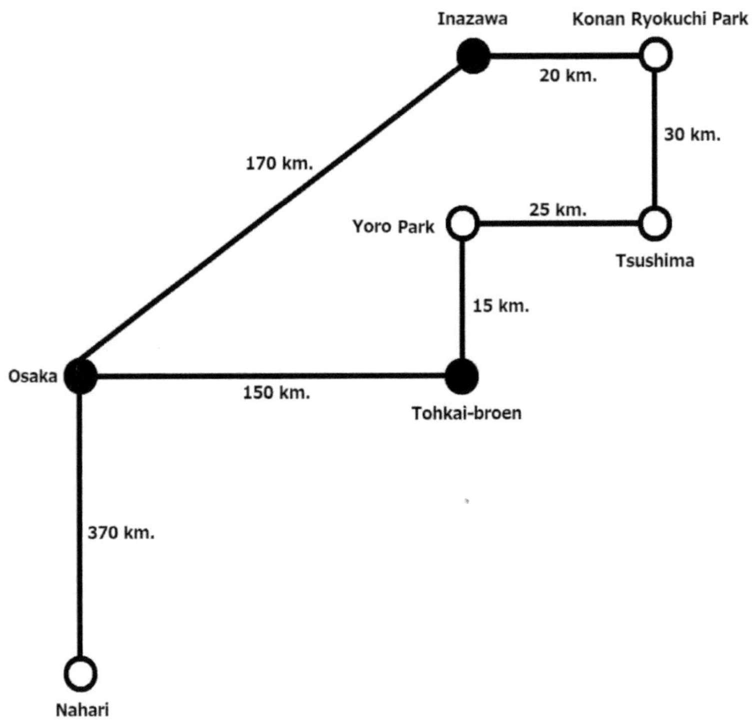

Ovenstående illustration viser den rute, som Masato, Masayoshi og Atsushi fik tilbagelagt i løbet af de 11 dage, hvor de nåede at slå 4 mænd ihjel på de tre steder, som er markeret med sort.

Masayoshi, Atsushi og Nobu aftalte, at hvis de nogensinde mødte Masato igen, så skulle de fortælle ham, at de havde fulgt hans anvisninger og taget livet af Shiro. Og efter at have indgået dette løfte gik de tre fyre så hver til sit, hvorimod den dybt chokerede Shiro tog kontakt til politiet for at anmelde dobbeltdrabet ved Nagara-floden, som allerede var blevet opdaget. Ligene af Masafumi og Katsutoshi blev nemlig fundet tidligt om morgenen den 8. oktober, og en obduktion kunne senere påvise, at de to mænd begge var omkommet af blodtab som følge af deres massive kvæstelser.

Selvom Shiro godt nok var et kronvidne, som kunne beskrive gerningspersonerne, så var der dog den udfordring, at de havde kørt rundt på tværs af præfekturgrænser, så det ikke var til at vide, hvor de helt nøjagtigt kom fra. Dog fandt man et fingeraftryk på Shiros efterladte bil, hvilket viste sig at stamme fra den efterlyste Masato Kobayashi, som dermed kunne knyttes til forbrydelsen.

Alt blev derfor sat ind for at finde frem til teenageren, som indtil videre havde været på flugt fra politiet i to måneder. Men fordi Shiro kunne fortælle, hvor gruppen af unge var standset i løbet af natten, viste det sig, at de heldigvis var blevet fanget på overvågningsbilleder fra en butik. Og således fik man altså sat ansigter på hele flokken, så den ene mistænkte efter den anden herfra blev opsporet og anholdt i en storstilet menneskejagt.

Den første, som blev identificeret og pågrebet, var Reika, der tilfældigvis var i selskab med Nobu, som var kørt tilbage til Ichinomiya, efter at han havde taget afsked med Masayoshi og Atsushi i Osaka. De to var desuden sammen med Mayumi og Saino, som ikke havde taget del i drabene på Masafumi og Katsutoshi, så politiet mistænkte dem sådan set ikke for at have noget med sagen at gøre, før det under afhøringerne kom frem, at man simpelthen havde at gøre med et tredje drab, da Sawatos død blev bragt frem i lyset. Hans tilredte lig blev derfor først fundet den 13. oktober, hvor Taro ligeledes var blevet anholdt. Så nu manglede man bare de tre hovedskyldige, som jo havde endnu et liv på samvittigheden.

Dagen før var Masayoshi dog blevet anholdt for noget helt andet, da han mødte op på politistationen i Osaka for at melde sig selv i en røverisag, som havde ført til en efterlysning af ham. Politiet i Osaka kunne imidlertid ikke vide, at de i virkeligheden stod med en eftersøgt drabsmand, hvilket først gik op for dem nogle dage senere, da de blev kontaktet af politiet i Gifu-præfekturet. Sagen var nemlig så omfattende, at der måtte etableres et tværregionalt samarbejde mellem flere politikredse, hvilket også inkluderede Aichi-præfekturet, hvor Sawato var blevet slået ihjel.

Masato var desuden fra Aichi-præfekturet, så det var også hér, eftersøgningen af ham foregik, hvilket faktisk gav gevinst den 13. oktober, hvor han blev opdaget under et biltyveri i Ichinomiya. Ved at efterlyse den stjålne bil kom politiet dermed på sporet af Masato, som længe undgik anholdelse under en biljagt, som dog endte dramatisk, da han natten til den 14. oktober kørte mod et træ.

Utroligt nok slap han uskadt fra ulykken med mindre knubs, så Masato på den måde kunne videreføre sin flugt til fods. Men den næste dag gik det alligevel op for ham, at det var håbløst at leve et liv med politiet i hælene. Så den unge mand mødte selv op på politistationen for at melde sig selv, så det nu kun var Atsushi, der manglede at blive pågrebet. Troede man i hvert fald ... For en måned efter sin anholdelse valgte Masato nemlig at tilstå drabet på Masahide i Osaka, ligesom han afslørede, hvem der havde taget del i dette, så det nu også blev nødvendigt at efterlyse den 18-årige Shinji, som på dette tidspunkt var på flugt efter at være undsluppet politiets varetægt.

Masahides skeletterede lig blev fundet den 22. november. Og fire dage senere mødte den eftersøgte Shinji op på politistationen i Osaka i selskab med sine forældre, hvor han tilstod at have deltaget i drabet på den 26-årige mand to måneder forinden. Men selvom man dermed kunne krydse endnu en mistænkt af listen, så stod man i den usædvanlige situation, at man endnu ikke havde noget overblik over de involverede parters roller i denne yderst komplicerede sag. For at gøre dette mere overskueligt viser nedenstående skema, hvorledes de anholdte var indblandet i drabene på de fire ofre.

	Masahide	Sawato	Katsutoshi	Masafumi
Masato	x	x	x	x
Masayoshi	x	x	x	x
Atsushi	x	x	x	x
Toshio	x			
Shinji	x			
Nobu		x	x	x
Taro		x	x	x
Reika		x	x	x
Saino		x		
Mayumi		x		

Først den 18. januar 1995 blev den nu 19-årige Atsushi anholdt, da han blev genkendt på et hotel i Wakayama syd for Osaka. Og dagen efter blev yakuza-medlemmet Toshio pågrebet som den sidste, selvom han var den eneste, som ikke havde deltaget i at slå nogen ihjel. Så i sidste ende stod man altså med intet mindre end ti anholdte i tre forskellige drabssager, som var knyttet sammen af de tre teenagere: Masato Kobayashi, Masayoshi Kawabuchi og Atsushi Komori.

Faktisk var majoriteten af de anholdte under den japanske myndighedsalder på 20 år, hvilket selvsagt førte til debat, så denne sag kom til at sætte fornyet fokus på den hårde ungdomskriminalitet i Japan, hvilket længe havde været et problem, man i mere eller mindre grad havde forsøgt at komme til livs. Det var kun Toshio og Taro, som på gerningstidspunkterne var myndige, så at hele otte umyndige personer havde taget del i at slå sammenlagt fire personer ihjel sendte chokbølger gennem det japanske samfund – særligt fordi der ikke lod til at være noget dybereliggende motiv. Det karakteristiske ved disse drabssager var trods alt, at alle ofrene var blevet tæsket til døde under brutale overfald, hvor man tilsyneladende ikke havde haft noget andet formål end at tage livet af folk.

Desværre endte dækningen af sagen med at blive overskygget af noget helt andet, idet Japan blev ramt af en af de værste naturkatastrofer i nyere tid, da mere end 6.000 mennesker mistede livet under Kobe-jordskælvet den 17. januar 1995. Dette var en national tragedie, som efterfølgende fik mediernes opmærksomhed, og få måneder senere blev Tokyo ramt af et terrorangreb begået af den nyreligiøse sekt Aum Shinrikyo, hvilket bevirkede, at myndighederne kastede deres øjne bort fra ungdomskriminaliteten, som derfor fik lov at bestå.

Netop fordi man havde at gøre med ti anholdte i tre forskellige drabssager, så var det en omfattende proces at få afdækket skyldsspørgsmålene. Med tiden stod det ikke desto mindre klart, at

Masato, Masayoshi og Atsushi uden tvivl var de hovedskyldige, eftersom de havde taget del i alle fire drab, hvorved de tre sager blev slået sammen i en fælles retssag for deres vedkommende. Anderledes forholdt det sig med de syv andre anholdte, som kun blev sigtet og retsforfulgt i en enkelt eller to af sagerne, hvilket desuden resulterede i vidt forskellige domsafsigelser baseret på omfanget af den enkeltes medvirken samt vedkommendes alder.

Eksempelvis havde Reika været indblandet i drabene på både Sawato, Masafumi og Katsutoshi. Men med sine 16 år var hun samtidig den yngste i gruppen, hvilket betød, at hun slap med en mildere dom, idet hun blev dømt til et ophold på en reformskole. Det samme gjorde Mayumi, som kun delvist havde deltaget i drabet på Sawato, mens de mandlige parter derimod blev idømt fængsel, fordi de på en eller anden måde havde taget aktivt del i et drab.

Shinji havde blandt andet medvirket i drabet på Masahide på lige fod med Masato, Masayoshi og Atsushi, og for dette blev han idømt 5 til 10 års fængsel, men grundet hans alder blev dommen nedsat til 4 til 8 års fængsel. Saino havde spillet en større rolle under drabet på Sawato, så selvom han ellers ikke havde været indblandet i drabene på Masafumi og Katsutoshi, så modtog han alligevel en dom på 8 års fængsel, hvoraf 4 af disse blev gjort ubetinget. Nobu og Taro blev begge idømt 7 års fængsel, hvoraf 3 af disse blev gjort ubetinget. Og Toshio, der kun havde hjulpet til med at skjule drabet på Masahide, blev idømt 2 år og 6 måneders fængsel, hvoraf 1 år og 8 måneder blev gjort ubetinget.

Retssagen mod Masato Kobayashi, Masayoshi Kawabuchi og Atsushi Komori var langt mere kompliceret og endte derfor med at vare i over 5 år, hvor der nåede at blive foretaget over 100 høringer, eftersom det i retten var påstand mod påstand. Masato hævdede nemlig, at det var Atsushi, som var den utilregnelige af de tre, og at det var ham, som havde beordret de andre rundt, hvorimod Atsushi og Masayoshi begge pegede på Masato og anklagede ham for at have manipuleret med dem.

Da det kom til stykket, valgte domstolen da også at gå ud fra, at Masato så sandelig var gruppens leder. Så selvom de alle tre blev kendt skyldige i firedobbelt drab, blev Masato som den eneste dømt til døden, da der i 2001 blev afsagt dom, hvorimod Masayoshi og Atsushi slap med livsvarigt fængsel. Dog valgte alle tre at anke dommen, hvilket fik historiske konsekvenser for de to sidstnævnte, da sagen gik om i 2005.

Hér valgte domstolen nemlig at betragte de tre som værende lige skyldige, og derfor modtog de også den samme dom i form af dødsstraf, hvilket var første gang i efterkrigstidens Japan, at en gruppe, som havde været umyndige på gerningstidspunktet, var blevet dømt til døden i den samme sag. Dette var også et af de sjældne tilfælde, hvor en livstidsdom var blevet omstødt til en dødsdom under en appelsag, som den dømte tilmed havde anmodet om. Af den grund forsøgte Masayoshi og Atsushi naturligvis at anke på ny, og det samme gjorde Masato. Men deres appeller blev i 2011 afvist, hvorved de tre dødsdomme blev stadfæstet.

I forbindelse med denne bogs udgivelse i 2021 er der endnu ingen af de tre, som er blevet henrettet, og når det en dag sker, vil det højst sandsynligt foregå på samme dag, da dette er normalt for dødsfanger, som er blevet dømt i samme sag. Det var eksempelvis tilfældet med de 13 dødsdømte medlemmer af Aum Shinrikyo, der blev delt op i to grupper og henrettet på to forskellige dage i juli 2018.

Umyndige kriminelle bliver givet visse rettigheder i Japan, hvilket blandt andet inkluderer anonymitet. Af den grund er der for de fleste gerningspersoners vedkommende gjort brug af pseudonymer i dette kapitel, eftersom deres navne aldrig er blevet offentliggjort. Sådan forholder det sig imidlertid ikke med Masato, Masayoshi og Atsushi, der kun var underlagt navneforbud, indtil de blev dømt til døden. Siden da har Masayoshi dog skiftet efternavn til Haga, mens Atsushi først skiftede efternavn til Okura og senere Kurosawa.

Dette er den officielle liste over Masato Kobayashi, Masayoshi Kawabuchi og Atsushi Komoris bekræftede ofre:

Navn	Alder	Præfektur	Dræbt
Masahide	26 år	Osaka	28. september 1994
Sawato	22 år	Aichi	7. oktober 1994
Katsutoshi	20 år	Gifu	8. oktober 1994
Masafumi	19 år	Gifu	8. oktober 1994

1996 - 1998

Mareridtet på Kyushu

Futoshi Matsunaga var en noget atypisk seriemorder, idet han manipulerede andre personer til at slå ihjel, da han i løbet af to år stod bag i alt syv menneskers død i en af de mest gruopvækkende kriminalsager i Japans historie. Og særligt hans kone, Junko Ogata, spillede en aktiv rolle i de mange drab, hvoraf størstedelen af ofrene endda var hendes egne slægtninge. Så spørgsmålet var derfor, om Junko Ogata var Futoshi Matsunagas medsammensvorne, eller om hun i virkeligheden også var et offer for hans årelange tyranni.

Futoshi Matsunaga kom til verden den 28. april 1961 i byen Kitakyushu på Japans sydligste hovedø, Kyushu. Som 7-årig flyttede han dog med sine forældre til Yanagawa cirka 100 kilometer derfra, så hans far kunne overtage familievirksomheden, som det var planen, at Futoshi en dag skulle videreføre efter ham. Han var nemlig blevet født ind i en velstillet slægt, hvilket pålagde ham høje forventninger, men i skolen brillerede Futoshi heldigvis ved at få topkarakterer, ligesom han ovenikøbet blev valgt til klassens repræsentant.

Igennem sin barndom var Futoshi populær blandt andre børn grundet sin charmerende udstråling og selvsikre attitude. Og han nød at få opmærksomhed i en sådan grad, at han ofte valgte at fortælle løgnehistorier for på den måde at placere sig selv i rampelyset. Men hermed blev han også klar over, hvor let det var at manipulere andre mennesker med brug af snak alene, hvilket var en egenskab, han derfor besluttede sig for at holde ved lige, da han allerede som barn blev fascineret af de sociale magtforhold.

I skolen begyndte Futoshi således at blive trodsig over for lærerne, idet han udviklede en rebelsk adfærd over for autoriteter. Og da han startede på gymnasiet, endte det med, at han måtte overflyttes til en drengeskole, idet han som teenager blev en såkaldt skørtejæger, som ikke kunne holde fingrene fra pigerne.

Futoshi giftede sig også allerede som 19-årig, hvor han mødte en kvinde, som han i 1983 fik en søn sammen med. Men tilværelsen som familiefar var på mange måder en facade, for Futoshi var så glad for at boltre sig med modsatte køn, at han ved siden af ægteskabet havde den ene affære efter den anden – blandt andet med den et år yngre Junko Ogata, som havde gået i en klasse under ham på gymnasiet. Og dengang havde Futoshi desuden været sammen med hendes dengang 14-årige lillesøster, Reiko.

Efter at have forladt skolen blev Futoshi ansat i sin fars virksomhed, hvor han med tiden overtog ledelsen og herefter reformerede firmaet ved eksempelvis at ændre navnet på dette og omlægge produktionen, ligesom de ansatte blev pålagt et øget pres. Og hvis folk ikke præsterede, som Futoshi forventede, blev de udsat for sanktioner i form af fysisk afstraffelse.

Dette kunne sågar foregå ved, at de fik elektrisk stød med et hjemmelavet redskab, som en af medarbejderne selv havde introduceret Futoshi for, idet han havde gået på teknisk skole, hvor han havde lært at fremstille en strømførende stav ved at påsætte et metalstykke til en overskåret ledning, som kunne sættes i en stikkontakt. Og dette torturagtige remedium blev Futoshi nærmest besat af, idet han med blot et enkelt prik kunne få folk til at underkaste sig hans magt.

Futoshi Matsunaga nød kort sagt at have kontrol over andre mennesker, hvilket også var tilfældet i privatlivet, hvor han var voldelig over for sin kone, der ovenikøbet kendte til sin mands elskerinder, eftersom hun havde mødt flere af dem personligt. En af disse var Junko Ogata, som Futoshis kone endda havde gået i grundskole med. Og hun blev ligeledes udsat for fysiske overgreb, idet Futoshi blandt andet havde tvunget hende til at slikke mayonnaise op fra gulvet foran sin kone og søn, ligesom han i jalousi havde brændemærket sit navn i hendes bryst med en cigaret for på den måde at vise, at hun tilhørte ham – noget som også blev garanteret ved, at Junko blev tvunget til at ringe rundt til alle sine mandlige bekendtskaber for at afbryde kontakten med dem.

Trods den nedværdigende behandling så forblev Junko Futoshis mest trofaste elskerinde, selvom hun på et tidspunkt forsøgte at begå selvmord som følge af det psykiske pres, samtidig med at folk omkring hende bemærkede en markant karakterforandring hos den unge kvinde. Ydermere havde hendes forældre svært ved at acceptere, at deres ældste datter havde fundet sammen med en gift mand, som de derfor opfordrede hende til at forlade.

Men 23-årige Futoshi var tilsyneladende en så dygtig charmør, at han fik løst denne utilfredshed ved at forføre Junkos 44-årige mor, som han påbegyndte et seksuelt forhold med – noget som Junko endda fik at vide, hvilket førte til, at hun begyndte at betragte sin mor som en konkurrent, der forsøgte at forpurre hendes lykke.

Således fik Futoshi skabt splid i familien, så han dermed kunne sikre sig Junkos ubetingede loyalitet, idet hun i 1985 valgte at kappe forbindelsen til sine forældre for i stedet at flytte sammen med sin elsker. Så hun deltog eksempelvis ikke i sin lillesøsters bryllup, da hun året efter blev gift med en mand ved navn Kazuya, som hun senere fik en datter og en søn sammen med. Og Junko fik derfor heller ikke mødt sin niece og nevø, før hele familien atter ville samles under dybt tragiske omstændigheder, som ville ende med at sende chokbølger gennem det japanske samfund.

Junko opsagde ligeledes sin stilling som pædagog, da hun blev ansat som souschef i Futoshis firma, hvor hans tyranni af medarbejderne førte til et utal af opsigelser. Men Futoshi manipulerede ikke kun med folks følelser. I slutningen af 1980'erne begyndte han nemlig at udføre økonomisk svindel via sin virksomhed, hvor han tilmed fik overtalt sine ansatte til at dække over dette, så firmaet i smug nåede at svindle for flere millioner yen, før dette omsider blev opdaget i juli 1992.

Da Futoshi fik kendskab til, at myndighederne agtede at inspicere hans virksomhed, reagerede han ved straks at tømme firmakontoen, inden han gik under jorden med Junko, som han nu havde giftet sig med, efter at hans kone tidligere på året havde valgt at forlade ham ved at opsøge et krisecenter med deres 9-årige søn. Og imens Futoshi og Junko herefter blev efterlyst, blev firmaet erklæret konkurs med en gæld på 90 millioner yen, som hans familie måtte hæfte for.

På dette tidspunkt blev sager om økonomisk svindel forældet efter at have været uopklarede i syv år, hvilket betød, at ægteparret ville gå fri, hvis de kunne undgå at blive anholdt inden juli 1999. Men efter at have taget flugten fra Yanagawa viste det sig dog, at Junko var gravid. Så i begyndelsen af 1993 fødte hun parrets første søn, som her vil gå under navnet Hiro.

Fødslen blev ikke indberettet, og drengen blev derfor ikke registreret. Men det var ikke desto mindre besværligt at leve på flugt med et spædbarn, så de tre endte med at slå sig ned i Kitakyushu, hvor Futoshi selv var født. Og hér brugte han de fleste af sine penge på at købe op til flere lejligheder rundt omkring i byen, hvilket skete gennem en lokal ejendomsmægler ved navn Kumio, som både Futoshi og Junko kendte fra deres gymnasietid.

Han var derfor også bekendt med deres sande identiteter, men han var desværre ikke klar over, at parret var efterlyst. Så da han genoptog kontakten til dem, kunne han ikke vide, at dette ville blive begyndelsen på et sandt mareridt, som kom til at udfolde sig i nogle af de lejligheder, han havde solgt til Futoshi Matsunaga.

Over for fremmede kaldte Futoshi sig selv for Hashimoto, mens han præsenterede Junko som sin søster og sin lille søn som sin nevø. Men han var stadig en efterlyst mand, og da han havde brugt de fleste af sine penge på at købe lejligheder, måtte han finde en alternativ måde at tjene til føden. Og det var i den forbindelse, han valgte at tage kontakt til en anden af sine gamle klassekammerater – denne gang en kvinde, som nu var gift og havde tre små børn.

Futoshi havde tidligere haft et forhold til kvinden og havde derfor held med at charmere sig ind på hende med løftet om at gifte sig med hende, idet hun ikke vidste, at han allerede var gift med Junko. Så i april 1993 besluttede hun sig for at forlade sin mand for i stedet at flytte sammen med Futoshi i en af hans lejligheder. Og efter opfordring fra Futoshi medbragte hun også sine tre børn.

Den 29. oktober blev den yngste af disse – en kun 1-årig pige – imidlertid bragt på hospitalet med et uforklarligt hovedtraume, hvilket desværre endte med at koste hende livet. Pigens død blev anset for at være mistænkelig, men blev i sidste ende registreret som en ulykke, selvom det aldrig blev opklaret, hvordan denne skete. For et halvt år senere begik den 32-årige mor nemlig selvmord, da hun den 31. marts 1994 sprang ud fra en klippe efter at være tjekket ind på et hotel i havnebyen Beppu.

Kvindens to andre børn blev efterfølgende overdraget til hendes eksmand og forældre, som det seneste års tid havde overført næsten 20 millioner yen til hende. Men ved hendes død stod der dog ikke mere end 3.000 yen på hendes konto, så det formodes, at denne kvinde var et offer for Futoshi Matsunaga, som tilsyneladende kun forførte hende, så han kunne tære på hendes økonomi, idet hun tilfældigvis tog livet af sig selv, efter hendes forældre havde nægtet at give hende flere penge.

Herefter kastede Futoshi så interessen mod Kumio, der på dette tidspunkt boede sammen med sin kæreste og datter, som her vil blive kaldt for Kaori. Men Futoshi overtalte på en eller anden måde Kumio til at slå op med sin kæreste, hvorpå han og Kaori flyttede ind i en af hans lejligheder, hvor Junko påtog sig ansvaret for den lille pige, der til gengæld fik til opgave at hjælpe til med pasningen af Hiro.

Under en aften i byen kom Kumio en dag til at tale over sig i fuldskab, da han fortalte Futoshi, at han engang havde udført økonomisk svindel på sin arbejdsplads, uden at dette var blevet opdaget. Og lige netop den oplysning endte desværre med at få fatale konsekvenser. For Futoshi var kun ude på at udnytte Kumio, hvilket blev muligt med den nyerhvervede viden, idet han efterfølgende benyttede sig af denne til at afpresse manden, som jo ikke vidste, at Futoshi selv var eftersøgt for at have begået økonomisk svindel.

Futoshi havde dermed en klemme på Kumio. Men alligevel valgte han at få fuldkommen kontrol over den arme mand ved at tvinge ham til at underskrive en skriftlig tilståelse, hvor Kumio ovenikøbet erkendte at have forgrebet sig på sin datter og voldtaget Junko, selvom dette altså ikke passede. For han var så bange for at blive anmeldt af Futoshi, at han ikke turde andet end at gøre, hvad han fik besked på.

På den måde gik Kumio i en fælde, som han aldrig ville slippe fri fra igen, idet Futoshi tvang ham til at sige op, så han og hans datter kunne blive holdt fanget i lejligheden i Kitakyushu, hvor Futoshi på grusomste vis begyndte at eksperimentere med sin evne til at hjernevaske andre mennesker.

Kumio og Kaori blev herefter udsat for vedvarende mishandling i flere måneder, da Futoshi gjorde dem til sine personlige slaver ved at holde dem indespærret i sin lejlighed, hvor han trænede manden og pigen til at adlyde hans instrukser ved at give dem elektrisk stød med det særlige apparat, han tidligere havde anvendt over for sine medarbejdere.

Futoshi fik blandt andet ophævet det følelsesmæssige bånd mellem far og datter ved at få dem til at slå og bide i hinanden på kommando. For hvis de ikke makkede ret, blev de omgående straffet med stød, hvis de da ikke blev sendt ud på badeværelset, der fungerede som en slags skammekrog, hvor de blev sprøjtet til med iskoldt vand og låst inde hen over natten.

Både Kumio og Kaori blev desuden tvunget til at indtage store mænger alkohol, så de havde nemmere ved at give afkald på deres moral, når de nu og da blev instrueret i at tæske og håne hinanden. Den gravide Junko tog desuden også del i rædslerne, men den 26. februar 1996 endte den langvarige tortur imidlertid ud i en tragedie, da den 34-årige Kumio mistede livet som konsekvens af denne.

Futoshi fik da bildt Kaori ind, at det i virkeligheden var hende, som havde taget livet af sin far, idet han tog et billede af et bidemærke på mandens krop og påstod, at dette var et bevis på, at hun havde forvoldt hans død. Hun blev derfor beordret til at underskrive en skriftlig tilståelse i bytte for, at Futoshi lovede at hjælpe til med at skjule forbrydelsen, hvilket foregik ved, at Kaori og Junko fik til opgave at partere Kumios lig, så dette kunne blive skaffet af vejen.

Kaori var kun 11 år gammel, da hun sammen med Junko skar sin fars krop i stykker på badeværelset, hvorefter ligdelene blev blødgjort ved at blive kogt, så de til sidst kunne blive blendet sammen til en flydende masse, som blev puttet i plastikflasker. Pigen blev desuden tvunget til at smage på den ildelugtende suppe lavet på sin fars krop, før hende og Junko tog en færge til Kunisaki-halvøen på Kyushu, hvor de purerede menneskerester blev hældt ud i havet.

Umiddelbart herefter fødte Junko endnu en søn, som her vil blive kaldt for Masaki, mens Futoshi påtog sig Kumios identitet, så Kaori dermed kunne blive boende hos ham og Junko, hvor hun med tiden vænnede sig til de umenneskelige forhold, som hun simpelthen lærte at finde sig til rette i.

Kaori fik eksempelvis lov til at passe sin skole, ligesom hun nu og da besøgte sin farmor og farfar, som hver gang fik at vide, at deres søn havde travlt med at arbejde, selvom han altså var død. Men pigen turde ikke fortælle dem sandheden, for hun var jo overbevist om, at det var hende, der havde slået sin far ihjel, hvilket hun også havde skrevet under på. Så frygten for at blive straffet var årsagen til, at hun valgte at leve sammen med Futoshi og Junko i Kitakyushu, hvor Kumios død dog havde den konsekvens, at parret nu igen stod og manglede penge.

Futoshi charmerede sig derfor ind på en 36-årig kvinde, som han lovede at gifte sig med, da hun og hendes 3-årige datter flyttede sammen med ham i en af hans lejligheder. Men det gik meget hurtigt op for kvinden, at Futoshi i virkeligheden kun var ude på at udnytte hende ved at overtage kontrollen over hendes økonomi, idet hun i december 1996 blev spærret inde på badeværelset sammen med sin datter, hvor de to blev holdt fanget, inden det tre måneder senere lykkedes for kvinden at flygte ved at springe ud fra vinduet.

Kvinden søgte omgående hjælp, men hun var så emotionelt påvirket efter oplevelsen, at hun måtte indlægges til behandling på en psykiatrisk afdeling, så man i begyndelsen havde svært ved at forstå, hvad hun helt nøjagtigt var blevet udsat for. Hun havde desuden været nødsaget til at efterlade sin lille datter hos Futoshi, som dog sørgede for at anbringe pigen ude foran hendes fars hjem, straks som det gik op for ham, at hendes mor havde formået at flygte.

Futoshi skyndte sig nemlig selv at smutte fra lejligheden, som han derfor havde nået at forlade, da politiet fandt frem til denne. Og eftersom han i købskontrakten havde benyttet sig af et pseudonym, så fandt man altså aldrig ud af, hvem der boede på adressen – ikke før fem år senere, hvor man fik kendskab til de rædselsfulde sager, som i denne periode udspillede sig i andre lejligheder i Kitakyushu.

Futoshi blev træt af at være den, som skulle sætte sin frihed på spil for at forsørge sin familie. Så i april 1997 bad han Junko om at finde en måde at skaffe penge på, alt imens han bosatte sig i en anden lejlighed sammen med Kaori og deres ældste søn, Hiro. I desperation forsøgte Junko derfor at kontakte sin familie, som dog nægtede at låne hende penge. Men hendes forældre tilbød trods alt at tage sig af den kun 1-årige Masaki, så hun i det mindste kunne finde sig et arbejde.

Junko blev herefter ansat på en bar i byen Yufuin. Men da Futoshi bemærkede, at hun ikke havde været hjemme i et stykke tid, gik han ud fra, at hun måtte være stukket af. Af den grund kontaktede han hendes familie, så han på den måde fandt ud af, hvor hun befandt sig, men han var ikke desto mindre overbevist om, at hun havde forladt ham.

Futoshi foretog da et noget drastisk valg, idet han simpelthen bildte Junkos familie ind, at *hun* havde slået Kumio ihjel, hvilket han truede med at fortælle politiet, medmindre hendes familie hjalp ham med at få hende tilbage. Så sammen fandt de på at fortælle Junko, at Futoshi havde begået selvmord, så hun dermed fik opfattelsen af, at det igen var trygt et vende tilbage til Kitakyushu. Men da Junko gjorde dette, blev hun naturligvis overrasket over at finde ud af, at Futoshi stadig var i live. Og eftersom han troede, at hun havde forsøgt at forlade ham, lod han sin vrede vælte ud over hende i form af fysisk afstraffelse.

Dette førte til, at Junko rent faktisk forsøgte at stikke af fra Futoshi. Men hun måtte kun forlade lejligheden i selskab med ham eller Kaori. Og af frygt for selv at blive straffet af Futoshi turde pigen ikke andet end at være loyal over for ham. Så da Junko en dag prøvede på at flygte, imens de to var i byen, ringede Kaori omgående til Futoshi, som hurtigt fik opsporet Junko og bragt hende med tilbage til lejligheden, hvor hendes mareridt på ingen måde havde taget sin begyndelse endnu.

Junkos familie var en aristokratisk en af slagsen, som for alt i verden ville opretholde slægtens gode omdømme. Selv dengang, hun havde forsøgt at begå selvmord, bad hendes forældre om, at ambulancen skulle køre uden udrykning, da de var bange for at påkalde sig lokalsamfundets opmærksomhed. Og denne angst for at blive gjort til et mål for andres fordomme var også medvirkende til, at Junkos familie ville undgå, at hun blev sendt i fængslet for drabet på Kumio, som Futoshi jo havde bildt dem ind, at hun stod bag.

Da Futoshi gav sig til at kræve penge af Junkos forældre og søster for ikke at gå til politiet, overførte de derfor hele deres opsparing på 63 millioner yen til ham. Og da han herefter blev ved med at forlange mere, end de kunne nå at tjene, resulterede dette i, at de tre i stedet begyndte at køre de 100 kilometer til Kitakyushu for at udføre husligt arbejde hos Futoshi, hvilket sågar foregik om natten, idet de havde deres rigtige arbejde at passe i dagtimerne.

Junkos 61-årige far, Takashige, 58-årige mor, Shizumi, og 33-årige søster, Reiko, skiftedes til at køre frem og tilbage mellem deres eget og Futoshis hjem, så de gradvist blev gjort til hans husslaver, idet de begyndte at bruge mere og mere tid i hans lejligheder i Kitakyushu. Og da Reikos mand – den 38-årige Kazuya, undrede sig over, hvad hans kone foretog sig om natten, valgte han en dag at tage med hende, hvorved han på en eller anden mystisk måde også blev et offer for Futoshi Matsunagas sociale kontrol.

Reiko og Kazuyas to børn: datteren Aya på 10 og sønnen Yuuki på 5, blev også bragt med til Kitakyushu, hvor hele Junkos familie herfra begyndte at opholde sig, da de mere eller mindre blev overtalt til at slå sig ned hos Futoshi. Børnene droppede således ud af skolen og børnehaven i august 1997, hvorpå de fire voksne pludselig holdt op med at møde på arbejde fra den ene dag til den anden, uden at nogen kendte til årsagen. Folk havde ikke desto mindre bemærket, at familien var begyndt at opføre sig underligt, men ingen havde den fjerneste anelse om, hvad der foregik i deres privatliv.

Ingen andre end familien selv ved, hvordan de helt nøjagtigt endte med at bosætte sig hos Futoshi, der tilmed fik dem til at skifte adresse til Kumamoto, så deres naboer troede, at de var flyttet af egen fri vilje, mens de i virkeligheden blev holdt som slaver et helt andet sted i landet. Og efter at have fået kontrol over familien varede det ikke længe, før Futoshi befæstede sin status som husstandens overhoved ved at opsætte regler, der begrænsede beboernes adfærd såvel som frihed.

Der var eksempelvis krav til påklædning og kost, ligesom man skulle sidde på tæer og spise sin mad fra aviser på gulvet, hvilket endda skulle gøres på begrænset tid. Og når man skulle tisse, foregik dette i flasker, fordi toilettet blev anvendt som skammekrog, så det derfor kun var tilladt at besørge derude én gang om dagen, hvilket desuden skete med tilskuer, fordi det var forbudt at komme i berøring med brættet.

Ydermere måtte folk kun tale, hvis de fik tilladelse til dette, og de måtte ikke sove mere end 3 til 4 timer ad gangen, hvilket man dog kun fik lov til i dagtimerne. Og hvis man snorkede, blev man straffet ved at blive sendt ud på badeværelset eller toilettet. Men Futoshi benyttede sig også af elektrisk stød for at få Junko og hendes familie til at adlyde ham, og han fik dem ovenikøbet til at give hinanden stød, så der på den måde opstod splid på tværs af familiemedlemmerne, idet han blandt andet bad dem om at grine, imens de gik efter de mest følsomme steder på kroppen – såsom kønsdelene.

Børn gav deres forældre stød. Forældre gav deres børn stød. Bedsteforældre gav deres børnebørn stød. Mænd og koner gav hinanden stød. Oven i det dyrkede Futoshi sex med både Junko, hendes mor og søster, når det passede ham, som var de hans personlige harem. Og han tvang dem sågar til at gå nøgne rundt – nogle gange med vibratorer i deres underliv, hvilket han også tog billeder af, så han dermed kom i besiddelse af endnu mere snavs, som kunne true den fine families gode ry.

Det var ikke kun Futoshi, som sørgede for, at den undertrykkende form for orden i hjemmet blev opretholdt. Via fysisk afstraffelse fik han nemlig vendt familiemedlemmerne mod hinanden, så de blev loyale over for ham. Så selvom at der var hængelåse på både døre og vinduer, som skulle forhindre, at folk stak af, så fik de faktisk lov til at gå udenfor i par, fordi Futoshi vidste, at den ene person ville sladre til ham, hvis den anden forsøgte at flygte.

Det var således frygt, der bandt folk til lejligheden i Kitakyushu, som de trods alt havde mulighed for at forlade, hvis de havde lyst. Men Futoshis hjernevask var simpelthen så omfattende, at han fik overbevist både Kaori og Junkos familie om, at det var bedre for dem at leve i evig lidelse hos ham end ude i omverdenen, hvor friheden ellers lå for deres fødder.

Dog fik Futoshi ikke andet end opfyldt sit sadistiske behov for at have kontrol over andre ved at have Junkos familie boende, idet han havde rystet hver en yen ud af dem. Han fik derfor Reiko og Kazuya til at udfylde en pensionserklæring, så han kunne hæve deres pensionsopsparing, samtidig med at Takashige og Shizumi blev bedt om at sælge deres hus i Yanagawa.

Men den store ejendom var imidlertid ejet af Takashiges far (Junkos farfar), som nægtede at sælge, da hans søn forsøgte at overtale ham til dette den 19. december 1997. Og dette gjorde simpelthen Futoshi så rasende, at han lod sin vrede gå ud over Takashige, der i de kommende dage blev straffet med elektrisk stød af både Futoshi, Junko og de andre familiemedlemmer, før dette endte med at koste den 61-årige mand livet den 21. december.

Hen over julen blev Takashiges lig parteret på samme måde som med Kumio, da også hans krop blev skåret i stykker, kogt og blendet til mos, som blev hældt i flasker, hvorpå disse blev bragt udenfor, så indholdet kunne blive skyllet ud i offentlige toiletter. Men hændelsen havde tilsyneladende formået at knække hans kone, Shizumi, idet hun efterfølgende begyndte at gå fra forstanden ved eksempelvis at komme med spontane skrig og verbale udbrud.

Kvindens bizarre opførsel generede Futoshi. Så han valgte at holde et lille familiemøde sammen med Junko, Reiko og Kazuya, hvor han spurgte dem, om de havde nogle gode ideer til, hvad der skulle ske med den 58-årige Shizumi. Men alle forslag blev dog afvist af Futoshi, indtil Junko pludselig foreslog, at de kunne tage livet af hendes mor, hvilket Futoshi omgående godkendte som "fællesskabets beslutning", eftersom han havde sørget for, at denne blev truffet via andre end ham selv, til trods for at det ellers var ham, der havde det sidste ord.

En måned efter sin mands død mistede Shizumi derfor også livet, da hun den 20. januar 1998 blev kvalt af sin svigersøn, Kazuya, imens hendes to døtre holdt hende fast, så hun ikke kunne kæmpe imod. Og Futoshi tog således heller ikke del i drabet, idet han herfra manipulerede andre til at slå ihjel, så *de* kunne påtage sig skylden for de dødsfald, som han i teorien stod bag.

På dette tidspunkt befandt Kaori sig i en anden lejlighed sammen med Futoshi og Junkos sønner, idet de ikke var ofre for Futoshis sociale kontrol i lige så høj grad. Men børnene var for det meste overladt til sig selv, idet Futoshi havde travlt med at undertrykke Junko og hendes familie, hvilket herefter kom til at foregå i en ny lejlighed i Kitakyushu, hvor Futoshi så sig nødsaget til at flytte ind med Junko, hendes søster, svoger, niece og nevø, fordi han var bange for, at Shizumis støjende adfærd kunne have vakt naboernes mistanke i den forrige lejlighed.

Da den 33-årige Reiko mistede hørelsen som følge af gentagende stød mod tindingerne, begyndte dette derfor også at irritere Futoshi, idet folk måtte hæve stemmen, når de talte til hende, samtidig med at Reiko selv råbte, fordi hun ikke længere havde en fornemmelse af, hvor højt hun snakkede. Futoshi fik dermed overbevist hendes familie om, at kvinden simpelthen var ved at blive skør ligesom sin mor. Så da han den 10. februar 1998 låste Reiko ude på badeværelset, forlod han herefter lejligheden med beskeden om, at Junko og Kazuya vidste, "hvad der skulle gøres".

Futoshi beordrede dem altså ikke til at slå Reiko ihjel. Men alligevel valgte Junko og Kazuya at tage livet af kvinden, da de bragte den 10-årige Aya med sig ud på badeværelset, hvor Kazuya bad sin datter om at tage afsked med sin mor, inden han med brug af en ledning kvalte Reiko, alt imens Junko og pigen sørgede for at holde hendes arme og ben fast.

I de kommende måneder blev den 38-årige Kazuyas krop så nedbrudt som følge af den langvarige mishandling, at hans system gradvist slog fra, så han blandt andet led af konstant diarre, ligesom han kastede op, hver gang han fik noget at spise. Han tilbragte derfor det meste af tiden ude på toilettet, hvor han var blevet låst inde, da han den 13. april 1998 blev givet nogle piller mod kvalme, som han indtog med en dåse øl. Men kort tid herefter blev han imidlertid fundet livløs på toilettet af sin egen datter, og Futoshi kunne dermed konstatere, at hans tyranni havde kostet endnu en person livet.

Ligene af Shizumi, Reiko og Kazuya blev alle parteret, hvilket Aya og Yuuki sågar deltog i. Men de to børn var nu blevet forældreløse, og det varede ikke længe, før savnet overvældede den 10-årige Aya, som var dybt ulykkelig, da hun en dag spurgte Futoshi, om hun ikke nok måtte få lov til at forlade lejligheden, så hun kunne vende hjem til sit eget værelse. Hun lovede tilmed, at hun ikke ville sladre om alt det, hun de sidste ni måneder havde oplevet. Men da henviste Futoshi til hendes 5-årige lillebror og spurgte, hvordan hun i så fald ville sørge for, at han ligeledes holdt sin mund.

I samråd med Futoshi blev Aya således klar over, at hun var nødt til at slå drengen ihjel. Så den 17. maj bad hun Yuuki om at lægge sig på køkkengulvet, hvorpå hun sammen med Junko kvalte livet ud af ham, alt imens 13-årige Kaori fik til opgave at holde ham fast, hvorved hun for første gang tog del i et drab. Egentlig havde Junko tilbudt, at hun alene skulle kvæle Yuuki, men Futoshi forbød dette ved at påpege, at Aya havde meldt sig frivilligt, og derfor var det også hende, som skulle tage livet af sin lillebror. Men hun var dog ikke stærk nok og endte derfor med at blive assisteret af Junko, mens Futoshi blot stod og så på.

Aya fik imidlertid ikke lov til at vende hjem, selvom hun havde slået Yuuki ihjel. Så herefter mistede pigen fuldkommen lysten til at leve, samtidig med at hun blev fysisk afkræftet, da Futoshi holdt op med at give hende mad med beskeden om, at hun helst ikke skulle være for tyk, når det inden længe var hendes tur til at blive parteret.

Ayas død var altså forudbestemt, og hun kunne således kun se frem til den dag, hvor der ville blive gjort en ende på hendes lidelser, hvilket skete den 7. juni 1998, hvor den svækkede pige blev bragt med ud på badeværelset af Futoshi. Hér havde de to nemlig en samtale, som endte med, at Futoshi bad Junko og Kaori om at gøre dem selskab, idet han påstod, at Aya ikke længere ønskede at leve og derfor gerne ville dø.

Den 10-årige pige nikkede da og lagde sig med ryggen på gulvet, inden hun strakte nakken ud, så det på den måde var nemmere at gribe fat om hendes hals, hvilket Junko og Kaori fik til opgave at gøre, idet de i fællesskab kvalte Aya, som hverken havde lysten eller energien til at stritte imod. I stedet tog hun villigt afsked med livet, og efterfølgende blev også hendes lig parteret, på samme måde som hendes lillebrors var blevet måneden forinden. Så på under et halvt år havde Junko Ogata dermed været med til at udslette sin egen familie, hvis forsvinding gik ubemærket hen.

11 personer var nu blevet reduceret til fem, hvoraf tre endda var børn. Men der kom inden længe to nye til. For Futoshi havde fortsat brug for penge og vendte derfor tilbage til at udse sig gifte kvinder, som han kunne charmere sig ind på. Og på den måde fik han overtalt en tilfældig kvinde til at tage sig sammen til at forlade sin mand, hvilket blev gjort ved, at han tilbød at overtage pasningen af hendes to små tvillingedøtre, så hun kunne fokusere på at opbygge en selvstændig tilværelse, indtil den dag, hun var klar til livet som alenemor.

Junko og Kaori fik herefter ansvaret for de to piger. Men Futoshi havde dog ikke ligefrem i sinde at give dem et trygt hjem. For han tog kun imod børnene, så han kunne få kvinden til at betale børnebidrag, og således fik han på snedigste vis en fast indkomst, idet han i de kommende år svindlede hende og hendes eksmand for over 20 millioner yen.

Nedenstående illustration viser sagens involverede parter og deres relation til hinanden. Kvadraterne repræsenterer de syv ofre, mens cirklerne repræsenterer de syv overlevende, som boede i lejlighederne i Kitakyushu, da disse blev ransaget af politiet:

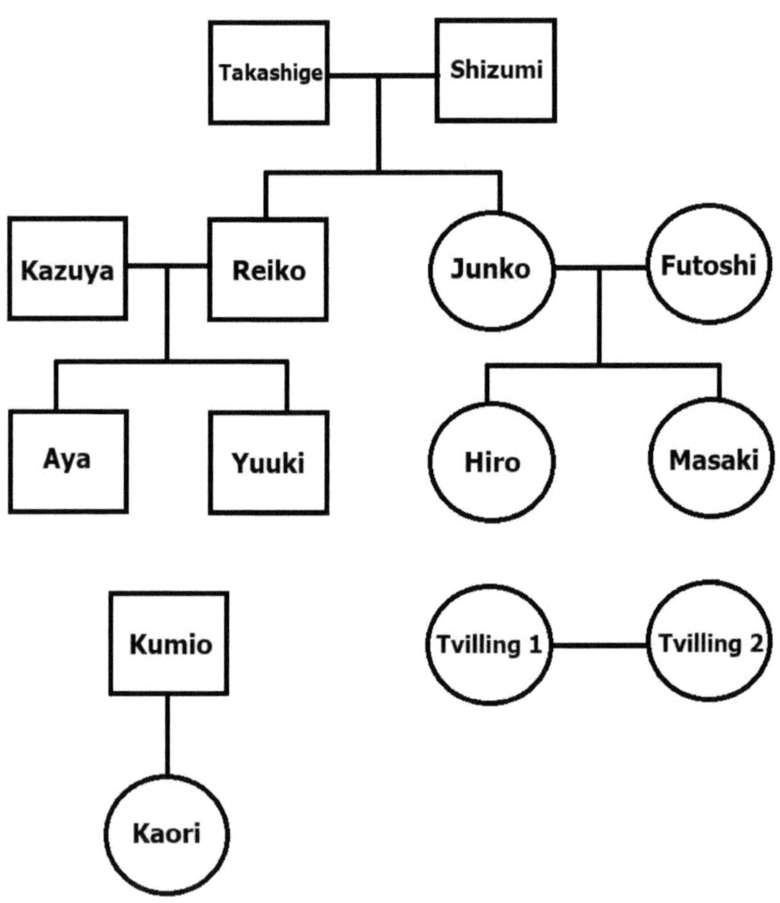

Efterlysningen af Futoshi Matsunaga og Junko Ogata udløb i 1999, da sagen om økonomisk svindel blev forældet efter at have været uopklaret i syv år. Parret behøvede derfor ikke længere at leve i skjul, men de var alligevel blevet så vant til dette, at deres levevis ikke ændrede sig i løbet af de næste 2,5 år, hvor den nu 17-årige Kaori omsider fik nok af sin usle tilværelse.

Den 30. januar 2002 flygtede pigen nemlig hjem til sin farmor og farfar, hvor hun formåede at opholde sig i to uger, før Futoshi fik opsporet hende og atter bragt hende med tilbage til Kitakyushu ved at påstå, at han var blevet sendt af hendes far, fordi Kaori var stukket af hjemmefra. Og hjemme i lejligheden blev teenagepigen herefter spærret inde og udsat for torturlignende afstraffelse i de kommende uger, hvor Junko blandt andet trak hendes tånegle af med en knibtang.

Smerten efter dette var så uudholdelig, at Kaori knap nok kunne gå. Men alligevel tog hun chancen, da hun den 6. marts igen så sit snit til at stikke af fra lejligheden, hvorpå hun på ny opsøgte sine bedsteforældre. Og straks som de så de omfattende skader på deres barnebarns krop, skyndte de sig at ringe til politiet, som efterfølgende mødte op i lejligheden i Kitakyushu, hvor Futoshi og Junko begge var 40 år gamle, da de blev anholdt og sigtet for børnemishandling, mens deres sønner – 9-årige Hiro og 6-årige Masaki – samt de to tvillingepiger blev overdraget til de sociale myndigheder.

Under afhøringen af Kaori viste det sig dog, at man havde at gøre med en sag, der var langt mere omfattende og grusom, end nogen i deres vildeste fantasi havde forestillet sig, idet hun først fortalte, at hun slet ikke var beslægtet med hverken Futoshi eller Junko, hvorefter hun afslørede de ufattelige rædsler, hun havde været vidne til de sidste seks år, hvor hendes mareridt begyndte med hendes fars død i 1996.

Men denne historie var alt for uhyggelig til at være sand. Og da der ikke var nogen beviser til at bakke op om pigens udsagn, måtte man forhøre Futoshi og Junko, der dog begge nægtede at udtale sig, selvom politiet ganske vist fandt ud af, at både Kumio og Junkos familie rent faktisk var forsvundet. Så herfra handlede det sådan set bare om at finde ud af, om Kaori talte sandt.

Først i oktober besluttede Junko sig så endelig for at krybe til bekendelse, da hun simpelthen fortalte den samme historie som Kaori, hvorved det stod klart, at en nærmest uvirkelig tragedie havde udspillet sig i Kitakyushu i slutningen af 1990'erne. Så både Junko og Futoshi blev derefter sigtet for at have stået bag hele syv menneskers død, hvoraf størstedelen af disse endda var kvindens egne slægtninge.

Da retssagen mod Futoshi Matsunaga og Junko Ogata begyndte, blev de to derfor betragtet som medskyldige, og de blev således også tiltalt for de samme forbrydelser. Men eftersom Futoshi nægtede sig skyldig i samtlige anklager, måtte man forholde sig til Junko og Kaoris forklaringer, der dog var så identiske, at disse blev anset for at være troværdige.

Men hermed kom det også frem, at det faktisk var Junko og Kaori, der sammen med Reiko, Kazuya og Aya havde udført fire af de i alt syv drab, mens Futoshi indirekte havde forvoldt Kumios, Takashiges og Kazuyas død via hans mishandling af dem. Og på den måde opstod der et juridisk dilemma. For hvordan i alverden skulle der afsiges dom i denne bizarre sag, hvor nogle af ofrene havde været med til at slå hinanden ihjel – og så endda uden, at de var blevet tvunget til dette?

Futoshi havde jo manipuleret folk til at tage livet af hinanden. Men dermed blev han også ansat for at være den hovedskyldige, hvis tyranni havde drevet andre mennesker så langt ud af fatning, at de mistede deres oral såvel som fornuft. Men så var spørgsmålet bare, om Junko overhovedet kunne betegnes som hans medskyldige. For var hun i virkeligheden ikke også et offer for hans sociale kontrol?

Junko var imidlertid den person, som havde taget del i at slå flest personer ihjel. Og for dette modtog hun den hårdeste straf af dem alle, da både hun og Futoshi i 2005 blev dømt til døden – en dom, som de begge besluttede sig for at anke. Og mens dette viste sig at være forgæves for Futoshi, hvis appel blev afvist i både 2007 og 2011, hvorved dødsdommen endte med at stå ved magt, så forholdt det sig anderledes for Junkos vedkommende, idet hendes dødsdom derimod blev omstødt til en livstidsdom.

Dette skyldtes, at man i retten tog højde for den psykiske belastning, som kvinden havde lidt under i løbet af de 20 år, hun havde været underlagt Futoshis kontrol, så man dermed anerkendte, at hun følte sig tvunget til at tage livet af sin egen familie – en overbevisning, som kun blev styrket af, at hendes familiemedlemmer jo også havde deltaget i at slå hinanden ihjel. Det var simpelthen utænkeligt, at så mange personer (heriblandt et barn) skulle have begået drab af egen fri vilje. Så det var åbenlyst, at de alle måtte være ofre for hjernevask, hvilket ligeledes gjaldt for Junko. Men hun havde ikke desto mindre brudt loven, og dette var hun altså nødt til at blive straffet for.

Kaori slap derimod for at blive retsforfulgt, til trods for at hun havde assisteret i drabene på Aya og Yuuki, ligesom hun ovenikøbet havde været med til at partere op til flere lig – heriblandt hendes egen fars. Og det skyldtes først og fremmest, at man betragtede hende som et offer for både Futoshi og Junko, samtidig med at hun på gerningstidspunkterne havde været under den kriminelle lavalder.

Kaori havde gennemlevet nogle af de værste uhyrligheder, der nogensinde har foregået på japansk grund, og det var kun takket være hende, at disse kom frem i lyset. Hun fik tilmed bearbejdet sine traumer efter at være blevet sendt på et børnehjem, så hun på den måde fik stablet en stabil tilværelse på benene som voksen, hvor hun blev gift og fik to børn.

Futoshi og Junkos sønner var aldrig ikke blevet registreret, og myndighedernes havde derfor heller ikke kendskab til deres eksistens. De gik således ikke i skole og blev aldrig taget med til lægen. Men selvom de ellers voksede op i et sandt helvede, så har også de fået lagt fortiden bag sig efter at være blevet voksne, idet den ældste søn blandt andet har offentliggjort videoer på YouTube, hvori han på ærlig vis fortæller om sin opvækst. Han har eksempelvis afsløret, at han ligeledes var med til at partere lig og skylle disse ud i offentlige toiletter, ligesom han har kunnet berette, at hans far mistede synet efter at være blevet ramt af diabetes i fængslet. I forbindelse med denne bogs udgivelse i 2021 er Futoshi Matsunaga endnu ikke blevet henrettet.

Denne sag er kendt for at være en af de mest groteske og bestialske i japansk kriminalhistorie. Men det specielle ved den er, at der hverken var lig eller håndgribelige beviser, som kunne belyse dens omgang, idet det alene er Junko og Kaoris vidneudsagn, der har været med til at dokumentere forbrydelsen, der for mange japanere er så brutal og kompleks, at det nærmest er umuligt at forholde sig til den.

Dette skyldes også, at de japanske medier har undladt at fremlægge visse detaljer under deres dækning af sagen, fordi den simpelthen er så modbydelig, at kun de færreste kan begribe, hvordan sådanne rædselsfulde hændelser overhovedet har kunnet finde sted. For ikke nok med, at folk har svært ved at begribe, hvordan en enkelt mand kunne manipulere en så stor gruppe mennesker til at slå hinanden ihjel, så er der også mange, der ikke kan forstå, hvordan samfundet kunne overse den serie af forsvindinger og dødsfald, der fandt sted i løbet af to år.

Der var eksempelvis ingen, som lagde mærke til, at Kumio forsvandt, så han blev aldrig efterlyst, hvilket også gjaldt for Junkos familie, selvom folk pludselig ikke kunne få kontakt til fire forskellige voksne med hver deres sociale omgangskreds. Aya var heller ikke registret på nogen skole, selvom der ellers er undervisningspligt i Japan. Og mens Kaori godt nok fik lov til at gå i skole, så havde hun en ekstremt høj fraværsprocent, samtidig med at hun udviste tydelige tegn på fysiske overgreb, underernæring og søvnmangel. Oven i det hørte naboerne konstant foruroligende lyde fra lejlighederne i Kitakyushu, uden at dette på noget tidspunkt blev indberettet.

Denne sag er dermed med til at give indsigt i, hvordan man i Japan respekterer privatlivets fred i en sådan grad, at man fuldkommen undlader at blande sig i andre folks tilværelse trods begrundet mistanke om, at noget ikke er, som det skal være. Ikke engang myndighedernes alarmklokker ringede, til trods for at der ellers var flere børn involveret i det årelange lange mareridt, som derfor blev deres dagligdag.

Siden årtusindeskiftet har man i Japan gjort mere ud af at monitorere borgerne og forbedre velfærdssamfundet, så man kan yde folk støtte og dermed forhindre overgreb i hjemmet samt andre sociale problemer. I 1990'erne var der nemlig ikke de samme muligheder for at få hjælp fra myndighedernes side, da der blandt japanerne var en udbredt opfattelse af, at man skulle tage ansvar for sig selv i stedet for at besvære andre.

Af den grund endte mange i personlige kriser, når de stod over for udfordringer i tilværelsen, fordi de ganske enkelt undlod at søge hjælp fra officiel front. Så i slutningen af det 20. århundrede blev der grundlagt et utal af sekter rundt omkring i Japan, hvor folk søgte uden om samfundet for at skabe deres eget, så de hér kunne få den støtte og vejledning, som de havde brug for. Men hermed opstod der også hierarkier, regler og en særlig levevis, som folk indrettede sig efter, så de på den måde havnede i et kollektivt miljø, som de begyndte at betragte som deres nye virkelighed.

Futoshi Matsunaga er da også blevet betegnet som en sektleder, idet han fik fuldkommen kontrol over folk ved at frarøve dem deres frihed, så de helt undlod at stræbe efter denne. Og faktisk minder sagen fra Kitakyushu om en lignende hændelse fra 1995, hvor seks mennesker blev fundet døde i et hjem i byen Sukugawa i Fukushima-præfekturet.

Hér havde den selvudnævnte healer Sachiko Eto nemlig etableret en sekt, der foruden hende inkluderede ti medlemmer. Men magten endte dog med at stige den 47-årige kvinde til hovedet, da hun fik sine følgere til at udføre "ritualer", hvor de på kommando tæskede hinanden ihjel, blot fordi deres leder påstod, at folk var besatte af dæmoner.

Dette er den officielle liste over de personer, hvis død Futoshi Matsunaga fik ansvaret for at have stået bag, mens Junko Ogata blev dømt for at have assisteret ham under drabene:

Navn	Alder	Lejlighed nr.	Dræbt
Kumio	34 år	1	26. februar 1996
Takashige	61 år	1	21. december 1997
Shizumi	58 år	1	20. januar 1998
Reiko	33 år	2	10. februar 1998
Kazuya	38 år	2	13. april 1998
Yuuki	5 år	2	17. maj 1998
Aya	10 år	2	7. juni 1998

1996

Dødens taxa

Hiroaki Hidaka boede i Hiroshima, hvor han arbejdede som taxachauffør. Men når mørket var faldet på, benyttede han sig dog af sin taxa til noget helt andet, idet han med denne samlede prostituerede op fra gaden. Og da han i 1996 befandt sig i pengenød, udså Hiroaki Hidaka sig derfor prostituerede som nemme ofre, da han i løbet af fem måneder tog livet af fire kvinder med det formål at berøve dem, mens de var alene med ham i taxaen.

Hiroaki Hidaka blev født den 17. april 1962 i byen Miyazaki på Japans sydligste hovedø, Kyushu, hvor han voksede op i en velhavende familie, der udover hans forældre inkluderede to ældre brødre. Som barn manglede Hiroaki derfor intet, ligesom han i skolen fik høje karakterer og tilmed var god til sport.

Men til trods for at Hiroaki ellers var bogligt stærk, så formåede han alligevel ikke at bestå adgangsprøven til det prestigefyldte Tsubaka Universitet, hvor han ellers havde håbet på at kunne læse til lærer. I stedet måtte han i 1981 affinde sig med at blive optaget på Fukuoka Universitet, selvom han ikke lagde skjul på, at han følte sig bedre end de andre studerende.

Hiroaki var nemlig kendt for sin snobbede attitude, som han havde fået anlagt gennem sin opvækst i et overklassemiljø. Og da han fortsatte med at bære nag over, at han var nødsaget til at læse på et middelmådigt universitet, besluttede han sig for at afbryde sin uddannelse i 1985 for i stedet at vende tilbage til sin familie i Miyazaki, hvor han samtidig fik sig et arbejde.

I sin fritid bedrev Hiroaki dog en playboy-tilværelse, idet han brugte sin løn på druk og prostituerede. Og på den måde begyndte han også at komme i klammeri med loven, da han først blev taget i at køre i påvirket tilstand på sin motorcykel, før han som 23-årig var involveret i et hjemmerøveri, hvilket kostede ham en dom på to års fængsel.

Efter at være blevet løsladt valgte Hiroaki i 1986 at forlade sin familie i Miyazaki for i stedet at flytte hjem til sin onkel i Hiroshima, hvor han blev ansat som taxachauffør. Men han var fortsat livsnyder af natur, så efter at have fået fri tog han både i byen for at drikke og samle prostituerede op fra gaden – hvilket sågar foregik med hans taxa, idet han ovenikøbet kunne finde på at købe sex i arbejdstiden.

Der var bare det problem, at Hiroakis livsstil kostede mere, end han tjente, så han derfor så sig nødsaget til at optage det ene lån efter det andet. Og således havde han fået opbygget en gæld på 5 millioner yen, da hans onkel i 1991 introducerede ham for en et år ældre kvinde, som Hiroaki endte med at gifte sig med.

Gennem sin kone kunne Hiroaki dermed komme sin gæld til livs, da de sammen købte et hus i Hiroshima, idet han i smug tog et lån i dette. Men på den måde skyldte han blot penge et andet sted. Og mens hans hustru var lykkeligt uvidende om dette, fik de to en datter i 1993, hvilket imidlertid blev begyndelsen på et helt andet problem for den lille familie.

Hiroakis kone blev nemlig ramt af en fødselspsykose, så hun måtte indlægges til behandling. Og eftersom Hiroaki tilbragte det meste af sin tid på at arbejde, kunne han ikke tage sig af sin nyfødte datter, som han af den grund besluttede sig for at sætte i pleje hos sine svigerforældre. Men hermed blev hans stabile tilværelse som familiefar også bragt til en ende, og så varede det ellers ikke længe, før han igen begyndte at bruge aftenerne på at køre rundt i Hiroshima, hvor han både drak alkohol og hyggede sig med prostituerede.

I 1996 havde Hiroaki igen fået opbygget en skyhøj gæld. Men som taxachauffør tjente han kun en gennemsnitsløn, hvilket gjorde det umuligt for ham at betale de månedlige afdrag, når han samtidig gerne ville leve livet med druk og damer. Og dagen efter hans 34-års fødselsdag var ingen undtagelse, da Hiroaki om aftenen den 18. april tog ud for at finde en prostitueret, selvom hans vagt ellers ikke var slut.

Klokken var omkring 20, da han i sin taxa kørte forbi Shintenchi Park, hvor han fik øje på den kun 16-årige Rie, som indvilligede i at komme med den 18 år ældre mand for 20.000 yen, hvilket Hiroaki var villig til at betale. Så efter at pigen var steget ind i taxaen, kørte de to sammen til et hotel i Hiroshima for at dyrke sex.

Da Hiroaki efterfølgende spurgte, hvorfor en så ung pige havde valgt at sælge sin egen krop, fortalte Rie, at hun kom hele vejen fra Osaka, fordi hendes far skyldte 100.000 yen til nogle skumle typer fra nabobyen Kure. Og eftersom han var stukket af fra familien, måtte de derfor tilbagebetalende pengene, hvilket tilmed skulle ske senere på aftenen. Men med de 20.000 yen havde pigen nu heldigvis samlet nok penge til, at hun kunne betale lånet af på sin families vegne.

Ries historie rørte Hiroaki, som af den grund tilbød at køre hende de 20 kilometer til Kure, så hun hurtigst muligt kunne få afviklet sin fars gæld. Så efter at have forladt hotellet i Hiroshima satte Rie sig ind på passagersædet i taxaen, hvorpå Hiroaki kørte hende ud fra byen med retning mod Kure.

Men på vejen dertil gik det imidlertid op for ham, at pigen ved hans side var i besiddelse af hele 100.000 yen, hvilket var et beløb, som han selv kunne bruge. Og da han dermed blev ramt af grådighed, mistede han samtidig respekten for livet, idet Hiroaki på spontan vis besluttede sig for at slå Rie ihjel, så han kunne berøve hende. Han drejede derfor af til en øde landevej og sikrede sig, at der ikke var andre trafikanter i nærheden, da han pludselig holdt ind til siden, før han løsnede sit slips og med brug af dette kvalte teenagepigen til døde i taxaen.

Efter at have taget livet af Rie gennemsøgte Hiroaki hendes pung, hvor der dog ikke var mere end 50.000 yen, hvoraf han selv havde givet hende 20.000 af disse, hvilket betød, at han netop havde slået hende ihjel for 30.000 yen. Ærgrelsen var derfor stor, da han herefter satte kursen tilbage mod Hiroshima, hvor han på vejen skilte sig af med pigens tøj og personlige ejendele, før hendes nøgne lig blev kastet i en kanal i udkanten af byen.

Da Hiroaki fik fri fra arbejde i løbet af natten, overdrog han nogle af de stjålne penge til sin arbejdsplads, hvor han samtidig sørgede for at udfylde en falsk kørselsrapport, så ingen dermed fik mistanke om, hvad han i virkeligheden havde foretaget sig i arbejdstiden. Men i stedet for at betale sin egen gæld af, så tog Hiroaki direkte i byen efter fyraften, hvor han brugte resten af pengene på at drikke sig fuld, inden han i de tidlige morgentimer satte sig bag rattet i sin taxa for at køre hjem.

På vejen påkørte han imidlertid en parkeret knallert, hvorefter han faldt i søvn i bilen. Og da uheldet senere blev opdaget af en forbipasserende politibetjent, som fik vækket Hiroaki, var det tydeligt, at han havde drukket. Men fordi bilen holdt stille, kunne det ikke bevises, at han havde kørt denne i påvirket tilstand, og således slap han altså fra at blive pågrebet af lovens lange arm blot få timer efter, at han ellers havde begået et drab.

Hiroaki var desuden overbevist om, at Rie stammede fra Osaka, og at man nok ikke ville mistænke en person i Hiroshima for at stå bag hendes død, idet hun næppe havde fortalt sin familie, at hun ville tage så langt væk hjemmefra for at sælge sin krop. Men da pigens lig blev fundet den 6. maj, viste det sig dog, at Rie endnu engang havde løjet for Hiroaki, idet hun rent faktisk boede i landsbyen Kurose uden for Hiroshima, hvorved jagten blev sat ind på en lokal morder.

Hiroaki så derfor tiden an uden at vide, om politiet ville komme på sporet af ham eller ej. Men efterhånden som månederne gik, indså han, at der jo ikke var nogen relation mellem ham og Rie, hvilket gjorde det noget nær umuligt for politiet at udpege lige netop ham som gerningsmanden. Så da han i sommeren 1996 blev indberettet til inkasso og dermed sortlistet hos de japanske låneudbydere, valgte Hiroaki Hidaka simpelthen at tjene penge på at slå andre mennesker ihjel. Og eftersom han nu var blevet klar over, at prostituerede var nemme ofre, så var det også dem, han målrettet gik efter.

Om aftenen den 12. august tog Hiroaki derfor tilbage til Shintenchi Park i Hiroshima, hvor han denne gang udså sig en 23-årig kvinde, som tilfældigvis også hed Rie. Men efter at have bragt hende med på et hotel, hvor de som aftalt dyrkede sex, valgte Hiroaki at tage en anden rute tilbage mod byen, idet han i stedet kørte ad en mørk landevej, hvor han efter midnat parkerede bilen på en bro og hér kvalte den unge kvinde med sit slips inde i taxaen.

I Ries pung lå 52.000 yen, hvoraf Hiroaki havde givet hende 30.000 af disse, således at hans udbytte i denne omgang var 22.000 yen. Og pengene blev endnu engang spenderet på druk i Hiroshima, efter at han på vejen havde skaffet sig af med liget ved at efterlade det ved bredden af en flod.

Hiroaki havde ikke ligefrem tjent en formue på at slå to personer ihjel. Men han havde ikke desto mindre fået smag for dette, fordi det gav ham en følelse af magt, hvorved han blev bekræftet i sin egen opfattelse af, at han var hævet over almindelige mennesker, hvilket han mente, at han var, når han jo bogstavelig talt kunne styre andres liv ved at gøre en ende på det. Så selvom det ellers var pengene, der var drivkraften, så følte han altså også en form for tilfredsstillelse ved at begå drab, så det på en måde udviklede sig til et begær, som han var nødt til at reagere på, idet han trods alt ikke besad den store selvkontrol.

Allerede to uger senere fik Hiroaki derfor lyst til at slå ihjel igen, da han fik øje på den 45-årige Mariko på gaden i Hiroshima. Hende havde han nemlig været sammen med tidligere. Og da Mariko dengang havde stjålet penge fra Hiroaki, besluttede han sig for at udpege lige netop hende som sit næste offer. Så ugen efter – den 7. september – samlede han Mariko op i sin taxa under påskud af, at han gerne ville dyrke sex med hende. Men i virkeligheden havde han så meget foragt over for kvinden, at han ikke kunne vente med at tage livet af hende.

I stedet for at bringe Mariko med til et hotel kørte Hiroaki derfor direkte ud af byen og videre til en øde landevej, hvor han parkeret bilen og løsnede både sit slips og bælte, idet han jo kendte Mariko og derfor var klar over, at hun var en temperamentsfuld kvinde. Og ganske som ventet strittede hun da også imod, da han først forsøgte at kvæle hende med sit slips. Men da Hiroaki herpå fik viklet bæltet om hendes hals, var dette derimod nok til at overvinde Mariko, så også hun mistede livet i taxaen.

Udover de 30.000 yen, som Hiroaki på forhånd havde givet hende, var der i Marikos pung 52.000 yen, som han omgående stak i sin egen, hvorpå han efterlod liget ved en flod. Og herefter vendte han så tilbage til Hiroshima, hvor det inden længe gik op for den 34-årige mand, at han nu var blevet seriemorder, og at han uden tvivl ville blive dømt til døden, hvis han skulle risikere at blive anholdt.

Af den grund besluttede Hiroaki sig for, at han lige så godt kunne øge antallet af ofre, eftersom han jo endnu ikke var blevet mistænkt for et eneste drab, selvom han ellers havde begået tre af slagsen. Men dette skyldes jo, at der var tale om såkaldte fjerndrab, hvor der umiddelbart ikke var nogen relation mellem offeret og gerningsmanden. Så Hiroaki begik noget af en fejl, da han natten til den 14. september valgte at dræbe en af de prostituerede, som han jævnligt var kunde hos.

Egentlig havde Hiroaki udpeget en anden kvinde som sit fjerde offer, da han tilfældigvis fik øje på den 32-årige Yoko, som var en af hans faste bekendtskaber. Og ved synet af hende, fik han pludselig lyst til at slå hende ihjel. Så da Hiroaki samlede hende op i sin taxa, troede Yoko, at der sådan set var tale om et helt almindeligt møde med en stamkunde, da de sammen tog videre til et hotel for at dyrke sex. Men herefter kørte Hiroaki dog kvinden ud fra byen, hvor han atter opsøgte en mørk landevej, så han hér kunne parkere bilen og i al ubemærkethed tage livet af den intetanende kvinde med sit slips.

Men straks som Yoko blev angrebet af Hiroaki, skyndte hun sig at åbne bildøren og springe ud fra taxaen, hvorpå hun gav sig til at flygte hen ad vejen – blot for at blive indhentet af Hiroaki, som slæbte den skrigende kvinde med tilbage til bilen, hvor hun blev tvunget ind på bagsædet og slået bevidstløs med en række knytnæveslag, umiddelbart inden Hiroaki fik taget livet af hende ved at stramme slipset om hendes hals.

Hiroaki tømte herefter Yokos pung, hvori der lå 56.000 yen. Men han havde selv givet hende 40.000 af disse, således at hans udbytte lød på 16.000 yen. Så i alt havde han altså tjent 120.000 yen på at slå fire kvinder ihjel, hvilket var mindre, end han som taxachauffør tjente på fire arbejdsdage.

Yokos lig blev ligeledes efterladt ved en flod, inden Hiroaki kørte tilbage til Hiroshima. Men allerede næste morgen blev den døde krop fundet af en hundelufter. Så i denne omgang stod politiet altså med et friskt drab, og det var derfor også muligt at påbegynde efterforskningen af dette med det samme.

Efter at offeret var blevet identificeret, gik man da straks i gang med at afhøre Yokos omgangskreds for på den måde at finde ud af, hvem hun sidst havde været sammen med på drabsdagen. Og på den måde kom Hiroaki Hidaka omsider i politiets søgelys, da en af Yokos kolleger kunne fortælle, at hun var blevet set stige ind i hans taxa.

For at få bekræftet at Yoko ikke blot fik et lift, kontaktede politiet herefter byens hoteller, hvor det viste sig, at hun på et af disse var blevet set i selskab med Hiroaki, der således blev udpeget som en mulig mistænkt. Men dette havde han skam allerede forudset, i samme øjeblik som fundet af Yokos lig blev omtalt i medierne. For da politiet dukkede op på hans adresse for at bringe ham med til afhøring, var Hiroaki ikke hjemme, idet han var stukket af til Kyushu.

Hermed blev politiet ikke desto mindre overbeviste om, at Hiroaki måtte være involveret i drabet på Yoko, eftersom hans arbejdsplads heller ikke kunne få kontakt til ham. Så mens han blev efterlyst, sørgede Hiroaki for at holde lav profil langt borte fra Hiroshima, indtil han den 20. september besluttede sig for at vende tilbage til byen for at hente nogle ting i sit hjem.

Det viste sig dog, at politiet fortsat befandt sig ude foran hans hus. Så Hiroaki valgte at stjæle en bil i løbet af natten, så han i denne kunne vende tilbage til Kyushu. Men på vejen dertil stødte han uheldigvis ind i en politiafspærring, og da han forsøgte at køre uden om denne, blev han omgående dirigeret ind til siden for da at blive bragt med til den nærmeste politistation, hvor man kunne konkludere, at bilen var blevet meldt stjålet.

I første omgang blev Hiroaki derfor anholdt og sigtet for biltyveri, indtil man dog fandt ud af, at han var eftersøgt i en drabssag. Så senere på dagen blev han overdraget til politiet i Hiroshima, som omgående valgte at forhøre ham om drabet på 32-årige Yoko, hvilket Hiroaki med tiden erkendte at have stået bag. Men han havde imidlertid slået så mange kvinder ihjel, at han ikke selv havde styr på, hvor han havde efterladt deres lig. Så da han omtalte en helt anden flod end den, hvor Yoko var blevet fundet, gik det op for politiet, at Hiroaki muligvis kunne have flere liv på samvittigheden, idet man trods alt også stod med det uopklarede drab på 16-årige Rie.

Til politiets store overraskelse valgte Hiroaki dog ikke kun at tilstå dette, men også drabene på den 23-årige Rie og 45-årige Mariko, hvis forsvindinger hidtil havde været et mysterium. Deres lig blev derfor først fundet efter Hiroakis tilståelse, hvorved det viste sig, at han altså havde taget livet af fire kvinder, og at man rent faktisk havde at gøre med en seriemorder, man end ikke havde haft kendskab til.

Straks efter sin anholdelse blev Hiroaki skilt fra sin kone, ligesom han havde set sin lille datter for sidste gang. For herfra var han fuldkommen fattet og accepterede, at hans forbrydelser var blevet bragt til en ende, så han nu måtte stå til ansvar for disse. Han var endda så samarbejdsvillig, at han selv i retten valgte at erklære sig for skyldig i alle anklager ved samtidig at fremlægge alle detaljer omkring drabene. Og præcis som han havde forventet, blev han i 2000 dømt til døden, hvilket var en dom, som han ikke engang forsøgte at appellere. Så seks år senere kunne henrettelsen finde sted, da han den 25. december 2006 blev hængt i en alder af 44 år.

Hiroaki Hidaka er desuden ikke den eneste japanske seriemorder, der har udset sig prostituerede som ofre. Fra 1967 til 1973 dræbte Kiyoshi Watanabe nemlig også fire prostituerede, hvoraf den ene af disse var en mand. Han blev anholdt som 24-årig og senere dømt til døden, men er i forbindelse med denne bogs udgivelse i 2021 endnu ikke blevet henrettet.

Til trods for at han ellers var en seriemorder, så har der desuden ikke været meget omtale af hverken Kiyoshi Watanabe eller hans forbrydelser, netop fordi hans ofre var prostituerede, idet man før i tiden nedtonede dækningen af sådanne sager, fordi man ikke anså gerningspersonerne for at være en trussel mod "almindelige borgere". Historisk set har prostituerede da også været populære ofre blandt seriemordere på tværs af kulturer, fordi det at sælge sex er et lyssky foretagende, hvilket er med til at gøre prostituerede til et let bytte for dem, der bliver så afhængige af at begå drab, at de begynder at gøre det for fornøjelsens skyld.

Dette er den officielle liste over Hiroaki Hidakas bekræftede ofre:

Navn	Alder	By	Dræbt
Rie	16 år	Hiroshima	18. april 1996
Rie	23 år	Hiroshima	13. August 1996
Mariko	45 år	Hiroshima	7. september 1996
Yoko	32 år	Hiroshima	14. september 1996

2002

Den djævelske duo

Tetsuo Odajima og Katsumi Morita voksede op i hver sin ende af Japan, men fandt som voksne sammen i fængslet, hvor de planlagde at begå et brutalt hjemmerøveri mod en velhavende virksomhedsejer. Efter at være blevet løsladt i 2002 brød de derfor ind hos direktøren for motorproducenten Mabuchi Motor. Men da han ikke var hjemme, endte hans kone og datter med at blive dræbt af Tetsuo Odajima og Katsumi Morita, der herefter begik yderligere to hjemmerøverier med dødeligt udfald, så de på under fire måneder nåede at tage livet af fire mennesker.

Tetsuo Odajima kom til verden under anden verdenskrig, da han blev født den 17. april 1943 i byen Takinoe på Japans nordligste hovedø, Hokkaido. Hér voksede han op i dyb fattigdom og blev allerede sat til at arbejde som 4-årig, så han kunne være med til at bidrage til sin families husholdning, der var så sparsom, at den desværre ikke rakte til daglige måltider.

Tetsuo gik derfor sulten i seng det meste af sin barndom, hvor han i desperation begyndte at bryde ind på restauranter for at stjæle mad, så han på den måde kunne få mættet sin mave. Men dette blev også begyndelsen på hans livslange karriere som kriminel, idet han fra en tidlig alder gjorde det til en vane at berøve andre for at forsøde sin egen tilværelse. Så i 1959 var han blevet afsløret i at have stået bag 16 indbrud, da han som 16-årig havde passeret den kriminelle lavalder og således kunne blive sendt på en reformskole, efter at han endnu engang blev taget i at begå lovovertrædelser.

Efter at være fyldt 17 fik Tetsuo lov at vende tilbage til friheden, og han valgte da at lægge sin familie bag sig for i stedet at påbegynde en selvstændig tilværelse ved samtidig at anskaffe sig et arbejde. Men når det kom til stykket, kunne han alligevel ikke afholde sig fra at falde tilbage i den kriminelle løbebane, da han igen begik et indbrud i december 1960, for hvilket han denne gang modtog en fængselsdom.

Efter at være blevet løsladt forsøgte Tetsuo sig igen med et arbejde, inden han i stedet valgte at gøre det til sin levevej at begå ulovligheder, så han dermed blev en vaneforbryder, der tilmed huserede i forskellige egne af Japan. Igennem hele sit voksenliv røg han derfor ind og ud af fængslet, hvor han i midten af 1980'erne mødte en to år yngre mand, der her vil gå under navnet Jin.

Jin havde ligesom Tetsuo specialiseret sig i at begå indbrud i private hjem. Men han var blevet træt af det ofte beskedne udbytte, så i fængslet begyndte han at planlægge et røveri mod en virksomhed, så han på den måde kunne være sikker på at slippe afsted med millioner af yen. Og til dette ville han gerne have hjælp. Så Jin allierede sig med Tetsuo, som han lovede at dele pengene med.

Da de begge var blevet løsladt, mødtes de to mænd således igen, idet Jin havde udset sig et lille byggefirma i byen Niiza i Saitama-præfekturet nord på Tokyo. Og efter at have undersøgt dettes økonomi såvel som sikkerhed, besluttede han sig for, at firmaet skulle fungere som mål for ham og Tetsuo, der bevæbnede med en kniv og pistol invaderede kontoret i Niiza om morgenen den 6. juni 1990, hvor det imidlertid kun var ejerens storebror, som var til stede.

Da mængden af kontanter samtidig var begrænset, valgte den 45-årige Jin og 47-årige Tetsuo simpelthen at kidnappe manden, som blev beordret til at køre dem de 15 kilometer hjem til hans brors private bolig i Tokyo, hvor de to røvere invaderede huset og dermed afbrød en børnefødselsdag, idet byggefirmaets ejer på lige netop denne dag havde valgt at holde fri, fordi det var hans barnebarns 1-års fødselsdag.

I alt syv familiemedlemmer blev således taget som gidsler, da både børn og voksne blev bundet fast, mens de fik tape for munden og bind for øjnene. Efterfølgende blev de så delt op i tre forskellige rum, hvorpå Jin og Tetsuo forsøgte at tvinge byggefirmaets ejer til at udlevere sin opsparing ved at true med at slå ham og hele hans familie ihjel.

Manden nægtede i første omgang at samarbejde. Men efter at være blevet holdt fanget i halvandet døgn uden at have fået noget at spise eller drikke indvilligede han omsider i at ringe til sin sekretær, så hun kunne hæve et stort kontantbeløb og aflevere dette på hans adresse i Tokyo, hvor Jin og Tetsuo stak af fra huset, straks som de var kommet i besiddelse af pengene.

Ingen personer kom til skade under det langstrakte røveri, som var noget af en succes, idet de to mænd slap afsted med hele 300 millioner yen, hvilket gjorde dette til en yderst sensationel forbrydelse. Alt blev derfor sat ind på at få opsporet gerningsmændene, der med tiden blev identificeret. Så efter at have foretaget en kortvarig flugt til udlandet, blev Tetsuo Odajima pågrebet i Narita Lufthavn den 22. september, mens Jin formåede at være på fri fod i yderligere to måneder, før han ligeledes blev opsporet af politiet og anholdt.

Eftersom Jin blev anset for at være den ledende part, modtog han en dom på 13 års fængsel for det brutale hjemmerøveri i Tokyo, hvorimod Tetsuo blev idømt 12 års fængsel, hvilket var hans hidtil hårdeste dom. Men man kan ikke ligefrem sige, at han lærte sin lektie. For i fængsel mødte han nemlig Katsumi Morita, med hvem han begyndte at planlægge en ny og endnu mere opsigtsvækkende forbrydelse.

Katsumi Morita blev født den 17. oktober 1950 i byen Isa i Kagoshima-præfekturet på Japans sydligste hovedø, Kyushu, hvor han voksede op i trygge rammer hos sin far, som havde fast arbejde og dermed også en stabil indkomst. Igennem sin barndom såvel som ungdom levede Katsumi sådan set et helt normalt liv uden på noget tidspunkt at komme i klammeri med loven. Efter at have afsluttet sin uddannelse flyttede han endda til Osaka, hvor han hurtigt fandt sig et job, ligesom han hér blev gift og fik en lille søn i 1976.

Men på dette tidspunkt begyndte det også at gå ned ad bakke for den unge mand, idet han først mistede sin stilling, hvorpå han endte ud som ludoman, hvilket i sidste ende kostede ham hans ægteskab. I de kommende år forsøgte Katsumi så at tjene penge via diverse småjobs, indtil han med tiden tyede til økonomisk svindel. Og det var dette, som førte til hans første fængselsdom i 1983, hvor han i en alder af 32 var endt ud på noget af et sidespor i livet.

Efter at være blevet løsladt begik Katsumi nemlig den værste forbrydelse af dem alle, da han flyttede til Tokyo, hvor han forelskede sig i en thailandsk prostitueret, som var blevet bragt til Japan på ulovlig vis af en anden thailandsk kvinde på 21 år. Det var derfor hende, der administrerede kvindens kontrakt. Men da Katsumi den 9. januar 1989 forsøgte at købe sin veninde fri, resulterede dette i en ophedet diskussion, som endte med, at han simpelthen valgte at kvæle den 21-årige kvinde ihjel.

For dette modtog Katsumi Morita en dom på 12 års fængsel. Men dette fik desværre skæbnesvangre konsekvenser. For det var under sit ophold i fængslet, at Katsumi mødte Tetsuo Odajima, som jo også blev idømt 12 års fængsel for det famøse røveri i Tokyo – en forbrydelse, som han sågar pralede af at have stået bag, ligesom han fortalte, at han havde planer at om at begå et nyt hjemmerøveri mod en velhavende virksomhedsejer, lige så snart han blev løsladt. Og for at slippe afsted med det, havde han denne gang tænkt sig at skille sig af med alle vidner ved ganske enkelt at tage livet af sine ofre, hvorefter han agtede at sætte ild til deres hjem for på den måde at fjerne alle spor.

Allerede under sit ophold i fængslet udså Tetsuo sig et muligt offer i skikkelse af direktøren for motorproducenten Mabuchi Motor – Takaichi Mabuchi, idet han ved at læse aviser og erhvervsblade fik kendskab til virksomhedens økonomi, som på dette tidspunkt var i vækst trods den økonomiske krise, som ramte Japan i slutningen af 1900-tallet.

Men Tetsuo vidste af erfaring, at det var bedst at være to under et hjemmerøveri. Så efter at han havde præsenteret sin plan for Katsumi i 1996, aftalte de at slå sig sammen og mødes på den anden side af tremmerne, den dag de begge var blevet løsladt. For Katsumi havde modtaget sin dom før Tetsuo, og han var derfor også den første, som blev prøveløsladt, hvilket skete i 2000, hvor han i de første måneder var tilknyttet et rehabiliteringsforløb, der dog ikke havde nogen som helst effekt på ham.

Da Katsumi blev overladt til sig selv, sørgede han nemlig for at leje en lejlighed i Gunma-præfekturet nord for Tokyo, hvor det var tanken, at Tetsuo ligeledes skulle flytte ind, så snart han også blev en fri mand, hvilket skete efter mere end to års ventetid – den 25. juni 2002. På dette tidspunkt var Tetsuo 59 år gammel, mens Katsumi var 51. Men deres efterhånden fremskredne alder forhindrede dem dog ikke i at holde deres aftale, idet Tetsuo kun lige nåede at forlade fængslet, før han blev opsøgt af Katsumi. Og herefter begyndte de to mænd så at udtænke det i forvejen planlagte røveri mod Takaichi Mabuchi.

Den første måned blev brugt på at komme i besiddelse af falske identifikationspapirer, så Tetsuo og Katsumi i al ubemærkethed kunne forlade Japan, umiddelbart efter at forbrydelsen var blevet begået. Men herudover anskaffede de sig også de nødvendige remedier såsom knive, reb, tape samt en fireliters benzindunk, eftersom det fortsat var planen, at hjemmerøveriet skulle ende ud i et massedrab, inden der til sidst ville blive sat ild til huset.

Dette befandt sig i byen Matsudo øst for Tokyo, hvor Takaichi

Mabuchi boede sammen med sin 66-årige kone Etsuko samt sin 43-årige søn og datteren Yuka på 40. Og dette vidste Tetsuo og Katsumi, idet de også forberedte sig ved at observere familiens hjem for at blive bekendt med deres daglige rutiner.

På den måde fandt de ud af, at Takaichi og sønnen var på arbejde i dagtimerne, hvor Etsuko og Yuka derimod var hjemme. Så Tetsuo og Katsumi besluttede sig for at bryde ind i huset i løbet af eftermiddagen, hvor de havde tænkt sig at holde de to kvinder som gidsler, så de først kunne gennemsøge huset for værdier, før de ville true Takaichi til at udlevere sin formue, når han i løbet af aftenen kom hjem.

Både han og hans familie skulle herefter slås ihjel, så der kunne blive stukket ild til huset. Men selvom planen ellers var lagt, så endte virkeligheden med at blive en smule anderledes. For da Tetsuo og Katsumi besluttede sig for at invadere hjemmet i Matsudo den 5. august 2002, skete dette ganske vist om eftermiddagen klokken 13.30. Men der nåede kun at gå to timer, før de igen forlod huset efter at have slået halvdelen af dets beboere ihjel.

Tetsuo og Katsumi kørte til Matsudo i en bil, som de parkerede ved den nærmeste togstation, hvorpå de begav sig hen til familien Mabuchis hus til fods med en papkasse i hænderne, idet de udgav sig for at være fra et leveringsfirma. Men i virkeligheden indeholdt denne alle de foruroligende effekter, som inden længe ville omdanne et idyllisk hjem til et sandt helvede.

Da der i fuldt dagslys blev ringet på, var det datteren Yuka, som åbnede døren. Og hun nåede end ikke at forholde sig til situationen, før hun med en kniv blev beordret indenfor, hvor hun og hendes chokerede mor først fik hænderne bundet fast, før de begge fik tapet deres ansigter til, så de hverken kunne råbe efter hjælp eller se, hvad der foregik omkring dem.

Mor og datter blev herefter splittet op, mens Tetsuo og Katsumi gav sig til at gennemrode familiens ejendele hver for sig. Tetsuo begav sig op på førstesalen sammen med Yuka, hvorimod Katsumi blev i stueetagen sammen med Etsuko. Men efter at de to mænd var blevet enige om, at de havde fået dét, som var værd at komme efter, blev det samtidig besluttet at afbryde røveriet ved dog at afslutte det som aftalt.

Tetsuo kvalte derfor den forsvarsløse Yuka i hendes forældres soveværelse, mens Etsuko blev kvalt af Katsumi i stuen. Efterfølgende blev de to kvinders lig så overhældt med benzin, hvorpå der blev sat ild til dem, inden røverparret skyndte sig at forlade det brændende hjem med et udbytte bestående af kontanter, dyre ure, smykker og guldbarre – det hele med en samlet værdi på over 10 millioner yen.

Branden blev hurtigt opdaget og slukket, så man dermed kunne konkludere, at den var blevet påsat, ligesom manglen på værdier indikerede, at man stod med noget så usædvanligt som et dobbelt rovmord. Men Tetsuo og Katsumi havde af en eller anden grund ikke gennemsøgt alle rum, idet de både overså et pengeskab, et propfyldt smykkeskrin samt et utal af pengesedler, der tilsammen løb op i over en million yen. Så generelt lod de altså til at have haft temmelig travlt, til trods for at de ellers havde brugt over en måned på at planlægge hjemmerøveriet, der oprindeligt skulle have kostet op til fire mennesker livet.

Måske blev de ramt af panik i øjeblikket, eller også mistede de bare tålmodigheden efter at have fået tyvekoster mellem hænderne. Uanset hvad så formåede de to mænd at slippe afsted med forbrydelsen, idet de hverken nåede at blive mistænkt eller anholdt, inden de den 20. august forlod Japan for i stedet at rejse til Filippinerne, så de hér kunne nyde livet uden at bekymre sig om dem, de havde taget.

Efter et par uger slap pengene dog op. Så Tetsuo og Katsumi vendte i løbet af september tilbage til Japan med det formål at begå endnu et hjemmerøveri mod en virksomhedsejer. Men den forrige forbrydelse havde krævet lang tids planlægning, og da den så endelig skulle føres ud i livet, var det en forholdsvis simpel aktion, der alligevel ikke udspillede sig som foreskrevet.

Af den grund valgte de to mænd at vende blikket bort fra mogulerne for i stedet at gå efter en almindelig borger, der blot faldt ind under kategorien "velhavende mand". Og da Tetsuo en dag fik øje på en udendørsreklame for en tandlægeklinik, endte de på den måde med at udse sig en tandlæge ved at slå en tilfældig en op i telefonbogen, hvor valget faldt på den 71-årige Fumio.

Fra den 19. september begyndte Tetsuo og Katsumi derfor at observere den ældre mand, hvorved de fandt ud af, at han hver aften forlod sin klinik efter lukketid, hvorefter han gik de få hundrede meter hjem til sit hus i Tokyo, hvor han boede sammen med sin kone og søn, der begge var på ferie. Så han var kort sagt et oplagt bytte at sætte kløerne i.

Allerede den 24. september valgte Tetsuo og Katsumi så at slå til, idet de havde planer om at følge efter Fumio på hans vej hjem, inden de ville overfalde ham, mens han var ved at låse sig ind. Det var herefter hensigten at frarøve ham hans ejendele ved samtidig at tage livet af ham, så igen medbragte de to røvere en kniv, reb og tape, hvorimod de ikke havde intentioner om at sætte ild til huset i denne omgang.

Det var således en simpel plan, der helst skulle være tilendebragt på under en halv time. Men de 30 minutter blev imidlertid brugt på at vente ude foran tandlægeklinikken, idet Fumio af en eller anden grund aldrig valgte at forlade denne. Omkring klokken 18.30 luntede Tetsuo derfor hen til hans hus på egen hånd, hvor det viste sig, at manden allerede var hjemme. Så Tetsuo besluttede sig for at iværksætte hjemmerøveriet alene ved at bryde ind i huset, hvor han først stak Fumio ned for derefter at binde ham fast, før han ringede til Katsumi og bad ham om at gøre ham selskab.

Kniven havde ramt Fumio i brystet og punkteret hans ene lunge, så han lå blødende på gulvet og gispede efter vejret, da Katsumi mødte op og gjorde en ende på den ældre mands lidelser ved at kvæle ham til døde.

Han og Tetsuo gennemsøgte derpå huset for værdier og endte med at slippe væk med 350.000 yen, mens forbrydelsen blev opdaget samme aften, hvor Fumios svigersøn kom forbi for at se til ham, idet Fumio skulle have været til middag hos sin datter klokken 19, hvilket han altså var ved at gøre klar til, da Tetsuo brød ind i hans hjem. Og det er således muligt, at Fumio kunne have overlevet, hvis Tetsuo havde ventet bare et kvarter længere foran tandlægeklinikken.

I denne omgang var udbyttet desuden så sparsomt, at Tetsuo og Katsumi valgte at blive i Japan, hvor pengene slap op i løbet af en måneds tid. Og eftersom de ikke kunne udstå tanken om at tjene til føden på ærlig vis, begyndte de at ernære sig ved at begå indbrud, inden de atter gav sig til at planlægge et røveri mod en velhavende mand, som jagten derfor gik ind på.

Nogle af pengene fra røveriet i september var blandt andet blevet brugt på lotterisedler fra en forhandler i Tokyo. Så den 15. november foreslog Tetsuo, at han og Katsumi skulle røve denne, idet han var overbevist om, at man hér måtte være i besiddelse af et stort kontantbeløb. Men efter at have undersøgt sikkerheden nærmere, valgte de i stedet at udse sig ejerens private hjem i Abiko øst for Tokyo – kun 13 kilometer fra Matsuda, hvor dobbeltdrabet på Takaichi Mabuchis kone og datter fortsat blev efterforsket af politiet.

Tetsuo og Katsumi overvågede lotteriforhandlerens daglige færden og fandt på den måde ud af, at han efter lukketid om aftenen tog toget fra Tokyo til Abiko, hvor det sidste stykke hjem til hans hus blev tilbagelagt til fods. De to mænd planlagde derfor at kidnappe ham i deres bil, efter at han havde forladt togstationen, hvorpå de ville køre ham hele vejen tilbage til Tokyo, hvor de agtede at true ham til at slå alarm- og overvågningssystemet fra, så de i ro og mag kunne berøve hans butik.

For at kidnapningen på åben gade ikke skulle skabe opmærksomhed, købte Tetsuo og Katsumi et par politiuniformer og klædte sig ud som betjente, så det dermed ville se ud, som om at de eskorterede manden bort, når de i virkeligheden tvang ham ind i deres bil. Men for tredje gang i træk havde de udtænkt en plan, som kom til at udfolde sig på anderledes vis. For da Tetsuo og Katsumi den 20. november kørte den lange vej til togstationen i Abiko og hér gav sig til at vente på deres offer, så viste dette sig endnu engang at være forgæves, eftersom de ikke kunne vide, at lotteriforhandleren var nødt til at arbejde over til langt ud på aftenen.

Men dette fik desværre også fatale følger. For efter at have ventet i fire lange timer besluttede Tetsuo og Katsumi sig for at afbryde missionen, idet de kørte ud fra byen for at tilbringe natten i deres bil. For næste dag havde de ganske enkelt tænkt sig at vende tilbage til Abiko og invadere mandens hus i håbet om, at han var hjemme. Og hvis ikke, så kunne de i det mindste berøve hans hjem. Problemet var bare, at han boede sammen med sin 65-årige kone, Kimie.

Tetsuo og Katsumi var endnu iført deres politiuniformer, da de om aftenen den 21. november ringede på hjemme hos lotteriforhandleren, hvor det som ventet var hans kone, som åbnede op. Og hun nåede kun lige at notere sig de to mænd på sit dørtrin, inden hun blev slået i gulvet med et knytnæveslag i ansigtet, hvorpå dette blev sprøjtet til med peberspray, så hun altså var fuldkommen forsvarsløs, da hun herefter fik hænderne lagt i håndjern bag ryggen, samtidig med at hun fik munden tapet til.

Kimie udgjorde dermed ingen trussel, men alligevel valgte Katsumi at slutte det hele af med at kvæle livet ud af hende, idet han og Tetsuo arbejdede ud fra den præmis, at vidner udgjorde den største trussel imod dem, hvilket var grunden til, at de i fællesskab nu havde taget livet af fire personer på under fire måneder.

Efter at have slået den ældre dame ihjel gennemsøgte de to mænd hjemmet for værdier og endte med at slippe afsted med flere millioner yen, før Kimies mand vendte hjem fra arbejde i løbet af natten, hvor han til sin store skræk fandt sin kone død. Så endnu et rovmord blev dermed indberettet til politiet, som dog ikke havde den fjerneste anelse om, at man havde at gøre med de samme gerningspersoner, der i forvejen havde stået bag to lignende forbrydelser, eftersom disse var blevet begået på forskellig vis i forskellige byer.

Af den grund formåede Tetsuo og Katsumi at undgå anholdelse i mere end to år, hvor det menes, at de nåede at stå bag hundredvis af indbrud med et samlet udbytte på millioner af yen. For i februar 2004 fik de nemlig den ide at læse dødsannoncer, så de på den måde kunne berøve efterladtes hjem, imens de var til begravelse på den dato, som var blevet offentliggjort i aviserne.

Dette endte med at blive Tetsuo og Katsumis foretrukne taktik. Men fordi de primært slog til i Gunma-præfekturet, hvor de selv boede, fik det imidlertid også politiets opmærksomhed. Og derfor begyndte man at holde øje med private hjem under begravelser, hvilket førte til, at den nu 61-årige Tetsuo Odajima og 54-årige Katsumi Morita blev pågrebet den 20. januar 2005, efter at de havde begået et indbrud hos en enke, imens hun var væk hjemmefra for at deltage i sin afdøde mands begravelse.

Men det forholdt sig sådan, at de to mænd på dette tidspunkt var eftersøgt af politiet – mistænkte for at have stået bag det endnu uopklarede dobbeltdrab i Matsudo. I 2004 blev der nemlig udlovet en dusør til folk, der kunne komme med nye oplysninger i sagen. Så i december valgte en tidligere indsat at ringe til politiet for at fortælle, at han havde siddet i fængslet med Tetsuo Odajima, hvor han havde forsøgt at overtale ham til at tage del i et hjemmerøveri målrettet Takaichi Mabuchi, hvis kone og datter jo var ofrene i denne forbrydelse.

Hermed blev Tetsuo udpeget som en mulig gerningsmand, idet han jo var kendt for at have været indblandet i det brutale hjemmerøveri i Tokyo i 1990. Men politiet kunne dog ikke finde frem til ham, før de tilfældigvis foretog en anholdelse af ham og Katsumi, som Tetsuo netop havde siddet i fængslet med, hvorved der opstod en teori om, at de to havde samarbejdet siden 2002, så man rent faktisk stod med to rovmordere. Så imens de begge blev idømt årelange fængselsstraffe for den serie af indbrud, som man kunne bevise, at de indtil videre havde stået bag, begyndte politiet at efterforske deres mulige rolle i de tre år gamle drab på Etsuko og Yuka.

Politiet fandt inden længe ud af, at Tetsuo og Katsumi havde benyttet sig af falske pas til at rejse til Filippinerne, umiddelbart efter forbrydelsen havde fundet sted i august 2002, hvilket i sig selv virkede mistænkeligt. Et hold efterforskere blev derfor sendt afsted til Filippinerne, hvor det viste sig, at Tetsuo havde fået en søn med en kvinde fra Manila. Og da hun havde modtaget ure, som var identiske med dem, der var blevet stjålet fra Takaichi Mabuchis hjem, tolkede man dette som et bevis på, at Tetsuo Odajima så sandelig stod bag hans kone og datters død.

Så var spørgsmålet bare, om Katsumi Morita også kunne være indblandet i sagen. Men da han blev konfronteret med politiets mistanke, varede det dog ikke længe, før han valgte at krybe til bekendelse og tilstå dobbeltdrabet ved samtidig at fremlægge alle detaljer, hvorved det kom frem, at han og Tetsuo havde samarbejdet om at slå de to kvinder ihjel.

Senere indrømmede han ligeledes, at de to havde stået bag drabene på Fumio i Tokyo og Kimie i Abiko, hvilket i den grad kom bag på politiet, eftersom det jo betød, at man simpelthen havde fået fat i to seriemordere, der endda havde været aktive som et par. Og mens det var Katsumi, der kom med disse chokerende afsløringer, så afviste Tetsuo derimod alle påstande, indtil han gradvist erkendte, at han drevet af grådighed havde været med til at tage livet af fire personer tilbage i 2002.

De to mænd blev derfor sigtet for at have begået de samme forbrydelser, men de blev derimod retsforfulgt hver for sig, idet Katsumi var den mest samarbejdsvillige. Sagen imod ham var derfor også en kort affære, eftersom han erklærede sig for skyldig i alle anklager. Og da han tidligere havde afsonet en dom for drab, blev straffen i denne omgang skærpet, således at han i 2006 blev dømt til døden. Hans to forsøg på at appellere dommen blev herefter afvist i henholdsvis 2008 og 2011, så denne altså endte med at stå ved magt, men i forbindelse med denne bogs udgivelse i 2021 er Katsumi Morita endnu ikke blevet henrettet.

I retten valgte Tetsuo Odajima ligeledes at erklære sig for skyldig i alle anklager, hvilket resulterede i, at også han blev dømt til døden, da der blev afsagt dom i hans sag i 2007. Han indsendte efterfølgende en appelansøgning, som dog blev trukket tilbage, så dommen dermed blev stadfæstet. Men Tetsuo nåede imidlertid aldrig at blive henrettet, idet han i fængslet blev ramt af kræft, hvilket kostede ham i livet den 21. marts 2017, hvor han døde i en alder af 74 år. Og på dette tidspunkt havde han desuden skiftet efternavn til Hatakeyama.

Dette er den officielle liste over Tetsuo Odajima og Katsumi Moritas
bekræftede ofre, hvoraf det første drab i 1989 blev begået af Katsumi
alene:

Navn	Alder	By	Dræbt
?	*21 år*	*Tokyo*	*9. januar 1989*
Etsuko	66 år	Matsudo	5. august 2002
Yuka	40 år	Matsudo	5. august 2002
Fumio	71 år	Tokyo	24. september 2002
Kimie	65 år	Abiko	21. november 2002

2017

Twitter-morderen

Takahiro Shiraishi behøvede intet andet end adgang til internettet for at blive en af de værste seriemordere i efterkrigstidens Japan, da han i løbet af to måneder slog ni personer ihjel. På det sociale medie Twitter udså han sig nemlig selvmordstruede unge som nemme ofre, så ved at indgå selvmordspagter med disse lykkedes det for Takahiro Shiraishi at lokke folk hjem til sin egen lejlighed, hvor han ubesværet kunne slå dem ihjel, eftersom han ikke havde i sinde at tage livet af sig selv.

Takahiro Shiraishi blev født den 9. oktober 1990 i Machida vest for Tokyo, hvor han tilbragte de første fire år af sit liv, før hans forældre besluttede sig for at flytte til et større hus i byen Zama i Kanagawa-præfekturet, da Takahiros lillesøster kom til verden. Hér havde han en temmelig normal opvækst i helt almindelige rammer, ligesom hans skolegang hverken var præget af problemer eller andre usædvanligheder. Takahiro Shiraishi var kort sagt en gennemsnitlig dreng, men han var ikke desto mindre kendetegnet ved at være en indadvendt og usikker type, som foretrak at holde sig i baggrunden.

Da den 18-årige Takahiro i 2009 forlod gymnasiet, skete der dog noget skelsættende i hans hidtil stabile tilværelse, idet hans forældre pludselig valgte at gå fra hinanden, hvilket skete ved, at hans mor flyttede til Kawasaki med hans lillesøster. Takahiro blev derimod boende hos sin far i Zama, og da den lille familie hermed var gået i opløsning, besluttede han sig for at droppe ud fra uddannelsessystemet for i stedet at blive fuldtidsansat i et supermarked.

Men den unge mand kunne desværre ikke finde sig til rette på arbejdsmarkedet, så allerede i 2011 sagde han op, hvorefter han i de kommende år skiftede fra det ene job til det andet i forsøget på at få indhold i sin hverdag. Men der var intet hverv, som tiltalte ham, og således røg Takahiro ud på et sidespor, idet han endte ud i sexindustrien i Tokyo, hvor han blev hyret af bordeller til at tage rundt i landet for at hverve kvinder – altså overtale dem til at blive prostituerede.

Sådanne aktiviteter er imidlertid ulovlige i Japan, hvilket førte til, at Takahiro Shiraishi i begyndelsen af 2017 blev pågrebet og anholdt. Og da han efterfølgende modtog en betinget fængselsdom, blev dette dråben, der fik den nu 26-årige mand til at miste modet, idet han ikke længere kunne se nogen lyspunkter i livet, som han derfor overvejede at gøre en ende på.

Efter at have lagt arbejdsmarkedet bag sig isolerede Takahiro sig på sit værelse hjemme hos sin far, hvor han fortsat boede, fordi han ikke havde råd til at klare sig på egen hånd. Og det var hér, han i marts 2017 loggede på internettet og oprettede en anonym bruger på det sociale medie Twitter, hvor han i offentlige opslag valgte at udtrykke sine frustrationer over at være i live samt intensionen om at begå selvmord.

Twitter var altså et virtuelt frirum for Takahiro. Og til hans store overraskelse var der rent faktisk folk, der reagerede på hans opslag ved at udvise forståelse såvel som sympati. Så på internettet fandt han ironisk nok mening i livet, idet han blev en del af et online fællesskab bestående af japanere, der ligesom ham selv var trætte af at leve.

Hermed indså Takahiro også, at han jo sådan set ikke havde lyst til at dø – han havde bare brug for nogen, som gad at lytte til hans undertrykte følelser. Og denne erkendelse kom med tiden til at ændre på hans tilgang til andre mennesker, da det ligeledes gik op for Takahiro, at Twitter var fyldt med sårbare og ensomme eksistenser, som var nemme at udbytte, fordi de befandt sig i en periode i livet, hvor de var villige til at tage imod en håndsrækning fra hvem som helst ... Og på den måde endte Twitter med at blive vejen, som førte flere unge kvinder direkte i kløerne på en seriemorder.

Det var dog lidt af et tilfælde, at Takahiro blev morder til at starte med, eftersom han slet ikke havde tænkt sig at slå nogen ihjel, da han fandt interesse i at udnytte selvmordstruede mennesker på Twitter. Han var mest af alt fascineret af kontrol og tanken om at kunne manipulere rundt med andre, så han dermed kunne føle sig overlegen og magtfuld – noget han aldrig havde prøvet i den virkelige verden. Men da han begyndte at chatte med den 21-årige Mizuki fra byen Atsugi, så han en oplagt mulighed for at forbedre sin tilværelse ved at ødelægge en andens, da han fandt ud af, at den unge kvinde var yderst velhavende.

Mizuki havde egentlig haft planer om at begå selvmord, da hun mødte Takahiro på Twitter. Men præcis som det var tilfældet med Takahiro, så opgav Mizuki meget hurtigt tanken om at tage livet af sig selv, efter hun havde fundet en ligesindet, som gad at lytte til hendes problemer. I stedet endte hun og Takahiro med at knytte et venskabeligt forhold, hvilket førte til, at de den 8. august 2017 besluttede sig for at mødes i virkeligheden.

Men Takahiro havde dog bagtanker med at lære Mizuki at kende. For han havde nemlig udset sig en lille lejlighed i Zama, som han gerne ville flytte ind i, hvilket han desværre ikke havde råd til, fordi han jo ikke havde noget job og derfor heller ingen indkomst. Så da han fortalte Mizuki, at han manglede penge for at kunne bevise overfor udlejeren, at han havde en stabil økonomi og dermed kunne betale huslejen, besluttede hun sig for at låne ham 510.000 yen ved at overføre beløbet til hans konto.

Mizuki var blevet så gode venner med Takahiro, at hun stolede på ham og derfor turde låne ham et så stort beløb. Hun var ovenikøbet med, da lejekontrakten blev underskrevet den 18. august, men på dette tidspunkt var Takahiro allerede begyndt at planlægge at slå sin veninde ihjel, eftersom han kun havde opbygget et venskab med hende, fordi han var ude efter hendes penge, som han derfor ikke havde intentioner om at betale tilbage. Af den grund overvejede han, hvordan han kunne undgå dette, indtil det faldt ham ind, at det simpelthen ville være nemmest at tage livet af Mizuki. Hun havde trods alt været selvmordstruet, så i hans verden gjorde det ikke noget, hvis hun døde, i og med at hun jo tidligere havde haft lyst til at ende sit eget liv.

Den 22. august 2017 flyttede Takahiro ind i lejligheden i Zama, hvor man to måneder senere ville gøre et af de mest makabre fund i efterkrigstidens Japan. Den etværelses lejlighed med tilhørende hems befandt sig på første sal i en toetagers ejendom – mindre end 10 minutters gang fra Sobudai-mae station, hvor flere af Takahiros ofre ville mødes med ham, før de en efter en ville miste livet et stenkast derfra.

Og det første drab fandt allerede sted, dagen efter Takahiro var flyttet ind i lejligheden. For den 23. august aflagde Mizuki ham nemlig et besøg, hvilket samtidig var sidste gang, hun blev set i live. For da Mizuki ankom til lejligheden, valgte Takahiro at gøre alvor af sine planer, idet han pludselig overfaldt kvinden og kvalte hende til døde med brug af et reb, udelukkende fordi han ikke ville betale hendes penge tilbage.

Men synet af den livløse krop fik imidlertid tændt op for Takahiros begær, idet han blev seksuelt opstemt over at have en forsvarsløs kvinde liggende foran sig. Så selvom Mizuki ellers var død, valgte han at forgribe sig på hendes lig, hvilket godt nok er en handling, der betegnes som nekrofili. Men Takahiro indså, at han havde en helt anden fetich: at begå seksuelle overgreb på bevidstløse kvinder, som ikke kan gøre modstand – bedre kendt som somnofili.

Derfor var det sex, som endte med at blive det primære motiv bag den stribe af mord, som Takahiro Shiraishi kom til at stå bag. Og det næste af disse fandt sted kun fem dage efter drabet på Mizuki, hvilket ikke var det eneste, Takahiro havde planlagt. Han havde nemlig også forberedt sig på at skille sig af med den døde krop, eftersom han på forhånd havde købt en sav, med hvilken han parterede Mizukis lig i sit badekar for derefter at lægge hendes kropsdele i køleskabet, så han hen over de kommende dage kunne smide disse ud sammen med sit affald.

Men Takahiro følte sig dog skidt tilpas under parteringen og måtte nu og da holde pauser, så han kunne sunde sig undervejs, idet han kun valgte at save liget i stykker, så det var nemmere at skaffe af vejen. Og dette vidste han, fordi han i dagene før drabet havde foretaget søgninger på internettet, hvor han netop ledte efter information om, hvordan man parterer et lig – noget som han derfor var forberedt på, men som alligevel gjorde ham fysisk dårlig, da han befandt sig i situationen.

Takahiro havde lyst til at udforske sine nyopståede seksuelle fantasier. Men han var klar over, at de var alt for perverse til, at han kunne finde kvinder, som var villige til at blive bedøvet of voldtaget af ham. Så det at slå sine ofre ihjel blev det naturlige udfald for Takahiro, fordi han var bange for at fortælle om sin fetich og dermed risikere at blive udsat for hån og sladder, ligesom han ikke ville risikere at blive anholdt og sigtet for såkaldte date rapes.

Efter drabet på Mizuki forberedte Takahiro sig derfor på at slå flere kvinder ihjel, da han købte både sovepiller og strips. Og ofrene kunne han nemt lokke til sig, eftersom han fortsat var aktiv på Twitter, hvor han chattede med selvmordstruede unge. For selvom Takahiro ikke længere havde selvmordstanker, så påstod han, at dette var tilfældet, når han via udvalgte hashtags såsom #自殺 (#selvmord) og #死にたい (#jegvilgernedø) fandt frem til folk, der var mentalt sårbare og dermed også nemme at danne et tillidsbånd til.

Takahiro kontaktede typisk unge kvinder og tilbød dem at indgå en selvmordspagt – altså at de kunne begå selvmord sammen, fordi mange var bange for at dø alene og derfor ikke turde tage livet af sig selv på egen hånd. Og denne angst benyttede Takahiro som en mulighed for at invitere kvinderne hjem til sig selv, så han både kunne voldtage og dræbe dem, hvorved han faktisk anvendte samme metode som en anden japansk seriemorder – nemlig Hiroshi Maeue, der i 2005 tog livet af tre personer, som han kontaktede via såkaldte selvmordsforummer på internettet, hvor det i denne tid var populært at indgå selvmordpagter med fremmede, så det derfor også var nemt for Hiroshi Maeue at lokke sine ofre i døden. Forskellen på ham og Takahiro Shiraishi var dog, at han blev seksuelt opstemt af at slå ihjel, hvorimod Takahiro simpelthen bare gjorde det til en vane at dræbe sine ofre efter at have udnyttet dem seksuelt.

Den første person, som Takahiro udså sig efter drabet på Mizuki, var den kun 15-årige Kureha fra byen Ora. Og selvom hun godt nok havde etableret forbindelse til Takahiro gennem Twitter, fordi hun havde fortalt, at hun overvejede at tage livet af sig selv, så var dette dog ikke hensigten, da hun den 28. august blev overtalt til at tage til Zama for at mødes med ham for første gang.

Men dette blev ikke desto mindre dagen, hvor Kureha ville miste livet. For efter at være ankommet til lejligheden forberedte Takahiro en drik med sovepiller, som teenagepigen fik serveret, hvorefter hun faldt i dyb søvn og således var et nemt offer for den voksne mands perverse lyster. Og efter at være blevet bundet fast med strips og voldtaget blev den bevidstløse pige kvalt ihjel med et reb, så hun altså aldrig nåede at fornemme noget som helst, før hun desværre endte med at få status som Takahiro Shiraishis andet drabsoffer.

Kurehas krop blev ligeledes parteret i badekarret. Men køleskabet var stadig fyldt med Mizukis ligrester, så Takahiro så sig nødsaget til at investere i transportable kølebokse, hvori han kunne opbevare de mange kropsdele samt de to oversavede hoveder, som han ikke turde smide ud med skraldet, eftersom de jo tydeligvis var menneskerester. Af den grund valgte Takahiro at gemme sine ofres hoveder samt større knogler, mens han rensede disse for kød og løbende kasserede dette i mindre stumper sammen med indvolde og organer, der nemt kunne forveksles med dyrerester, hvis nogen skulle risikere at finde frem til dem i affaldet.

Takahiro lagde desuden kattegrus i køleboksene, så dette kunne opsuge blodet. Men i og med at han kun havde et enkelt værelse, måtte han opbevare køleboksene i sit stueområde, hvor de med tiden ville hobe sig op, efterhånden som antallet af ofre steg. Takahiro sørgede nemlig for at indkøbe en ny boks, hver gang han planlagde at tage livet af endnu en kvinde. Men kun to dage efter drabet på Kureha blev han dog nødsaget til at begå sit første og eneste spontane mord, da en ung mand pludselig mødte op på hans dørtrin.

Takahiro vidste godt, at Mizuki havde en kæreste, som naturligvis ville undre sig over hendes forsvinding. Men han blev alligevel forbavset, da den 20-årige Shogo ringede på hans dør den 30. august 2017. Han havde nemlig ikke kunnet få kontakt til Mizuki i en uge og havde derfor undersøgt hendes færden og gennemgået hendes bekendtskaber, hvilket førte ham på sporet af Takahiro Shiraishi, som han selv valgte at forhøre ved ganske enkelt at møde op på hans adresse i Zama.

Det vides dog ikke, om Shogo mistænkte Takahiro for at stå bag hans kærestes forsvinding. Men Takahiro var tilsyneladende bange for at blive afsløret, idet han besluttede sig for at invitere manden indenfor, hvilket kun var med intentionen om at slå ham ihjel. Inde i lejligheden blev Shogo nemlig overfaldet og kvalt med et reb, hvorefter hans lig ligeledes blev parteret og anbragt i en køleboks, så antallet af ofre for august nåede op på tre, hvorved Takahiro Shiraishi opnåede status som seriemorder på kun en uge.

Men herfra mistede han også overblikket over sine ofre, idet han ikke længere gad at interessere sig for de mennesker, han slog ihjel. For ham var de ikke andet end objekter, der kunne tilfredsstille hans begær, så det blev ren rutine for Takahiro at logge på Twitter og søge efter kvinder, han kunne voldtage og dræbe, hver gang han fik lyst. Men Takahiro var generelt temmelig aktiv på Twitter, hvor folk med tiden blev opmærksomme på hans opsøgende adfærd, hvilket fik vakt nok mistanke til, at der opstod rygter om hans profil, så det samtidig blev sværere for ham at etablere kontakt til andre brugere.

I september 2017 valgte Takahiro derfor at oprette en ny anonym profil, der fik brugernavnet *@hangingpro* – eller *Kubitsurishi*, som han kaldte sig på japansk. Og det var med denne, Takahiro Shiraishi formåede at lokke størstedelen af sine ofre i døden, idet han igen udgav sig for at være en person med selvmordstanker, som tilbød at indgå selvmordspagter med andre eller sågar assistere dem i at tage livet af sig selv.

Ydermere lagde Takahiro ikke skjul på sin fascination for hængning, da det for ham var den mest effektive måde at tage livet af sig selv på. Ifølge hans profilinformation ville han derfor gerne udbrede viden om hængning og støtte folk, som havde det svært, hvilket imidlertid betød, at han ville vejlede folk i at begå selvmord. I modsætning til den forrige profil blev *@hangingpro* altså en slags omvendt hotline for selvmordstruede, hvor folk kunne henvende sig for at få hjælp til at ende deres eget liv. Og således fik Takahiro tilegnet sig andre brugeres tillid ved at udgive sig for at være en ekspert inden for selvmord.

De førte ofre, der faldt i fælden gennem den nye profil, var den 19-årige Hinako fra Tokorozawa og den 26-årige Hitomi fra Kasukabe, som blev slået ihjel henholdsvis den 16. og 24. september – begge hjemme i Takahiros lejlighed, hvor de først blev bedøvet og voldtaget for da efterfølgende at blive kvalt med et reb og parteret, hvilket Takahiro nu havde vænnet sig til, så han ikke længere følte sig utilpas.

Hermed var antallet af ofre nået op på fem. Men Takahiro blev skam ved, for der var kun en enkelt dag, der adskilte hans næste to drab, som fandt sted den 28. og 30. september, hvor begge ofrene var

17-årige piger. Den første af disse hed Akari og kom fra Fukushima, mens den anden hed Natsumi og kom fra Saitama. De to kendte derfor ikke hinanden, men deres forsvindinger blev alligevel kædet sammen. For efter at begge piger var blevet efterlyst hos politiet, fik man sporet deres mobiltelefoner til Zama, hvor en mobilmast nær Sobudai-mae station var den sidste til at opfange et signal.

Politiet kunne faktisk være kommet på sporet af Takahiro Shiraishi, idet han optrådte på videoovervågning fra stationen, hvor han kunne ses i selskab med de to piger, da de hver især ankom til denne med tog. Men da man fandt ud af, at begge piger havde haft selvmordstanker, antog man, at de i stedet havde indgået en selvmordspagt med hinanden og aftalt at mødes i Zama for at tage livet af sig selv, netop fordi der kun var en enkelt dag, som adskilte deres forsvinding.

Af den grund var politiets eftersøgning begrænset til offentlige områder og forladte bygninger, eftersom man regnede med, at de to piger efter alt at dømme havde begået selvmord et sted i byen. Men da man ikke kunne finde nogen lig, udbredte man eftersøgningen til bjergene uden for Zama, alt imens Akari og Natsumi lå parteret i Takahiros lejlighed få hundrede meter fra det sted, deres sidste livstegn var blevet opfanget.

I denne periode var Takahiro desuden i længerevarende kontakt med endnu en kvinde, som han sandsynligvis også havde planer om at voldtage og dræbe. Men han fik aldrig overtalt hende til at mødes med ham, så hun endte i stedet med at blive et vidne, der kunne berette, hvordan Takahiro Shiraishi udså sig og forførte sine ofre.

Ifølge kvinden kaldte han sig selv for Ryo Yamamoto, ligesom han løj om sine familieforhold. Men han var derimod temmelig ærlig omkring sit privatliv – heriblandt sine interesser og manglende beskæftigelse. Takahiro sendte sågar billeder af sig selv, og på et tidspunkt afslørede han ovenikøbet, at han havde slået flere personer ihjel, hvilket kvinden dog ikke troede på og derfor ikke tog seriøst.

Det er uvist, om Takahiro havde brug for at lette sit hjerte, eller om dette var hans forsøg på at lede politiet på sporet af ham, så han kunne blive stoppet i at begå flere drab. Uanset hvad, så reagerede kvinden ikke på den absurde påstand, der desværre var sand nok. Og eftersom ingen andre end hende havde kendskab til, hvad den nu 27-årige mand gik og foretog sig, så blev han heller ikke bremset i at begå yderligere to drab, så antallet af ofre ville ende op på ni, hvilket var nok til at gøre Takahiro Shiraishi til den værste seriemorder i Japan i flere årtier.

Den 18. oktober 2017 fik Takahiro lokket den 25-årige Kazumi fra Yokohama hjem til sin lejlighed i Zama, hvor hun også blev bedøvet, voldtaget, kvalt og parteret. Og fem dage senere – den 23. oktober – var det så den 23-årige Aiko fra Hachioji, der mistede livet på samme måde. Men hun blev samtidig Takahiro Shiraishis sidste offer, idet hun var den person, som langt om længe ville føre til, at en hidtil ukendt seriemorder blev pågrebet.

Aiko havde nemlig daglig kontakt med sin storebror, der hurtigt begyndte at undre sig over, at han ikke længere kunne få fat i sin lillesøster. Så allerede dagen efter hendes forsvinding blev Aiko efterlyst hos politiet, og imens eftersøgningen af hende stod på, besluttede hendes bror sig for at foretage sin egen efterforskning ved at logge på hendes Twitter-konto for at se, om denne mon gemte på spor, der kunne forklare, hvor Aiko var blevet af.

Aikos bror kendte heldigvis hendes password. Og da han gennemgik hendes private beskeder, opdagede han, at hans lillesøster havde skrevet med en bruger ved navn *@hangingpro*, som hun åbenbart havde aftalt at mødes med. Af den grund begyndte Aikos bror at frygte det værste, men fordi *@hangingpro* var en anonym profil, kunne han ikke vide, hvem personen var. Så derfor benyttede han sig af Aikos profil til at bede andre brugere om at komme med oplysninger, og i den forbindelse blev han kontaktet af en kvinde fra Machida, som for tiden chattede med *@hangingpro*. Men hun kunne samtidig berette, at de havde talt om at indgå en selvmordspagt, hvilket tilfældigvis også var dét, der udgjorde grundlaget for den private samtale, som vedkommende havde haft med Aiko lige før hendes forsvinding.

På samme tid var Aikos mobiltelefon blevet sporet til Zama, hvor signalet forblev aktivt, indtil telefonen efter et par dage løb tør for strøm. Og da politiet gennemgik videoovervågningen fra Hachioji station, så de ikke kun Aiko ankomme til denne, samme dag som hun forsvandt – hun mødtes også med en mand, de mistænkte for at være *@hangingpro*, som Aikos bror havde fortalt dem om. Og eftersom han fortsat var aktiv på Twitter, blev han mistænkt for at være involveret i kvindens forsvinding, idet man dermed kunne udelukke, at denne skyldtes en selvmordspagt.

I forsøget på at identificere *@hangingpro* og samtidig få klarlagt hans rolle i sagen valgte politiet at kontakte den kvinde, som Aikos bror havde fundet frem til på Twitter. Hun blev nemlig overtalt til at invitere *@hangingpro* til Machida station, hvor flere civilklædte betjente imidlertid ventede på ham, da Takahiro Shiraishi den 30. oktober ankom for at mødes med kvinden på det aftalte sted.

Hermed kunne politiet altså konkludere, at manden fra overvågningsbillederne så sandelig var *@hangingpro*. Men de havde ikke kun lokket Takahiro til Machida station for at få bekræftet deres mistanke, idet han i virkeligheden var gået direkte i en fælde. For kvinden fra Twitter dukkede aldrig op som aftalt, eftersom hun blev instrueret i at aflyse mødet, så den skuffede Takahiro derfor måtte vende tilbage til Zama, alt imens politiet sørgede for at følge efter ham hele vejen hjem til hans lejlighed, hvor de kort tid efter ville gøre et gruopvækkende fund.

Da de civilklædte betjente ringede på for at udspørge Takahiro omkring Aikos forsvinding, bemærkede de straks en afskyelig stank strømme ud fra lejligheden, hvilket fik den ene af politimændene til at træde ind i denne, hvor han fandt frem til intet mindre end otte kølebokse. Den ene af disse var dog tom og stod for sig selv, hvorimod de syv andre stod side om side eller stablet oven på hinanden rundt om stuebordet. Og da betjenten valgte at åbne en enkelt af disse, blev han mere end chokeret over synet af dens indhold, da det simpelthen viste sig, at der i køleboksen lå et afhugget hoved samt flere maltrakterede kropsdele omgivet af kattegrus.

Den 27-årige Takahiro Shiraishi blev omgående anholdt på stedet og bragt med til afhøring, samtidig med at man konfiskerede de syv kølebokse, hvori man fandt frem til i alt ni hoveder og 240 knogler i alle størrelser, mens der kun var en beskeden mængde kød og ganske få organer, idet Takahiro allerede havde fået skilt sig af med størstedelen af ligresterne ved at smide disse ud med skraldet. Hovederne og knoglerne havde han derimod tænkt sig at skaffe af vejen ved at efterlade dem i bjergene, hvilket han dog aldrig nåede, før hans to måneder lange drabsbølge nåede til en ende.

Den ottende køleboks var desuden tom, fordi Takahiro på forhånd havde klargjort denne, eftersom han troede, at han den 30. oktober 2017 skulle begå sit 10. drab. I stedet blev det altså dagen, hvor en af Japans værste seriemordere blev pågrebet, hvilket hurtigt blev en international nyhed – først og fremmest grundet det høje antal ofre, men også fordi at samtlige af disse var blevet parteret og tilmed havde ligget opbevaret i en etværelses lejlighed.

Denne blev derfor et af de mest famøse gerningssteder i japansk kriminalhistorie, men intet fik større opmærksomhed end internettet, hvor det særligt var Twitter, man valgte at tillægge opmærksomhed, straks som det kom frem, hvordan Takahiro Shiraishi i al ubemærkethed havde formået at tage livet af hele ni personer … Fordi de fleste af dem forinden havde udvist selvmordstruende adfærd, hvorved deres forsvindinger automatisk blev tolket som mulige selvmord og altså ikke forbrydelser.

Den eneste, der skilte sig ud blandt ofrene, var Shogo, som desuden også var Takahiros eneste mandlige offer. Men i og med at Shogo var kæreste med Mizuki, så mente man, at parret efter alt at dømme var forsvundet sammen, og muligvis af egen fri vilje. Derfor blev ingen af ofrenes forsvindinger sådan set efterforsket til bunds, hvilket også er forklaringen på, at det var privatpersoner i skikkelse af Shogo og Aikos bror, der fik sporet sig til frem til Takahiro.

Da retssagen imod ham begyndte, opstod dog et kuriøst dilemma, idet man skulle have afgjort, om Takahiro virkelig var en udspekuleret morder, eller om han i virkeligheden havde udført dét, der kunne betegnes som medlidenhedsdrab. Eftersom han havde taget livet af personer med selvmordstanker, kunne man jo argumentere for, at Takahiro blot opfyldte deres ønske om at dø. Men Takahiro påstod selv, at ingen af hans ofre havde haft til hensigt at tage livet af sig selv, da de hver især valgte at besøge ham i hans lejlighed i Zama.

Ifølge ham var der nemlig ingen af de otte kvinder, som ønskede at dø, da han alligevel besluttede sig for at slå dem ihjel. Og dette tilstod han trods alt at have gjort, ligesom han i retten valgte at erklære sig for skyldig i alle anklager, som udover drab også inkluderede andre sigtelser såsom voldtægt, røveri og usømmelig omgang med lig, så det alt i alt kunne konkluderes, at Takahiro ikke havde haft andre end sig selv i tankerne, da han begik sine drab.

Der var derfor ikke tvivl om skyldsspørgsmålet, da Takahiro Shiraishi i 2020 blev dømt til døden, hvilket var den forventede straf, som han ovenikøbet selve mente, at han fortjente. Af den grund valgte han heller ikke at benytte sig af muligheden for at anke sin dom, som dermed endte med at stå ved magt, men i forbindelse med denne bogs udgivelse i 2021 er Takahiro Shiraishi endnu ikke blevet henrettet.

Den såkaldte Twitter-morder fik alt for sent de japanske myndigheders øjne op for, hvad der foregik på det sociale medie, der viste sig at fungere som et mere eller mindre offentligt forum for folk med selvmordstanker. Ikke nok med at brugere delte deres had til livet og planer om at gøre en ende på det, så blev de også opfordret til at tage livet af sig selv, ligesom der blev indgået selvmordspagter på Twitter, hvor det var muligt for selvmordstruede personer at finde hinanden via åbenlyse hashtags.

Derfor blev internettet i højere grad inkorporeret i Japans selvmordsforebyggelse, idet man fra myndighedernes side erkendte vigtigheden ved at overvåge sociale medier, ligesom retningslinjerne for disse blev opdateret. Så selvom man godt nok havde at gøre med en yderst opsigtsvækkende drabssag, så endte denne med at sætte øget fokus på et mere generelt samfundsproblem.

Baseret på antallet af ofre er Takahiro Shiraishi den værste seriemorder, som er beskrevet i denne bog. Men han er imidlertid ikke Japans værste seriemorder, eftersom der er japanere, som har slået langt flere mennesker ihjel. Generelt er det dog svært at udpege én bestemt person, der kan betegnes som Japans værste seriemorder, idet man ikke beskæftiger sig med dette begreb i Japan, hvor man derimod kun forholder sig til antallet af ofre, så det eksempelvis er vanskeligt at adskille massemordere og seriemordere fra hinanden.

Samtidig skal en gerningsperson både sigtes og dømmes for drab, før antallet af ofre bliver officielt, hvilket vil sige, at der for visse seriemorderes vedkommende sagtens kan eksistere et mørketal – altså at de har slået flere personer ihjel, end det antal de er blevet dømt for. Og det kan enten være, fordi de ikke er blevet afsløret i at have begået flere drab, eller fordi der ikke har været tilstrækkelige beviser, som kunne knytte dem til disse.

Dette var blandt andet tilfældet med Danmarks officielt værste seriemorder, Dagmar Overby, der i 1920 blev anholdt for at have slået ni børn ihjel, selvom hun ellers tilstod at have taget livet 16 børn, mens det formodes, at hun kan have stået bag helt op til 25 børns død. Denne sag er et eksempel på, hvordan antallet af ofre kan svinge, alt efter hvordan man forholder sig til dette. Og præcis som Dagmar Overby slog småbørn ihjel efter at være blevet betalt for at tage sig af dem af desperate kvinder i nød, så blev samme metode anvendt af de personer, der muligvis kan være Japans værste seriemordere.

Det japanske begreb *moraikosatsujin* dækker over en person, der af den ene eller anden grund har fået tildelt ansvaret for et barn, som vedkommende så vælger at slå ihjel. Og dette var desværre temmelig udbredt i Japan i begyndelsen af 1900-tallet, hvor det daværende forbud mod abort førte til et utal af uønskede børn, som enlige mødre så sig nødsaget til at skille sig af med, fordi de ikke kunne tage vare på dem af økonomiske, kulturelle eller sociale årsager.

I denne tid opstod der således en forretning i det at blive plejeforældre, idet kvinder var villige til at betale folk for at tage deres børn til sig. Men selvom mødrene ellers troede, at de dermed sikrede deres børns fremtid ved at overdrage dem til fremmede, så var der mange, som udelukkende tog imod børnene for pengenes skyld. Og af samme grund blev fænomenet *moraikosatsujin* udbredt i Japan, da et ukendt antal børn blev slået ihjel af deres plejeforældre.

Eftersom der var tale om uønskede børn, blev disse nemlig ikke registreret af myndighederne, som derfor ikke havde kendskab til børnenes eksistens (eller mangel på samme). Og da børnenes mødre frivilligt havde valgt at opgive dem, var der heller ikke nogen, som savnede dem, hvilket i al sin enkelthed betød, at det blev en udbredt profession at være børnemorder.

Det er derfor umuligt at sige, hvor mange børn, der blev slået ihjel af deres plejeforældre i begyndelsen af 1900-tallet, for myndighederne havde intet overblik over antallet af uautoriserede adoptioner, hvilket gjorde det muligt for de hemmelige massemord at foregå i et ubegribeligt format, mens de fortsatte helt frem til efter anden verdenskrig, hvor børnehjemsforstanderen Miyuki Ishikawa omsider satte fokus på problemet med uønskede børn i Japan.

Hun kan nemlig have stået bag op til 169 børns død, da det i efterkrigstiden blev populært at overdrage børn til private børnehjem, fordi mange kvinder havde mistet deres mand under krigen, mens andre ved et uheld havde fået børn med amerikanske soldater. Forældre valgte også at skille sig af med et eller flere af deres børn, så de havde en mund mindre at mætte i disse hårde tider, så det var intet problem for Miyuki Ishikawa at blive seriemorder, da hun oprettede et børnehjem i Tokyo, hvor hun fra 1944 til 1948 slog mindst 85 børn ihjel ved blandt andet at lade dem sulte ihjel og på andre måder udsætte dem for vanrøgt.

Det reelle antal ofre menes dog at være 103, mens man altså formoder, at 169 børn kan have mistet livet på Miyuki Ishikawas børnehjem. Det endelig antal er umuligt at slå fast, fordi børnene blev overdraget til kvinden uden om myndighederne med mangelfuld registrering, ligesom mange forældre aldrig stod frem grundet den skam, der var forbundet med at have fået et barn, som man af forskellige grunde havde valgt at give fra sig.

Lige meget hvad så kunne man altså betragte Miyuki Ishikawa for at være Japans værste seriemorder. Men problemet er bare, at hun aldrig blev dømt for at have begået et eneste mord. Grundet mangel på beviser blev hun i stedet dømt for at have forvoldt et udefineret antal børns død, hvilket samtidig betød, at hun slap med en usædvanlig mild straf på fire års fængsel.

Andre japanere har tidligere modtaget langt hårdere straffe for at have begået *moraikosatsujin*, hvilket blandt andet drejer sig om tre medsammensvorne kvinder, som i henholdsvis 1914 og 1915 blev dømt til døden for tilsammen at have taget livet af op mod 200 børn fra 1898 til 1913. Men igen er antallet af ofre umuligt at verificere, så der er udelukkende tale om formodninger baseret på ligfund, vidneudsagn og tilståelser.

Dette er den officielle liste over Takahiro Shiraishis bekræftede ofre:

Navn	Alder	Hjemby	Død
Mizuki	21 år	Atsugi	23. august 2017
Kureha	15 år	Ora	28. august 2017
Shogo	20 år	Yokosuka	30. august 2017
Hinako	19 år	Tokorozawa	16. september 2017
Hitomi	26 år	Kasukabe	24. september 2017
Akari	17 år	Fukushima	28. september 2017
Natsumi	17 år	Saitama	30. september 2017
Kazumi	25 år	Yokohama	18. oktober 2017
Aiko	23 år	Hachioji	23. oktober 2017